후회 없는 죽음,
아름다운 삶

Lessons
from the Dying

후회 없는 죽음,
아름다운 삶

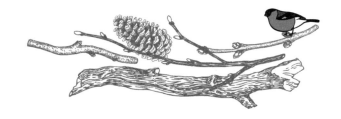

로드니 스미스 지음
이창엽 옮김

담앤북스

죽음을 연습하라.
이는 곧 자유를 연습하라고 말하는 것이다.
죽는 법을 배운 사람은 노예 근성을 버렸다.

_세네카Seneca , 〈스토아 철학자에게서 온 편지Letters from a Stoic〉

이 책 『후회 없는 죽음, 아름다운 삶 *Lessons from the Dying*』에서 로드니 스미스는 자유를 추구하는 이들에게 의미 있는 제안을 한다. 한때 승려로서 불교를 수행했고 또 오랫동안 호스피스 운동을 했던 드물고 풍부한 경험에서 얻은 지혜를 전해준다. 이런 지혜가 우러나는 그의 인생의 깊은 원천이 유익하고 영감 넘치는 이 책에 잘 나타나 있으며 다른 사람들의 경험을 더 풍요롭게 해준다.

또 이 책은 "살아 있는 이들을 위한 교훈"이라고 할 수도 있다. 책에 담긴 이야기들이 전해주는 용기 있는 이들의 정직함 때문이다. 그 이야기들은 죽음과 사랑에 대한 우리의 태도를 돌아보게 하고, 바로 지금 우리가 어떻게 살고 있는지 살펴보라고 촉구한다.

우리는 바쁜 삶에 쫓겨서 우리가 반드시 죽는다는 사실을 돌아보지 못하고, 그 사실이 우리의 선택에 어떤 영향을 주는지 깊이 생각할 틈이 없다. 하지만 그러한 사실을 자각하게 되면, 현명하게 식별할 수 있는 강한 힘을 지니게 된다.

여러 수행 전통에서 죽음에 대한 성찰은 우리를 깊이 변화시킨다. 죽음에 대한 명상은 삶이 일시적이라는 것과 결국 우리의 행동의 결과를 제외하고는 아무데도 의지할 수 없고 진정으로 소유하고 있다고 할 수 있는 것도 없다는 사실을 상기시킨다. 남은 삶은 점점 짧아지고, 애써 모아 놓은 것은 결국 산산이 흩어지며, 만나면 헤어지기 마련이다. 이러한 진실 앞에서 죽음이 닥칠 때 우리가 인생에서 가장 원했던 것은 무엇인가? 이 질문을 해야 할 때는 바로 지금이며, 그래야 귀중한 지혜를 집중하여 어떻게 살지 선택할 수 있다.

로드니는 우리의 생각, 희망, 두려움 속의 세밀한 점과 미묘한 차이를 밝혀 우리를 능숙하게 안내한다. 우리가 열린 가슴으로 살고 죽을 수 있다는 걸 보여준다. 이 책은 현명하고 친절하게 우리가 직면하고 있는 것을 일깨우고, 또 죽음이 삶을 밝히는 위대한 신비임을 알려준다.

조셉 골드스타인

감사의 말씀

이따금 우리 인생에는 보다 깊은 삶의 신비로 이끄는 사람이 등장한다. 내가 죽음과 임종의 문을 열 수 있게 도움을 준 두 친구가 바로 그런 사람이다. 그 문은 한 번 열리고 나서는 결코 닫히지 않았다. 나의 첫 호스피스 관리자였던 마리온 윌슨Marion Wilson은 자신의 마음을 온전히 신뢰하는 사람이었고, 내가 나의 마음을 결코 잊지 않게 해주었다. 또 한 사람은 나의 첫 사회복지사업 관리자였던 폴라 파우스트Paula Paust이다. 폴라와 함께 있으면 마치 가장 친한 친구와 여행을 하고 있는 것 같았다. 우리는 서로를 자극했다. 끊임없이 미지의 것을 추구하면서 죽음과 임종에 대한 모든 것을 수없이 토론했다.

일일이 열거할 수 없을 만큼 많은 스승들이 내가 자신을 자각하도록 가르쳐 주었다. 그분들에게 깊이 머리 숙여 한없는 감사를 드린다. 특히 이 책을 완성하도록 격려해 주신 조셉 골드스타인Joseph Goldstein, 샤론 샐즈버그Sharon Salzberg, 잭 콘필드Jack Kornfield에게 특별한 감사를 드린다.

귀중한 제안을 해주고 원고를 처음부터 끝까지 편집하느라 오랫동안 애쓴 로라 크로프트Laura Croft와 톰 조이스Tom Joyce에게 특별한 감사를 드린다. 이 책이 나오기까지 도움을 준 엘렌 맥카운Ellen McCown, 코디 재니Kody Janney, 유니스 나카오Eunice Nakao, 로이 트리벨혼Roy Tribelhorn에게 많은 감사를 드린다.

죽는 게 어떤 것인지 알고 싶은가?
자신이 가장 소중히 여기는 것을 생각하고, 그것을 놓아버려라!
바로 그것이 죽음이다.

_크리슈나무르티 J. Krishnamurti

왜 우리는 죽음이라는 주제를 다루려고 하는가? 어째서 죽음을 직면할 수밖에 없는 상황이 될 때까지 내버려두지 않는가? 최초로 에베레스트 산 정상에 오른 에드문트 힐러리 경 Sir Edmund Hillary 에게 어느 기자가 무엇 때문에 산 정상에 도전하느냐고 질문했다. 힐러리 경은 "산이 거기 있기 때문"이라고 답했다. 우리가 죽음을 다루려는 이유도 그와 같다. 죽음이 있기 때문이며, 죽음은 결코 사라지지 않을 것이기 때문이다. 우리가 죽음이라는 산을 회피하면, 그 산을 의도적으로 오르기 전까지 죽음은 우리 의식 속에 두려움을 일으킨다. 반면에 죽음이라는 산을 올라가면 삶을 다른 관점으로 보게 되고 마침내 온전한 자유를 만날 수 있다.

임사 체험이나 사후에 일어나는 일들을 하나씩 알려주는 것까지, 죽음과 임종의 모든 측면을 다루는 책이 많이 나와 있다. 대학교에서는 죽음과 임종에 대한 집중 연구 과정을 정기적으로 개설하고 있다. 그래서 이제는 서점에서 죽음에 관한 책을 보게 되어도 그리 불편하지 않게 되었고, 신문의 부고난을 읽어도 더 이상 불쾌하지 않다. 게다가 우리는 죽음을 주제로 진지한 대화를 나누기 시작했다.

그래도 여전히 죽음과 연관된 활동은 삶에 큰 영향을 주지 못했다. 우리가 공부하는 것이 곧바로 생활의 변화로 연결되지는 않기 때문이다. 어떤 주제에 대해 책이 나오고 대학교에 연구 과정을 개설하는 것은 사람들이 합당한 관심을 기울이고 있음을 보여주지만, 죽음을 제대로 받아들이려면 이론적으로 배우는 것만으로는 부족하다. 책이나 뉴스에 나오는 죽음은 자신과 상관없는 남의 일로만 여겨진다. 다른 사람들이 죽어가도 우리의 삶은 더 안전해 보이기 때문이다. 따라서 단지 지적 호기심만으로 죽음을 대하면 죽음의 비밀을 밝힐 수 없다.

우리는 때로는 죽음에 가까이 다가가고 때로는 죽음을 회피한다. "죽는 건 상관없어. 다만 죽음이 일어날 때 그 자리에 있고 싶지 않아."라는 우디 앨런Woody Allen의 규칙을 적용할 수만 있으면 죽음에 더 가까이 다가가고 싶어 한다. 죽음을 인식하는 것과 죽음을 마음속에 받아들이는 것은 전혀 다르다. 따라서 죽음에 의해 우리가 변화할 수 있으려면 죽음에 온전히 집중해야만 한다. 즉 죽음을 성찰하고 죽음이 주는 교훈을 배워야 한다. 죽음에서 배울 수 있을 때, 죽어가는 이들과 건강한 이들 사이의 심리적 거리가 가까워진다. 건강이란 단지 생명의 순환의 한 단계일 뿐이며 그 마지막 단계는 필연적으로 육체의 죽음이라는 걸 알게 된다.

 ## 내가 걸어온 길

내가 죽음과 함께한 오랜 여정은 태국의 숲 속에서 불교 승려로 지낼 때 시작되었다. 처음에 서양의 평신도 수도원에 살기 시작했고 나중에 태국의 숲 속 사원에 거주하며 수년 동안 다른 사람들로부터 떨어져 살았는데, 명상 수행이 좀 건조하게 느껴지기 시작했다. 아마도 나의 어떤 부분이 고독한 승려 생활에서 활기를 얻지 못하기 때문인 것 같았다. 하지만 나의 마음이 고독한 수도 생활에서 멀어지는 이유를 도무지 이해할 수 없었다. 혼자 사는 삶에서 내가 누구인지 잘 이해할 수 있었고 삶의 본성도 알게 되었기 때문이다. 그렇지만 무언가가 나를 은둔하는 수도생활로부터 알 수 없는 방향으로 이끌고 있었다.

그 즈음 나는 스티븐 레빈Stephen Levine 의『누가 죽는가Who dies?』를 읽었다. 그 책은 의식적인 삶과 의식적인 죽음이 서로 밀접히 연관되어 있음을 밝히고 있었다. 그 책을 읽자마자 죽어가는 이들과 함께 하는 것이 수행의 연장이 될 수 있다는 생각이 떠올랐다. 바로 여기에 은둔 수행에서 느낀 건조함을 해결할 길이 있었고, 수년간 명상에 매진한 것처럼 치열하게 집중해서 다른 사람들과 함께 일할 수 있는 길이 있었다.

그래서 1983년에 환속했고 미국으로 돌아와 전업으로 호스피스 일을 시작했다. 나는 사회복지사, 유족상담원, 자원봉사자 교육자, 사회복지사업 관리자, 임상책임자, 전무이사 등 호스피스 분야에서 다양한 업무를 했다. 이러한 일을 할 때마다 임종 과정을 다른 관점에서 바라볼 수 있었다. 호스피스 환자와 가족들로부터 배웠을 뿐만 아니라 호스피스 종사자들로부터도 많은 것을 배웠다. 그들의 보살핌과 자비로운 마음은 보건 영역에서 일하는 사람들의 모범이 되었다. 죽어가는 이들과 함께하는 우리 호스피스 종사자들은 마치 함께 모여 삶의 암호를 해독하며 서로 위로하는 어린아이와 같다.

죽음은 굉장한 스승이었다. 나는 여러 해 동안 호스피스 업무를 했지만, 오래전 태국의 숲 속에서 그랬던 것처럼 죽음은 아직도 불가사의하다. 죽음이라는 주제는 끝날 줄 모르고 해결되지도 않는다. 나는 사람들이 죽는 것에 익숙해졌고 죽어가는 이들이 전해준 교훈으로 마음이 풍요로워졌지만, 내게 죽음은 아직도 신비다. 죽음으로부터 배우는 건 결코 끝나지 않을 것이다.

죽음은 탐구하면 할수록 놀라운 일을 끊임없이 드러냈다. 내 마음의 어두운 구석에 있는 그림자를 마주하게 되었고, 그곳에서는 나의 온전함을 찾을 수 없었다. 그리고 삶에서 기쁨과 감사를 깊이 느끼게 되었다. 나 자신의 죽음을 완전히 편안히 맞을지는 모르지만, 지금 있는 그대로의 나를 덜 두려워하는 건 안다. 그것은 죽어가는 이들의 교훈을 받아들인 덕분이다. 죽어가는 이들이 남긴 교훈을 이해하는 것이 내게는 개인적이고 인격적으로 삶의 신성함에 이르는 순례가 되었다.

이 책에는 호스피스 활동을 하며 경험한 이야기들이 담겨 있지만, 그 이야기들은 바로 당신과 나의 이야기이다. 우리는 모두 어떤 면에서 호스피스 환자이기 때문이다. 호스피스에 관련된 이야기들은 바로 우리 자신의 습성, 두려움, 지혜를 불러일으킨다. 그 이야기에서 호스피스 환자를 우리로 바꾸어 보면, 우리가 자신을 가두고, 억제하고, 누릴 수 있는 위대한 자유를 잃으면서도 안전한 곳에 틀어박혀 있으려 하는 것을 체험적으로 이해하게 된다. 죽어가는 이들의 메시지를 듣고 우리가 얼마나 연약한 존재인지 성찰하려고 우리가 병들 때까지 기다릴 필요는 없다. 우리가 태어나서 죽을 때까지 인생의 모든 길에서 두려움이 메아리치고 있기 때문이다.

조셉 캠벨Joseph Campbell 은 진정한 탐구란 삶의 의미를 찾는 게 아니라 살아 있음을 체험을 하는 것이라고 말했다. 역설적으로, 죽어가는 이들이 주는 교훈이 바로 그것이다. 말기 환자들은 임종 과정에서 예민하게 살아 있게 된다. 그들은 시간이 신성하다는 것과 삶을 더 연장할 수 없다는 걸 깨닫는다. 당연하게 여겼던 삶이 다양하게 표출되는 걸 문득 깨닫게 된다.

육체의 죽음은 모든 경험의 죽음에 대한 은유이다. 몸의 종말뿐만 아니라 삶의 모든 경험의 종말을 의미한다. 작은 죽음은 우리에게 하루 종일 일어난다. 기대가 좌절될 때마다 우리가 품었던 꿈은 죽는다. 시간 속에서 어떤 순간을 멈추려 할 때마다 우리의 통제력의 한계와 영향력의 죽음을 직면한다. 우리가 집착했던 삶의 어떤 측면이 다른 것으로 변화할 때마다 절망에 빠진다. 이처럼 변화를 받아들이는 태도에 따라 많은 심리적인 문제가 일어나기 때문에, 죽음을 통해 우리는 왜, 어떻게 괴로움을 겪는지 이해할 수 있게 된다. 죽음을 깊고 예리하게 알아차리면 대부분의 문제를 직접적으로 통찰할 수 있다. 이때 죽음을 탐구하는 것은 곧 삶에 대한 우리의 혼란과 무지를 이해하는 것이다.

실제로 죽음을 직면한 환자들과 임종 경험을 말한 환자들은 내 인생과 이 책의 영웅들이다. 그런데 그들의 이야기가 매혹적이고 마음을 끌어도 여전히 우리는 심리적으로 자신과 전혀 상관없는 일이라고 여길지 모른다. 우리는 그들의 경험에서 뒤로 물러나 죽음이 우리에게는 일어나지 않고 남에게만 일어나는 일인 양 그 이야기를 듣는다. 하지만 이것은 '내게 일어나는' 일을 말하는 책이다. 각 장의 끝에 있는 〈성찰과 연습〉은 각 장에서 말하는 요점을 독자가 절실히 느낄 수 있게 하려는 것이다. 통찰이 실제로 효과를 발휘할 수 있도록 체험하는 연습이다.

죽음은 바로 여기 있다. 죽음은 거의 아무도 기꺼이 건너가려 하지 않는 한계이다. 이 책은 너무 오랫동안 숨겨져 있었던 주제에 참여할 기회를, 그리고 아마도 투쟁할 기회를 준다. 이 책의 목적은 죽음이 주는 교훈을 독특하고 깊이 이해할 수 있게 하려는 것이다. 우리는 모두 죽게 된다. 그러니 지금 죽음과 임종을 탐구한다고 해서 우리가 무엇을 잃겠는가? 아마 새로운 삶이 죽음의 가르침에 가슴을 열 용기를 지닌 이들을 기다리고 있을 것이다.

〈성찰과 연습〉에 대하여

죽음과 임종을 가까이서 경험해 본 일이 없다면 죽음이 가르쳐주는 교훈을 이해하기 매우 어려울 수 있다. 이 책은 바로 죽음과 임종을 이해하도록 도우려는 것이다. 이 책에 담긴 이야기에서 다른 사람들이 죽음을 두려워하고, 대처하고, 심지어 죽음을 기꺼이 받아들인 것을 엿볼 수 있다. 하지만 죽어가는 이들의 경험을 온전히 자신의 것으로 만들려면 책을 읽는 것만으로는 부족하다. 그들과 유사한 경험을 직접 해보아야 한다.

우리는 각 장에서 죽어가는 이들이 말하는 많은 교훈을 하나씩 토론할 것이다. 그 토론이 끝나고 이어지는 〈성찰과 연습〉에서는 우리가 얻은 핵심 내용을 통찰과 이해로 전환한다. 그 통찰은 우리의 행동을 변화시키고 삶을 유익하게 할 것이다. 각 장을 읽더라도 〈성찰과 연습〉을 실천하지 않으면 죽음에 마음을 열 수는 있어도 삶을 지속적으로 변화시키지는 못한다. 책을 읽으면 그 내용을 숙고하고 새로운 생각을 하게 되는데, 또한 그 생각을 직접 실천해야 세상을 인식하는 관점을 바꾸고 두려움을 넘어서 마음을 열 수 있다.

각 장의 주제를 수행하고 성찰하는 건 쉽지 않은 일이다. 연습할 때마다 자신을 부드럽게 대하도록 노력해야 한다. 죽음과 함께할 때 일어나는 힘을 알아차려 보라. 정신적, 육체적으로 허약한 상태일 때는 연습을 하지 말고 쉬었다가 기력을 회복한 후에 다시 시작하는 편이 좋다. 가슴이 이끄는 대로 하면 된다. 하지만 연습이 쉬워질 때까지 마냥 기다린다고 될 게 아니다. 죽음을 외면하려고 저항하는 한 연습은 결코 수월하거나 즐겁지 못할 것이다. 그 즐겁지 못한 상태가 바로 우리가 죽음을 수행해야 할 필요가 있다는 증거이다.

자신을 소중하게 여기지 않는 사람이 이 연습을 하면 그런 경향이 더 심해질 수 있다. 그러므로 현명하게 연습하는 게 중요하다. 이를테면 두려움 같은 개인적 속성과 두려움이 삶을 지배하는 것을 성찰하는 연습을 할 때, 자신이 두려워하고 있음을 매우 단정적으로 판단할 수 있다. 이런 태도는 더 심한 자기비판을 일으킬 뿐이다. 이와 달리 자신을 친절하게 대하면서 자기 인식을 해야 한다. 친절함은 우리가 무엇을 보든 오랜 습성에 얽매이지 않고 관찰할 수 있게 하기 때문이다. 우리가 수행함에 따라 친절한 태도로 자기 관찰을 할 수 있다.

연습하다가 좌절하고 화가 나면 연습을 중단하는 것이 좋다. 그리고 자신을 성찰하는 대신 그 연습을 다른 사람에게 적용해 보라. 다른 사람을 관찰해보면, 자신처럼 혐오하고 회피하는 습성을 가진 사람이 많다는 걸 알게 될 것이다. 그런 다음 모든 이의 고통에 가슴을 열고 다시 자기 관찰을 하며 연습한다. 그러면 그 습성 주위에 조금 더 공간을 마련하게 되어, 습성이 자신에게만 있다고 여기지 않게 된다. 이렇게 하면 습성을 이해하려는 결심이 더 굳건해질 될 것이다. 습성을 이해하면, 자비로운 반응에 가슴을 열게 되고, 모든 사람이 겪는 죽음과 임종의 고통에 직접 영향을 준다는 것을 알게 되기 때문이다.

매일 정해진 시간 동안 〈성찰과 연습〉을 하는 것이 가장 빨리 익숙해지는 방법이다. 편안히 앉아 (고딕체로 된) 성찰 부분을 천천히 읽고 공감한다. 그리고 이어지는 연습을 한다. 혼자 그 말들과 함께하는 시간을 가진다. 무엇을 위한 연습인지 잘 모르겠으면 그 장을 다시 읽어 명확한 방향을 잡는다. 그래도 의미를 파악하기 어려우면 그 장을 건너뛰고 다음 장으로 넘어간다. 연습의 목적을 이해한 후에는 그것을 하루 종일 되새겨 자신의 인식과 통합시킨다.

각 장을 따로 읽어도 좋고 순서대로 읽어도 좋다. 이 연습은 결코 다 끝나지 않는다. 매번 연습할 때마다 더 깊은 체험을 하게 되기 때문이다. 이 연습은 내가 누구인가라는 진리, 삶과 죽음에 대한 관계 속으로의 끝없는 모험이다.

차례

신비를 기뻐하다

Delighting in the Mystery 1

어린 아기였을 적에 잠에서 깨었을 때
아침이 미소 지었던 걸 기억하는가?
지금이, 지금이, 바로 지금이
우리가 다시 그것을 하고 싶었던 때이다.

_타지 마할Taj Mahal

적극적으로 배우려는 사람은 죽어가는 이들로부터 활기와 열정을 지니고 사는 법에 대한 깊은 교훈을 얻을 수 있다. 반면에 대다수 사람들은 죽음에 적절히 주의를 기울이지 않기 때문에 죽어가는 이들이 주는 교훈을 알아차리지 못한다. 하지만 죽음을 접할 때마다 삶을 더 깊이 이해할 기회가 생긴다. 그것은 평화로운 해결책일 수도 있고 격렬하고 극적인 투쟁이 될 수도 있다.

나는 호스피스에서 일하는 동시에 죽어가는 이들에게서 배우는 학생으로서, 그들이 이제까지 알았던 모든 것을 상실하게 되었을 때 얻는 통찰을 엿볼 수 있었다. 그런 상호작용의 토대가 된 것은 삶과 죽음의 신비를 깊이 대면하는 것이었다. 그 신비는 살아 있음에 본래 존재한다. 우리 모두 한때는 그것을 알고 있었지만 다른 관심사를 좇느라 잊어버렸다.

우리는 어린아이였을 때 느꼈던 흥분을 기억한다. 그때는 온갖 가능성이 충만한 마술 같은 세상에 어지러움을 느끼며 잠에서 깼다. 시내의 바위 하나하나, 하늘의 구름 하나하나가 비밀과 놀라움을 간직하고 있었다. 그래서 세상은 우리가 배우고 성장하는 무대였다. 우리는 해답을 찾아 헤맸고 살면서 만나는 모든 것을 스승으로 삼았다.

그런데 우리가 자라는 동안 보다 형식적인 가르침을 따르면서 세상이 지닌 잠재력이 줄어들었다. 우리 마음은 논리적이고 과학적인 관점으로 기울었다. 모든 것은 합리적 원인과 예측할 수 있는 결과에 따라 일어났다. 설명할 수 없는 것이 존재할 여지가 없었다. 사람들은 충분히 연구하면 우주를 완전히 이해할 수 있다고 말했다. 우리가 어려서 받은 교육은 은연중에 모든 사람이 똑같은 관점으로 세상을 보아야 한다고 지시했다. 그것은 동일한 집단 가치와 규범이 확립되는 걸 도왔다. 하지만 우리는 배운 것과 다른 관점으로 삶을 보는 능력을 빼앗겼다. 그리고 신비도 거의 모두 제거되었다.

나는 어릴 때 친구와 함께 도둑과 백기사가 활약하는 상상의 세계에서 놀았다. 우리는 시간 가는 줄 모르고 세상이 완전히 파괴되기 직전에 용감한 전사가 아슬아슬하게 때를 맞추어 등장해 세상을 구하는 장면을 만들어냈다. 그런데 어느 날 친구가 그 놀이를 하지 않겠다고 했다. 혼자서는 그 놀이를 할 수 없었기에 나는 계속 하자고 친구를 달래기도 하고 간청도 했지만, 친구는 꿈쩍도 하지 않았다. 그래서 그렇게 재미있게 함께 상상의 세계에서 노는 걸 갑자기 그만두겠다고 결심한 이유가 뭐냐고 물었다. 그 친구의 대답은 아직까지도 내 가슴속에 남아 있다. 친구가 아빠에게 우리가 하는 놀이를 이야기했더니, 아빠가 바보짓을 당장 집어치우고 제발 철 좀 들라고 말했다는 것이다. 우리는 다시는 그 놀이를 하지 못했고, 나는 상상의 세계를 잃어버려 몹시 슬펐던 걸 기억한다.

우리가 세상의 신비로 다시 깨어날 수 있을까? 신비는 상상 속의 후미진 구석이나 오랫동안 잊힌 어릴 때의 놀이 속에만 있는 게 아니다. 신비는 바로 우리 앞에 있다. 신비는 결코 세상을 떠나지 않았다. 우리가 신비로부터 떠났을 뿐이다. 우리는 관습적으로 생각하고 경험하도록 배운 방식을 받아들였을 때 신비를 떠났다. 그런데 이따금 죽어가는 사람들이 신비를 되살린다. 그들은 어린아이의 순수한 눈을 다시 얻어 신비가 눈앞에 펼쳐지는 걸 목격한다.

한 호스피스 환자가 임종할 때 세상이 어떻게 보이는지 말해주었다. "잠을 자고 아침에 깨면 내가 아직 살아있는지 봐요. 그래요, 오늘 나는 아직 듣고 볼 수 있어요. 어떤 것도 당연히 여길 수 없지요. 방을 둘러보면 내가 평생을 함께 지낸 물건들이 모두 조금씩 달라 보여요. 마치 내가 처음 보는 듯이 빛나고 새로움을 띠고 있어요. 그래서 모든 것이 익숙하면서도 낯설어요."

나뭇잎처럼 익숙한 것을 살펴보고 자세히 탐구하면, 우리가 나뭇잎에 대해 거의 알지 못한다는 사실을 발견한다. 어느 나무에서 떨어졌고 어떤 모양과 색인지는 알아도, 그 나뭇잎이 무엇인지는 모른다. 식물학자나 물리학자는 나뭇잎에 대한 온갖 세세한 지식을 말할 수 있겠지만, 나뭇잎의 본질에 대해서는 거의 아무것도 알려줄 수 없다. 많은 과학적 연구와 조사가 이루어졌지만, 아무도 하나의 물체가 무엇인지조차 알지 못한다.

어떤 대상에 이름을 붙일 수 있다고 해서 그 대상을 이해하는 것은 아니다. 그리고 그 대상을 정의하려 할 때마다 본질에서 멀어진다. 하지만 우리가 이름과 정의에 빠져 헤매지 않으면, 가장 작은 나뭇잎에서 가장 멀리 있는 별에 이르기까지 모든 것이 하나의 질문 속으로 펼쳐진다.

인간이라는 게 무슨 의미인가라는 질문을 생각해 보자. 태어남과 죽음은 우리가 알고 있는 존재의 한계이고 인생의 수수께끼를 구체화한다. 우리는 우리가 어디에서 왔고 어디로 가는지 조사해서 자신이 누구인지 이해하려 한다. 죽음이 우리의 마음을 사로잡는 이유가 바로 이것이다. 우리는 죽음을 탐구해서 우리의 본성에 대한 통찰을 얻고 싶어 하지만, 우리의 본성은 죽음 못지않게 헤아릴 수 없다. 하지만 죽음을 이해할 수 없음에도 불구하고 우리는 죽음을 이해하고자 시도해야만 한다. 우리 마음은 잘 알고 있는 것에서 안도감을 느낄 때만 편안하지만, 창조적이고 직관적인 면은 신비로운 것과 만날 때 크게 성장할 수 있다. 하지만 우리는 죽음을 이해하는 게 불가능함을 가슴으로 기뻐할 때조차 머리로는 죽음을 이해할 만하게 만들려고 한다.

신비로운 것과 만나면 삶에 대한 일상적인 관점이 뒤흔들릴 수 있다. 한 호스피스 간호사가 죽음이 임박한 짐Jim이라는 환자의 이야기를 들려주었다. 갑자기 그의 형이 자동차 사고로 숨졌는데, 짐은 그 사실을 모르고 있었다. 병실에서 멀리 떨어진 곳에서 호스피스 간호사와 가족들은 짐에게 형의 죽음을 알려야 하는지 의논했다. 그들은 곧 숨질 짐에게 형의 죽음을 알려서 괴로움을 주지 않는 게 좋겠다고 결정했다. 숨질 때 짐의 마음이 평안해야 하는데, 그 소식을 알리면 불필요한 스트레스를 줄 것을 염려했기 때문이다. 가족과 간호사가 다시 병실로 돌아왔을 때 짐이 혼수상태에서 깨어나고 있었다. 그런데 짐은 팔꿈치로 밀어 몸을 일으키면서 형이 죽은 걸 왜 말해주지 않았느냐고 물었다. 깜짝 놀란 가족이 그걸 어떻게 알았냐고 물었다. 짐은 터널에서 형을 만나 이야기 들었다고 말했고, 다시 누워 숨을 거두었다.

우리의 가슴은 이런 이야기를 정말 좋아하는데, 우리의 어떤 근본적인 면이 입증되기 때문이다. 하지만 지성이 매우 강하거나 안전에 대한 욕구가 큰 사람이라면 그런 이야기를 냉소적으로 대할지 모른다. 그러면 우리의 머리는 경이에 머무르려는 가슴의 욕구를 억누르고, 내면의 상반되는 부분을 해결하려 할 때마다 우리는 과잉반응하고 방어적 태도를 보이게 된다. 우리의 머리는 논리적인 것만을 믿고, 죽음이란 단순히 정신–몸 과정의 종말이라고 해석한다. 머리와 가슴이 분리되면, 우리는 영적으로 메마르게 되고 지성으로 설명할 수 없는 것에서 경이를 발견하지 못하게 된다.

나의 아버지는 과학자였고 거의 평생 동안 종교에 회의적이었다. 성경의 기적 이야기를 과학적 설명으로 반박하거나 과장된 것으로 여겨 거들떠보지도 않았다. 아버지가 돌아가시기 10년 전에 30년 동안 함께 살아온 어머니가 예기치 않게 갑자기 돌아가셨고, 아버지는 크게 상심했다. 그로부터 몇 년 후에 아버지는 사실 어머니가 돌아가시자마자 기적 같은 일이 일어났다고 내게 털어놓았다. 돌아가신 어머니가 와서 아버지의 팔을 만졌고, 귀에 대고 아버지를 혼자 남겨 놓아서 매우 미안하다고, 하지만 아버지가 슬픔을 이기고 마침내 치유될 것이라고 속삭였다고 했다. 아버지는 어떻게 설명해야 할지 모르지만 그 일은 분명이 일어났고, 그날 이후로 삶과 죽음에는 과학이 설명할 수 없는 부분이 있음을 알았다고 말했다.

돌아가신 어머니가 찾아온 것이 아버지의 합리적 세계에 의문을 일으켰다. 아버지의 과학적 관점을 잘 아는 사람들에게 놀라웠던 점은 아버지가 매우 확신을 가지고 그 일을 단순한 일회적 사건이 아니라 의미 있는 체험으로 받아들였다는 것이다. 그 경험을 통해 아버지는 신비에 대해 흔들릴 수 없는 확신을 가지게 되었다. 그 일은 이론과 생각을 초월해 아버지의 마음을 감동시켰다. 아버지의 가슴은 아버지가 과거에 잘못 알고 있었다고 알려주었다. 삶은 아버지가 상상했던 것보다 더 많은 것을 품고 있었다.

관습적으로 실재를 보는 관점을 흔들려면 아마 신비를 직접 체험해야 할 것이다. 나는 죽어가는 이들과 함께할 때 실재를 보는 전혀 다른 관점 속에 빠진 일이 여러 번 있었다. 그들의 눈을 들여다보았고, 죽어가는 이들이 눈에 보이지 않는 존재와 대화하고, 볼 수 없는 것을 만지려 손을 내밀고, 소리 없는 말을 하느라 입술을 움직이는 것을 지켜보았다. 그때 실재 속에는 인간의 제한된 감각으로 지각할 수 있는 것보다 훨씬 더 많은 것이 있음을 알았다.

내가 일했던 호스피스의 의료부장이 환자의 집에서 죽어가는 환자를 돌보고 있었다. 소파에 앉아 조리 있게 말하던 환자가 갑자기 침묵에 빠졌다. 의사는 환자의 눈을 깊이 들여다보았다. 환자는 바로 그 순간 숨을 거두었고, 그의 응시를 통해 의사를 죽음의 경계로 끌어당겼다. 그 의사는 호스피스 팀 미팅에서 그 이야기를 다시 하며 이렇게 덧붙였다. "그 환자의 응시가 나를 인생의 끝자락으로 데려갔어요. 그는 끝없는 곳을 응시하고 있었지요. 거기엔 아무도 없었고 단지 무한한 공간만 있었습니다."

죽어가는 이들 덕분에 우리가 자신을 더 명확히 이해할 수도 있다. 하지만 특별한 사건이 일어나야만 신비를 알 수 있는 건 아니다. 사실 우리는 늘 가까운 곳에서 신비와 만나고 있다. 누구나 바로 지금 직접 신비를 만지고 경험할 수 있다. 뺨에 스치는 미풍, 꽃향기, 바람에 흔들리는 나뭇가지 등이 모두 기적 이야기이다. 잃어버린 어린 시절의 순수함을 지닐 수 있으면 이런 기적적인 사건들을 명백히 알게 될 것이다.

기적 이야기는 우리가 어릴 때 순수했던 관점이 연장된 것으로 볼 수 있다. 예수의 기적을 해석하는 한 가지 길은, 그 이야기들이 우리가 알고 있는 것 너머를 보라고 요청한다는 것이다. 어쩌면 예수는 기적을 통해 항상 그의 눈앞에 있는 것을 보여주었던 것인지도 모른다. 예수는 모든 것이 끊임없이 기적이고, 모든 사람에게는 평범한 걸 비범한 것으로 바꿀 수 있는 잠재력이 있고, 하느님 나라는 일상적인 삶 속에 가까이 있다고 말하고 있었던 게 아닐까. 그렇다면 모든 것은 기적으로 통하는 문이다.

 직관적인 마음

탄생과 죽음의 현장에 있으면 놀라움과 경외감을 느끼게 된다. 생명은 어디에서 오는가? 죽을 때 생명은 어디로 가는가? 죽어가는 사람이나 새 생명을 낳는 사람 곁에 있을 때 우리는 자신을 무한한 가능성의 세계 속에 있는 작은 아이처럼 느끼게 된다. 그때 우리는 골똘히 보고 듣고 있으며, 관습적으로 생각하지 않고 주의 깊게 집중하고 있다. 개념 정의나 의제에 얽매이지 않는다. 생각이 어지럽지 않고 가슴은 활짝 열려 있다. 바로 이것이 직관적인 마음의 영역이다.

나는 사회복지사로 일할 때 호스피스 환자 제인Jane을 담당했다. 제인은 딸 수잔Susan과 함께 살고 있었다. 어느 날 그 집을 방문해서 수잔과 이야기를 나누다가 그녀의 어깨 너머로 침대에 누워 있는 제인을 보았다. 그렇게 제인을 지켜보고 있었는데, 문득 제인이 막 죽기 시작하고 있음을 알리는 기미를 느꼈다. 딸 수잔에게 그것을 말하려는 찰나에 전화벨이 울렸고 수잔은 전화를 받으러 방을 나갔다. 나는 일어나서 죽어가고 있는 환자에게 다가갔다. 내 짐작이 맞다는 걸 확인하고, 전화를 받고 있는 수잔에게 그 사실을 말하려고 몸을 돌리기 시작했다. 그런데 어떤 것이 나를 멈추게 했고, 이런 생각이 들었다. "안 돼. 이 환자는 숨을 거둘 때 딸이 곁에 없기를 바라." 곧 제인은 숨졌고, 수잔이 전화를 끊고 내가 서 있는 곳으로 돌아왔다. 어머니가 방금 숨을 거두었다고 전하자 수잔이 무심코 말했다. "세상에! 내가 곁에 없을 때 돌아가셔서 천만다행이에요! 나는 그걸 감당할 수 없었을 거예요. 엄마도 내가 곁에 있는 걸 원하지 않았을 거구요!"

직관에 따라 행동할 때 우리는 신비의 일부가 된다. 왜 그렇게 행동했는지 자신도 설명할 수 없을 때가 많다. 단지 우리 앞에 놓인 상황을 모든 면에서 유일한 경험으로서 명확히 바라볼 때 그것이 적절했기에 그렇게 한 것뿐이다. 직관적 반응은 우리의 지각이 온전하다는 걸 인정한다. 우리의 이해력은 전체 환경만큼 광대하다. 모든 부분을 명확히 볼 때 우리의 가슴은 우리를 적절한 길로 이끈다.

마음속의 직관적 충동대로 행동하는 건 혼란스러울 수 있다. 정말 마음이 말하는 것과 마음이 어떻게 말한다고 머리로 생각하는 것을 구별하기 위해서는 연습이 필요하다. 내가 호스피스 사회복지사로 일할 때, 환자의 집 근처를 지나다 갑자기 가던 길을 멈추고 그 환자를 방문해야겠다는 충동이 일어나는 경우가 많았다. 대개 그 충동을 마음이 산만해서 일어난 두서없는 생각일 뿐이라고 여기고 떨쳐버렸다. 그런데 호스피스 병원으로 돌아온 후, 그 생각이 들었던 시간쯤에 그 환자가 숨졌다는 사실을 알게 되는 일이 가끔 있었다. 한번은 호스피스 병원으로 돌아왔을 때, 내가 그런 생각을 한 바로 그 시각에 어려움에 처한 환자의 가족이 황급히 나를 찾았다는 이야기를 들은 적도 있었다.

이런 일을 몇 번 겪은 후 또 그런 충동이 일어나면 가던 길을 멈추고 환자를 방문하겠다고 결심했다. 그 직관적 느낌이 일어나기를 기대하기 시작했고, 아마 잠재의식적으로 그 생각을 일으켰을 것이다. 하지만 그런 결심을 한 다음부터는 충동이 일어나 환자의 집에 들러도 아무 일도 없었다. 강제로 일으키거나 통제하려 한 탓에 직관이 사라진 것 같았다. 그래서 직관은 존재의 신비의 일부이며 그냥 놓아두는 것이 더 좋다는 걸 알게 되었다.

가까운 친구인 호스피스 직원은 환자가 숨지는 때를 정확히 예측했다. 언제나 환자가 숨지는 날짜와 대개는 시간까지 아는 것 같았다. 나는 그녀가 환자의 사망 시기를 정확히 아는 것에 흥미를 느꼈고, 그녀에게 환자의 어떤 변화를 보고 그렇게 예측하게 되는지 면밀히 관찰해 보라고 요청했다. 그런데 그녀는 잠시 그런 시도를 한 후에 좌절했다. 그녀가 어떤 일이 일어나는지 이해하려 하자 환자의 죽음이 다가왔음을 알려주던 직관이 사라져 버린 것이다. 직관을 이성적으로 파악하려는 시도가 예감을 흐리게 만들었다. 환자의 죽음을 예측하는 정확도는 극적으로 감소했고, 그녀가 자신의 능력을 회복하려 애쓸수록 계속 더 줄어들었다.

논증적 추론에 기반하지 않은 앎의 길이 있는 것은 분명하지만, 그 근원을 알아내려 하면 신비는 물러나고 사라진다. 신비는 우리가 알고 생각하는 범위 내에서 찾을 수 없다. 생각이 아니라 마음을 통해야 신비를 만날 수 있다. 우리의 마음이 아무런 설명을 해주지 않기에 그것은 불안하게 느껴질 수 있다. 하지만 마음은 말의 안도감에 의존하지 않는다. 마음을 붙잡으려 손을 뻗어도 아무것도 없고, 마음이 어디 있는지 찾아도 그것은 어디에나 있고 또 아무데도 없다.

🌿 음미와 기쁨

47세의 호스피스 환자가 창밖에 아침 햇살이 반짝이는 바다를 내다보았다. 그 풍경을 오랫동안 조용히 바라본 후 그녀가 말했다. "나는 이 집에서 자라서 바닷물에 빛나는 햇살을 여러 번 보았어요. 그런데 이렇게 좋은 줄 여태 몰랐네요. 여기서 바다와 햇살을 바라보는 게 정말 큰 기쁨을 주는군요."

우리는 너무 바빠서 바로 눈앞에 있는 아름다움을 보지 못한 적이 있다. 급히 처리해야 하는 여러 가지 일에 빠져 눈앞의 아름다움을 제대로 보지 못한 채 다음에 해야 하는 일을 향해 달려간다. 대개 앞으로 가야 하는 곳을 생각하느라 현재를 못 보고 지나친다. 그래서 다음 것을 붙잡으려 하는 가운데 지금 이 순간에 불안을 느낀다. 하지만 임종할 때는 현재의 아름다움을 무시하기 어려울지 모른다. 그때는 살아갈 귀중한 시간이 거의 남지 않았고 더 이상 가야 할 곳이 없으므로 현재의 삶을 음미하게 된다.

신비로운 것에는 기쁨이 따른다. 그 기쁨은 막연하고 널리 열려 있으며 시간과 공간의 제약을 받지 않는다. 살아 있을 시간이 얼마 없다는 걸 깨달으면 의식적으로 멈추어 주변을 돌아보게 된다. 시간을 내서 자신이 어디 있는지 가늠하고, 자연스럽게 그 순간을 음미하고 기뻐한다. 삶의 속도를 늦추고 현재를 알아차리는 단순한 행위 속에서 삶은 감각과 상호작용하게 된다. 애정 어린 음미를 하면서 늘 바로 눈앞에 있었던 경이와 하나가 된다.

만약 자신의 호흡이 얼마 남지 않은 것을 제대로 안다면 바로 지금 쉬는 숨을 어떻게 받아들이겠는가? 다시 숨을 쉴 수 있을지 확신하지 못하므로 지금 쉬는 숨을 당연하게 여기지 못할 것이다. 그때 호흡은 삶과 연결하는 귀중한 고리가 된다. 사실 아무리 건강해도 영원히 호흡할 수 없고, 이 사실을 깨달으면 숨을 쉴 때마다 더 큰 기쁨을 느낄 기회가 생긴다. 우리가 장애를 가지고 태어났는데 갑자기 걸을 수 있게 되었다고 상상해 보자. 평생 휠체어에 의지해 살다가 다리를 조금만 움직일 수 있게 되어도 날아갈 듯이 기쁠 것이다. 그렇다면 우리가 건강하고 부드럽게 편히 숨 쉬며 조깅할 수 있는 지금, 똑같은 기쁨을 느낄 수 있을까?

단순한 몸의 움직임, 새소리, 햇살의 따스함은 우리가 깊은 기쁨으로 경이를 마주해야 하는 많은 일의 일부일 뿐이다. 우리의 감각이 생생하고 깨어 있으면 세상은 매 순간마다 지울 수 없는 표식을 남긴다. 상관없이 지나가는 건 아무것도 없다. 우리는 모든 것을 그 자체로 음미하게 된다.

너무 많은 사람들이 너무 오랫동안 대상이 주는 즐거움을 통해 세상을 음미할 뿐, 지금 이 순간에 내재되어 있는 아름다움을 음미하지 못했다. 우리는 과거에 도움을 주었거나 미래에 도움을 준다고 약속하는 대상을 소중히 여긴다. 하지만 진정한 음미란 순간 자체, 있는 그대로를 맛보는 것이다. 대상이 얼마나 쓸모 있는지만 궁리하면 바로 눈앞에 있는 광휘를 놓치게 된다. 그것을 유용하게 사용할 수 있는 가상의 시간 속으로 그 빛이 굴절되어 버리기 때문이다.

그런데 죽음이 임박해 지금 이 순간 다음까지 살아남는 사치를 누릴 수 없음을 깨달을 때, 신비가 드러나고 가슴이 활짝 열리고 예민해진다. 모든 경험으로부터 영향을 받는다. 또 늘 이해할 수 없고, 흥미롭고, 도무지 알 수 없는 삶의 풍요를 느낀다. 있는 그대로의 우리가 삶의 일부이므로 이 경이로움은 본래 우리 안에 있으며, 우리가 알아보기만을 기다리고 있다. 따로 개발할 필요가 없다.

이 경이로움은 두려워할 게 아니다. 놀이를 하라는 초대이고 오해의 여지가 없는 기쁨 속에 우리 자신을 표현하라는 요청이다. 그것은 눈 속에 천사 만들기 놀이이다. 우리는 땅에 발을 딛고 있고 생각과 몸에 접촉하고 있지만, 동시에 모든 형상을 통해 또 모든 형상을 넘어 신비와 연결되어 있다. 모든 것은 지금 있는 그대로이며 동시에 그 이상이다. 삶이 주는 기회는 우리의 지식에 의해 제한되지 않고 한없는 가능성을 가지고 있다. 그리하여 우리의 창조성과 직관은 끝없는 마술에 가까워진다. 모든 것은 새로운 사랑의 친밀성으로 우리의 마음을 움직인다. 마치 고향에 돌아온 것처럼 느껴진다.

성찰과 연습

신비와 기쁨

〈성찰과 연습〉을 처음 시작하기 전에 머리말의 〈성찰과 연습에 대하여〉 부분을 다시 읽는 게 도움이 될지 모른다. 각 장의 끝에 있는 이 부분은 본문을 읽고 얻은 지적 이해를 자신의 진정한 변화로 연결해준다. 진정한 변화는 책에 나온 말을 자신의 것으로 완전히 소화할 때 일어난다. 그러므로 '성찰과 연습'은 이 책에서 필수적인 부분이다.

주변 세계에 대해 내가 실제 아는 것을 성찰한다. 나는 그것의 이름, 색, 모양, 쓸모와 역사를 안다. 그런데 그 본질을 아는가? 과학은 세상을 점점 더 작은 부분으로 나누고 각 부분에 이름을 붙이고 설명한다. 하지만 단 하나의 사물도 실제로 무엇인지 결코 설명하지 못한다. 내가 생각만으로 세상 모든 것을 확인하고 어디 있는지 알려는 욕구를 과학이 만족시켜 줄 수도 있다. 하지만 나의 마음이 신비와 재결합하려는 열망도 채워주는가? 이런 욕구와 열망은 서로 상반되는가?

돌, 꽃, 컵, 자신의 손 등 대상을 연구하면 그것에 대한 지식을 밝혀주지만 그것이 무엇인지 알려주지는 않는다. 그것을 처음 보는 것처럼 어린아이의 마음으로 바라보라. 새로운 것이 보이는가? 그렇게 새롭게 발견한 것이 그 대상을 보는 데 영향을 주는가? 그 새로운 정보로 물들이지 않고 대상을 계속 볼 수 있는가?

나의 삶에 창조성과 자발성이 얼마나 있는지 성찰한다. 오랜 습성에 따라 행동하지 않을 때에만 신비와 경이를 볼 수 있다. 나는 어떻게 나만의 관점에 얽매여 있는가? 고정된 관점으로 사물을 볼 때의 한계를 알 수 있는가? 나의 관점은 내가 자발적이지 못하게 방해하는가?

그림 그리기, 글쓰기, 요리하기, 정원 가꾸기 등 창조적인 활동을 한다. 자신을 관찰하여 자신이 가장 창조적이고 자발적일 때를 주목한다. 이제 의도적으로 창조적이 되려 하고 그때 무슨 일이 일어나는지 본다. 창조성이 일어나려면 무엇이 필요한가?

내가 얼마나 많이 놀고 기뻐하고 음미하는지 성찰한다. 생활이 일상 업무에 얽매인 탓에 뺨을 간질이는 미풍과 새의 노래 소리를 즐길 수 없는가? '무엇을 해야 한다는 생각'이 어떻게 삶을 온전히 경험하지 못하게 하는가?

매일 10분 동안 앉아 자연의 소리를 듣는다. 라디오와 텔레비전을 끄고 혼자 있는다. 방해하는 것을 모두 멀리한다. 무슨 소리인지 알아내거나 판단하려 하지 말고, 고요 속에서 소리가 일어나고 다시 고요 속으로 사라지는 걸 듣는다. 자연과 연결될 때 가슴 속에 나타나는 기쁨과 애정을 느낀다. 그 기쁨과 삶의 신비는 어떤 관련이 있는가?

있는 그대로 보다

Seeing Things as They Are 2

삶은 마치 바람에 이리저리 흔들리는 거품처럼 허약하다.
숨을 내쉰 후 다시 숨을 들이쉴 수 있으리라 생각하고,
밤에 잠든 후 다음 날 잠에서 깨어나리라 예상하는 건 얼마나 놀라운가?

_나가르주나 Nagarjuna

죽음을 삶의 일부로 받아들일 때 신비가 드러난다. 마치 베일이 벗겨져 분명히 볼 수 있게 되는 것과 같다. 죽음은 늘 그대로인데 단지 우리가 죽음을 인정하지 않았을 뿐이다. 사물을 있는 그대로 볼 수 있을 때, 우리는 신비에 대한 직관을 이용하기 시작하고, 점점 더 많이 기뻐하고 음미하게 된다. 우리가 어떻게 삶을 회피하는지 알게 됨에 따라 이 과정은 자연스럽게 일어난다.

앞에서 본 것처럼 다른 사람들이 죽음을 경험한 이야기는 우리에게 어떻게 살 것인가에 대해 많은 것을 가르쳐 줄 수 있다. 자기 자신의 죽음을 성찰하면 더 많이 배울 수 있다. 잠시 동안 지금이 자신이 죽는 순간이라고 상상해 보자. 이 순간을 알아차림하여 어떻

게 살아야 하는지에 대해 자신의 죽음이 무엇을 가르쳐 줄 수 있는 지 본다. 자신의 뿌리 깊은 습성과 성격은 평화로운 죽음에 도움이 되는가, 아니면 힘겨운 죽음을 초래하는가? 자신이 숨지는 장면을 스스로 상상할 수도 있고 다음과 같은 시나리오를 따를 수도 있다.

지금이 내 삶의 마지막 순간이다. 내가 죽고 있음을 안다. 곁에 모여 있는 친지들이 보여주는 온정과 사랑에 감사한다. 그들의 보살피는 마음이 절절히 느껴진다. 호흡은 불규칙하고 힘겹다. 모두가 내 이야기를 하고 있지만 내게 말하는 게 아니다. 내가 들을 수 없다고 생각하는 모양이다. 나는 대답할 기력이 없지만 주의력과 집중력은 멀쩡하다. 사람들은 내가 혼수상태라고 말하지만, 나는 눈을 뜨지 못해도 주변에서 무슨 일이 일어나고 있는지 안다. 지금 이 순간에 삶의 목적은 너무나 분명하다. 이 과도기에는 재산도, 지위도, 돈도 도움이 되지 못한다. 야망과 이기심은 마음을 열고 이해심으로 이 순간을 맞이하는 데 전혀 도움이 되지 못한다. 어떻게 그런 생활방식의 한계를 보지 못할 만큼 눈 먼 채 살 수 있었을까? 이제까지 살아온 방식이 항상 분명히 옳다고 여겼다.

우리는 이성적으로는 자신이 죽는다는 걸 안다. 대개 죽음이라는 사건은 먼 미래에 몸이 늙고 쇠진한 후에 적절한 순서에 따라 일어난다고 생각한다. 그래서 죽음이라는 주제를 직접 탐구할 가치를 느끼지 못한다. "그런 무서운 생각을 해서 뭘 하자는 거야?" "아직 살날이 창창하다구! 어쨌든 죽을 때가 되면 죽겠지. 그래야 할 때가 되면 그때 신경 쓰겠어. 그때까지는 죽음 따위는 잊어버리고 있어야지."

우리는 죽음을 눈앞에서만 치워 버리면 삶이 더 나아지리라는 망상 속에서 애쓴다. 죽음을 성찰하면 우울해지기 때문이다. 탄생의 고통은 축하할 일이지만 죽음의 괴로움은 감수할 만한 가치가 없다고 여긴다. 슬픔은 개인적인 일이니 드러내지 않는 게 가장 좋다고 본다. 유족을 격려해서 될수록 빨리 잘 지내게 하려 한다. 죽음의 상실을 마주하면 불편하고 어색하기 때문이다. 진정으로 유족에게 무슨 말을 해야 하는지, 어떻게 위로해야 하는지 모른다.

자신이 겪은 일을 돌아보면 죽음이 언제든 닥칠 수 있음을 수긍하는 사람이 많을 것이다. 거의 죽을 뻔했던 사건을 다들 한번쯤은 겪었다. 차에 치일 뻔하거나, 익사하기 직전에 구조되거나, 사다리에서 떨어지거나, 이웃집이 강도를 당한 일들은 삶이 너무 쉽게 무너질 수 있다는 걸 보여준다. 불교 경전에서는 "인생은 쏜살같이 지나간다."고 말한다. 인생은 틀림없이 결말을 향해 가는 일방통행로다.

우리 자신이나 가까운 지인이 죽을지 모른다는 생각을 하면 매우 불쾌하다. 그 불안의 뿌리는 전체적인 삶의 순환을 회피하거나 거부하는 마음이다. 우리는 인생에 비극, 불안, 괴로움, 실망, 죽음이 없기를 바란다. 그런 것들은 진정한 삶에서 벗어나거나 역행하는 것이라고 여긴다. 행복, 건강, 좋아하는 일을 하는 것만이 진정한 삶이라고 믿기 때문이다.

우리는 도덕적 관점에 따라 옳은 일만 일어나면 세상이 훨씬 더 좋아질 거라고 생각한다. 그런 세상에서는 큰 물고기가 작은 물고기를 잡아먹으면 안 되고, 선한 사람은 고통 받으면 안 되고 범죄자는 반드시 고통 받아야 한다. 고결한 세상에서는 나쁜 사람이 올바른 사람보다 빨리 죽고, 아이들은 절대 부모보다 먼저 죽지 않는다.

하지만 실제 세상은 그렇지 않다. 따라서 도덕적인 시각으로 보면 죽음을 전혀 이해할 수 없다. 죽음은 어떤 업적을 이룬 사람도 피할 수 없고 선한 의도를 가진 사람이라고 봐주지도 않는다. 죽음은 하느님의 논리조차 의심스럽게 한다. 죽음에는 도덕성이 없고 우리의 독선을 무시한다. 죽음은 공정함의 법칙을 무시하고 작용하기에 우리가 옳다고 여기는 공정함의 개념을 산산이 부순다. 우리가 과거에 무슨 일을 했든 모든 걸 빼앗고, 결코 우리가 우위를 점할 수 없음을 끊임없이 상기시킨다. 죽음의 존재는 근본적으로 모든 것이 통제 불가능함을 말해준다.

문제는 죽음이 아니라 삶에 대한 우리의 생각일지도 모른다. 명탐정 셜록 홈즈 Sherlock Holmes 는 사건의 단서가 자신의 추리와 맞지 않으면, 사실을 버리지 말고 추리를 치워 버리라고 말한다. 하지만 대개 우리는 그와는 반대로 행동한다. 즉 죽음이라는 사실을 치워 버리고 우리 생각대로 삶을 의미 있게 만들고자 노력한다. 죽음을 순순히 받아들이면 희망도 의미도 없어지므로 우리는 삶의 사실들과 끊임없이 씨름한다. 죽음을 인정하면 세상에 아무런 목적도 방향도 없는 것 같기 때문이다. 그래서 대부분의 종교는 죽음의 무의미함으로부터 의미를 만들어내기 위해 존재한다.

죽음을 불편해 하는 것은 우리가 진실을 희생해서 살고 있음을 분명히 보여준다. 죽음은 완전히 반대인 것들을 통합하라는 요청이다. 즉, 삶과 죽음, 이익과 손실, 행복과 불행, 명성과 불명예, 즐거움과 고통 등을 모두 받아들여야 한다. 이것들 중 하나만 추구하고 다른 하나를 피할 때 우리는 양쪽 모두에 갇힌 죄수가 된다. 온전한 삶에서는 즐거움과 고통 모두 피할 수 없는 요소이기 때문이다. 고통은 우리가 고통의 반대되는 것에 매달리려고 싸울 때만 괴로움을 초래한다.

이 문제는 하루 종일 많은 상황에서 일어난다. 토요일에 소풍을 가기로 했다고 하자. 그런데 토요일 아침에 잠을 깼을 때 비가 내리고 있다. 우리는 소풍을 갈 수 없게 되어 매우 실망한다. 그 상황이 현실과 다르기를 바라는 욕구 탓에 마음이 불편한 것이다. 그 욕구에 더 오래 매달려 있을수록 더 오래 불편한 마음과 씨름하게 된다. 비가 내린다. 그것은 사실이다. 단지 우리가 그 진실에 따라 살기를 거부하고 있는 것이다. 우리가 투사한 기억으로 삶의 사실을 가리려 하는 것이다. 우리의 상상으로부터 현실과 완전히 반대인 것을 만들어 낸다.

내가 사회사업학과 대학원생일 때 집을 함께 사용했던 여성은 말기 불치병 환자였다. 나는 그녀가 도움을 바라는 걸 느낄 수 있었다. 그녀는 다른 사람이 자신의 고통을 이해해주기를 원하고 있었다. 그런데 나는 그녀의 상태를 받아들이는 게 매우 힘들었다. 그래서 집에 있는 게 너무 불편했고 될수록 집밖에서 많은 시간을 보내려 했다. 나는 공감하는 경청자가 되는 법을 배우는 수업을 듣고 있었지만, 간절히 이해받기 원하는 사람을 피하려고 갖은 애를 쓰고 있었던 것이다! 내 인생에 죽음을 일깨우는 게 없기를 원했기 때문에 그녀를 정면으로 마주할 수 없었다. 나는 단지 그녀로부터 도망치는 게 아니라 삶의 실재로부터 도망치고 있었다.

죽음은 있는 그대로의 현실이다. 우리는 죽음과 씨름할 수도 있고, 죽음을 무시할 수도 있고, 억누를 수도 있고, 죽음을 피하고자 기도하며 애쓸 수도 있다. 하지만 죽음이 일어나는 것을 막을 수는 없다. 죽음이 다가오는 걸 막으려 모든 수단을 동원했지만 여전히 죽음은 눈앞에 닥친다. 그때 할 수 있는 일은 죽음과 친해지는 것뿐이다. 하지만 우리는 죽음을 피하려 애쓰다 실패하고 지친 후에야 마지막 선택으로 죽음과 친해지려 한다. 조만간 현실이 다가와 우리의 환상을 부수어버리면 그제야 죽음과 친구가 되려 한다.

평화롭고 만족하며 살려면 근본적으로 다른 태도가 필요하다는 생각이 어느 때든 틀림없이 떠오른다. 삶이 우리에게 주는 것에 따라 바로 그대로 살아야만 한다. 그렇게 살면 무의미한 싸움을 걸지 않고 삶과 조화를 이룰 수 있는 잠재력이 생긴다. 진실에 마음을 열

때 싸움이 끝난다. 하지만 그것은 절망에 빠진다는 의미가 아니다. 이렇게 '내맡기면' 새로운 삶의 의욕이 생기고, 고요가 점점 깊어지며, 모든 경험에 마음을 열고 반응하게 된다.

죽음을 성찰한다

불교에는 갑작스런 죽음으로 아들을 잃은 젊은 어머니의 이야기가 전해진다. 그녀는 너무나 슬퍼서 아이가 죽었다는 사실을 도저히 받아들일 수 없었다. 그래서 유명한 의사들을 찾아다니며 죽은 아들을 고쳐 달라고 했다. 의사들은 아이가 이미 죽었다고 말했지만, 그녀는 그 말을 믿지 않았다. 그녀를 설득하지 못한 한 의사가 결국 그녀를 붓다에게 보냈다. 붓다는 한 가지 일을 하면 그녀의 죽은 아들을 고쳐주겠다고 말했다. 마을에 가서 죽음을 맞은 일이 없는 집에서 겨자씨 하나를 가지고 오라는 것이었다. 당시 인도에서는 여러 세대가 한 집에 모여 살았다. 그녀가 찾아간 모든 집에서는 수년 동안 가족 중 여러 명이 죽었다고 말했다. 결국 그녀는 모든 사람이 죽어야만 한다는 사실을 깨달았고, 아들의 죽음을 받아들일 수 있었다.

그 젊은 어머니와 달리 우리 대부분은 죽음을 완강히 부정하지 않는다. 누구나 언젠가 죽는다는 것을 안다. 단지 지금 곧 죽을 수 있다고 생각하지는 않는다. 내일을 한없는 미래까지 연장하는 것이다. 우리가 극구 부정하는 건 죽음 자체가 아니라 죽음이 문턱에 와 있다는 사실이다. 심지어 노인들도 말기 질환일 때 죽음이 너무 빨리 왔다고 격분하기도 한다. 나는 80~90대의 말기 환자들과 함께한 일이 많았는데, 그중에는 벌써 죽는 것이 부당하다고 분노하는 노인이 많았다. 나이에 상관없이 많은 사람들은 '나' 없이 세상이 계속되는 걸 상상도 하지 못한다.

1995년 2월 17일 일본 고베에서 발생한 지진을 다룬 다큐멘터리에서 한 생존자가 겪은 일을 말했다. "침대에 누워 있었는데, 새벽 5시 45분쯤 갑자기 전부 흔들리기 시작했어요. 땅이 액체로 변한 것 같았어요. 유리창이 깨져 침대 주위에 흩어졌죠. 천정이 머리에 부딪혀 일어날 수도 없었어요. 집이 무너져 내렸고 나는 지붕과 벽 아래 묻혔어요. 나는 살려달라고 계속 소리쳤지만 아무도 오지 않았어요. 그러고는 사방이 어둠 속에 묻혔어요. 시간이 얼마나 지났는지도 몰랐는데, 눈을 떠 보니 의사가 나를 내려다보고 있었죠. 나는 온통 피투성이였어요." 그날 5,000명 넘는 사람이 사망했는데, 사실 그날은 오늘과 똑같은 날이었다.

나는 승려일 때 태국에서 이따금 병원에 가서 사체 부검하는 걸 보았다. 우리의 몸이 아름다우며 동시에 불쾌하다는 것을 균형 있게 이해하고 사물을 있는 그대로 보아야 한다는 절박감을 깊이 되새기고자 그곳에 갔다. 여러 해 동안 명상을 했기 때문에 부검하는 것을 보아도 내 마음은 비교적 차분했다. 그런 사체를 보고 있을 때, 그들이 겨우 몇 시간 전까지도 살아 있었던 경우가 많았기 때문에, 사망한 사람의 의식이 아직도 가까이 머물러 있는 걸 느낄 수 있었다. 그들의 의식은 자신이 아직 살았는지 죽었는지 혼동하고 있는 듯했다. 죽음을 준비할 시간이 거의 없었던 모양이다. 이해할 시간도 없이 갑자기 의식이 몸에서 분리되었다. 전혀 예상도 못한 채 한 사람의 삶이 느닷없이 끝난 것이다.

삶이 언제든 끝날 수 있다는 사실을 직면하는 게 중요하다. 죽음이 곧 닥칠 수 있음을 깨달으면 남은 시간을 잘 이용하게 된다. 변명할 여지가 없고 책임을 면할 수 없다. 더 이상 미룰 수 없으므로 해야 할 일을 하게 된다. 언제든 죽음이 닥칠 수 있다는 성찰을 통해 진실하게 행동하게 된다.

『익스틀란으로 가는 길 _Journey to Ixtlan_』에서 야키 Yaqui 족 마법사 돈 후앙 Don Juan 이 카를로스 캐스터네다 Carlos Castaneda 에게 이렇게 말한다. "친구여, 그리 시간이 없다네. 그게 인간의 불행이지. 가차 없이, 슬픔도 걱정도 없이 자네가 죽음과 연관되어 있다는 것에 집중하게. 시간이 얼마 없다는 사실을 주목하고 그에 따라 자연스레 행동이 일어나게 해야 하네. 모든 행동이 이 땅 위에서 하는 마지막 투쟁이 되게 하게나. 그럴 때에만 행동에 정당한 힘이 생기지. 그렇지 않으면 살아 있는 동안 줄곧 겁먹은 사내처럼 행동하게 될 거야." 겁쟁이가 되는 게 그렇게 끔찍한 일이냐고 카를로스가 묻자 돈 후

앙이 대답한다. "아니야. 자네가 불멸의 몸이 된다면 겁쟁이가 된다 해도 그리 끔찍할 게 없어. 하지만 자네가 죽을 거라면 겁쟁이가 될 시간이 없어. 그건 단지 겁쟁이가 되면 자기 생각에만 매달리게 되기 때문이야. 모든 게 잠시 잠잠할 때는 그게 마음을 달래주지. 하지만 모든 사람에게 그렇듯이, 곧이어 멋지고 신비로운 세계가 자네에게 입을 벌릴 테고, 그럼 자네는 확실하다고 여긴 것이 전혀 확실하지 않다는 걸 깨달을 거야."

가까운 친구나 친척이 숨질 때 자신의 종말을 진지하게 성찰하는 기회가 된다. 그때는 부고난을 일부러 읽지 않고 지나치거나 죽음에 대한 이야기가 나오면 화제를 바꾸어 죽음의 존재를 부인할 수 없다. 가슴이 몹시 아프지만, 죽어 가는 환자의 가족을 만나면 죽음에 대한 생각을 외면할 수 없다. 죽어 가는 환자가 어떤 상태인지, 배우자가 상황에 잘 적응하고 있는지, 환자의 사후에 유족들이 잘 지낼지 염려한다. 죽어 가는 환자를 보고 자신의 처지와 비교한다. "내가 저럴 수도 있었는데. 나도 곧 저 나이가 되거든. 그녀는 참 건강했는데 지금은 갑자기 죽어가고 있어."

그렇지만 곧 잠이 다시 눈을 가리면 우리는 영원히 사는 세상으로 잠든다. 죽음에 대한 두려움으로 눈이 흐려져 삶을 있는 그대로 보지 못한다. 죽음을 숙고할 때조차 내 문제가 아니라 '저기' 있는 다른 사람에게 생기는 문제로 여기려 한다. 자신의 죽음의 충격을 회피하려 하기에 걷잡을 수 없는 불안을 겪는다. 죽어가는 친구를 만나면 마음이 흔들릴 수 있는데, 그 경험을 통해 삶의 역설에 가슴을 활짝 열지 못하고 두려워서 뒷걸음친다. 죽을 고비를 넘기면 더 방어적이 되고, 가족을 더 걱정하며, 자기 염려가 그치지 않을 수 있다. 자녀가 밤늦게까지 집에 오지 않을 때 몹시 걱정하거나, 자신이 나이 먹는 걸 지나치게 신경 쓰게 된다.

매일 말기 환자를 돌보는 호스피스 종사자들도 호스피스 업무의 영향을 마음에 담은 채 일상생활 하는 걸 힘겨워 한다. 죽어가는 이를 가슴에 품는 것이 임종 과정보다 수월하다. 호스피스 종사자는 환자가 죽음을 맞이하고 있다는 사실에 초연하고 영향 받지 않은 채 효과적으로 일하고자 업무를 기계적으로 반복하는 법을 개발하기도 한다. 죽음에 대해 깨어 있는 건 어려운 일이다. 죽음을 생각하는 건 아무래도 익숙하지 않기 때문이다. 한 호스피스 종사자가 한마디로 말했다. "호스피스 일을 잘 하려면 매일 나 자신의 죽음에 깨어 있어야 합니다."

건강한 사람은 죽음에 매우 가까이 다가가기 어렵다. 일단 어느 선을 넘으면 우리는 죽는 게 무엇인지 알 수 없다. 그래서 직접 죽음에 연관되기 전에는 죽음의 과정의 진실을 본질적으로 알지 못한다. 죽음에 대한 글을 읽고 죽어 가는 환자를 보살피면, 사람이 숨지는 것에 대한 지식을 알아서 안심할 수 있고 환자가 겪는 내면의 싸움에 공감할 수 있다. 하지만 죽음으로 세상 모든 걸 잃는 것은 실제로 몸소 겪기 전에는 도저히 알 수 없다.

그렇지만 실제 죽음을 맞기 전에는 죽음이 무엇인지 알 수 없다고 해서 끊임없이 죽음을 탐구하는 걸 그만두면 안 된다. 두려움의 한계를 다룰 수 있게 해준다는 면에서 죽음에 대한 성찰은 귀중하다. 우리가 어디에도 얽매이지 않도록 계속 삶과 함께 움직이게 해준다.

우리가 죽음에 대해 얼마나 많이 알고 있다고 여기든 간에 항상 더 배워야 할 것이 있다. 그 주제를 탐구할 만큼 했다고 생각하지만, 갑자기 비극이나 질병이 닥치면 우리가 두려움에 억눌려 있었다는 걸 알게 된다. 그때 비로소 죽음이 결코 우리를 쉽게 내버려두지 않는다는 것을 이해하기 시작한다. 그러므로 항상 더 배울 것이 남아 있다.

경험 많은 호스피스 간호사가 가슴에 혹이 생겨 검사를 받았다. 나중에 그녀는, 검사를 받고 나서 양성 종양이라는 결과가 나올 때까지 기다리는 동안 자신이 호스피스 환자들의 경험을 잘 모르고 살았던 것을 절실히 알게 되었다고 말했다. 큰 병일지도 모른다는 두려움이 몹시 견디기 어려웠기 때문이다. 그래서 호스피스 환자들이 매일 겪는 어려움을 새로운 눈으로 보게 되었다. 그녀는 환자들의 임종 과정에 마음을 열고 호스피스 업무를 여러 해 동안 열심히 했다. 하지만 자신의 죽음에 대한 두려움은 그녀가 여전히 환자들과는 전혀 다른 입장에 있었다는 것을 드러냈다. 그녀는 수백 명의 환자가 숨지는 걸 보아 왔고 언제나 환자와 가족이 겪는 일을 잘 이해하고 있다고 생각했다. 하지만 그것은 그녀만의 잘못된 이해 였고 그녀는 거기에서 안정감을 느꼈다. 사실 그런 생각은 죽는 것 이 안전하다고 여기고 싶었던 그 간호사의 욕구가 표현된 것이었 다. 그녀가 죽어가는 환자와 함께하는 마음가짐에 영향을 준 것은 바로 그녀가 이해하려 했던 임종 과정에 대한 두려움이었다. 그녀 는 이미 아는 것에 의지할 수 있는 호사를 죽음이 결코 허락하지 않 았다고 말을 맺었다.

많은 사람들은 죽음과 임종에 지속적인 관심을 가지고 있다. 자 신의 세계관에서 죽음을 적극적으로 배제하려 할 때도 마찬가지 다. 임상적 죽음 이후의 삶을 이야기하는 많은 책을 읽으면 임종 순 간이 알려줄 수 있는 것에 대한 관심이 일어난다. 우리는 그런 책과 종교의 가르침에 의지해 그 두렵고 알 수 없는 순간에 대한 안전과 체계적 지식을 얻으려 한다.

죽는 것을 두려워하면 거의 모든 삶의 경험에 마음을 닫게 된다. 삶에서 좋아하지 않는 부분을 밀어내어 삶의 신비와 광대함으로부 터 자신을 방어한다. 그리고 원하는 대로 삶을 살 수 있다고 상상한 다. 나쁜 것 없이 좋은 것만, 고통 없이 즐거움만, 슬픔 없이 행복 만 있고, 임박한 죽음이 없는 삶이다. 하지만 이들은 서로가 서로 를 정의하고 따로 떨어질 수 없다. 당면한 찰나의 삶에는 갑작스레 닥친 죽음도 포함되어야 한다. 두 세계의 신비에 모두 접근할 때만 우리는 온전해진다.

임종의 고통과 사랑하는 이를 잃는 슬픔으로 인해 정신적 외상을 입는 경우가 있다. 그 일로 너무 놀란 나머지 감정에서 물러나 슬픔과 충격에 빠져 꼼짝 못한다. 일상적 인간관계와 평범한 대화에 흥미를 잃고 마음속 숨겨진 구석에만 틀어박혀 있으려 한다. 그중 몇몇은 그 괴로움 속에서 더 성장하여 남은 삶을 빛내는 깊이를 지니고 나온다. 반면에 대다수 사람은 감정에서 차단된 채 비통하고 침체되어 선뜻 삶에 새로운 기회를 주지 못한다.

내가 호스피스 사회복지사일 때 앨리스_{Alice}와 함께했다. 60대 중반인 앨리스가 말기 림프종 진단을 받고 입원해 있는 동안 남편은 암으로 숨졌다. 우리가 처음 만났을 때 그녀에게 남은 시간은 얼마 없었다. 당시 그녀는 삶에서 너무 멀리 물러나 있어서 다른 사람이 다가갈 여지가 거의 없었다. 의식의 꺼진 구석에 물러나 있으면서 안전함을 느끼는 것 같았다. 그녀의 이야기를 들은 후에 나는 혹시 아직도 그녀의 삶에 의미를 주는 것이 있는지 물었다. 그녀는 아직 살고 싶은 이유가 두 가지 있다고 했다. 딸에 대한 사랑과 종교에 대한 사랑이 그 이유였다. 나는 그녀가 그런 처치가 되기를 바란 사람은 아무도 없지만 그 비극으로 인해 그녀가 풍요롭고 깊은 삶의 목적에 이르게 되었다는 점은 분명히 알 수 있다고 말했다. 앨리스의 삶에서 가장 중요한 것은 사랑과 영적 성장이었다. 그녀는 남편과 건강을 잃었기 때문에 건강할 때 이르지 못한 삶의 깊이에 도달하게 되었다. 고통은 그녀를 나락에 떨어뜨려 다른 사람은 거의 닿지 못한 통찰에 이르게 했다.

물러설 수 없는 데까지 밀려나고 상실과 변화에 의해 희망이 사그라질 때, 예전에 관심을 끌었던 것들이 시시하고 지루하게 여겨진다. 미래가 불확실하고 생기 없어 보인다. 아무런 보장이 없는 내일에 몰두할 수 없다. 이런 깊은 두려움이 우리를 존재의 바닥까지 떨어뜨린다. 우리는 벌거벗은 채 삶 앞에 서 있고, 항상 있었던 진실로부터 자신을 방어할 수 없다.

이때 예리한 통찰과 지혜를 발휘할 수도 있고, 심한 자기 연민이 일어날 수도 있다. 고통으로부터 배울 수 있으면 완전히 다른 관점으로 삶의 목적을 바라보게 된다. 다른 친구를 만나고 직업을 바꿀지도 모른다. 돈과 지위를 뒤쫓는 일이 줄어드는 경우가 많다. 피상적인 것에 흥미를 느끼지 못한다. 시간이 더 귀중하게 여겨지지만, 정신없이 바쁘게 일하지 않는다. 우리는 근본적으로 변해서 돌아온다.

자신의 죽음에 대해 성찰하면 현재의 흐름에 머물게 된다. 그래서 적절히 정말 중요한 것에 우선순위를 두게 된다. 또 사소한 것을 그 가치보다 더 중요하게 다루지 않는다. 관점이 변하여 세부사항을 혼동하는 일이 줄고, 자신의 에너지를 더 잘 활용하게 된다. 보다 명확하고 깊이 보게 되므로 점차 경험의 모든 측면에 고요가 뿌리 내리고 자라기 시작한다.

죽음은 우리를 이해의 한계까지 몰아댄다. 그것은 거기 담겨 있다고 우리가 상상하는 것 때문에 우리를 몹시 놀라게 하는 한계이다. 하지만 그 틈으로부터 삶의 비밀이 드러난다. 대개 우리는 그 관점을 무시하거나 회피하는 행위를 했다. 그 심연에서 도망치면 영원히 행복하게 살 수 있을 거라고 생각한다. 죽음이 있는 세상은 황량하고 공허하다고 상상할 수밖에 없기 때문이다. 하지만 그런 모습의 세상은 현실이 아니라 두려움에서 비롯된 것이다. 죽음을 탐구하고 성찰함으로써, 삶을 사랑하는 것에는 생각보다 훨씬 많은 것이 포함된다는 걸 알게 된다. 삶을 사랑하는 건 삶에서 느끼는 모든 감정과 느낌을 받아들이는 것이다. 두려움도 받아들여야 한다. 그러면 두려움은 사랑을 왜곡할 수 없고 오히려 사랑을 실현한다.

카를로스 카스타네다와 나눈 다른 대화에서 그의 스승 돈 후앙은 말한다. "죽음은 우리의 영원한 동료라네. … 죽음은 늘 자네를 지켜보고 있어. 자네의 어깨를 두드리는 그날까지 자네를 지켜볼 걸세. … 자네가 초조할 때 해야 할 일은 왼쪽으로 몸을 돌려 죽음에게 조언을 구하는 거야. 죽음이 자네에게 손짓하면 어마어마하게 많은 사소한 것들을 단념하게 되지. … 죽음이라는 문제는 결코 충분히 억누를 수 없어. 죽음은 우리에게 유일하고 현명한 조언자란 말이네. 자네가 모든 게 잘못되고 있다고 느낄 때는 언제나 … 죽음은 자네가 틀렸다고 할 거야. 그리고 죽음이 손대는 것 외에는 아무것도 중요하지 않다고 하겠지. 죽음은 '아직 너에게 손대지 않았다'고 말할 거야."

죽음을 상기하면 우리는 늘 실재와 접촉하고 지금 이 순간의 귀중함을 점점 더 잘 알게 된다. 죽음은 우리가 진실에 집중하고 계속 진실을 향하게 한다. 영원한 진실은 신비 속에 있는 헤아릴 수 없는 이 순간이다. 우리가 가진 것은 살고 있는 지금 이 순간뿐이다. 앞으로 우리에게 필요한 것도 이 순간뿐이다. 이 순간을 만날 때 기적적인 것을 다시 발견한다. 어렸을 때 그랬던 것처럼 삶이 우리의 가슴을 뛰게 한다. 매 순간은 평생의 신비를 간직하고 있다. 우리는 열린 가슴과 배우려는 적극성으로 이 순간을 탐구할지, 아니면 틀에 박힌 일을 끝없이 반복하며 창조성을 질식시키는 태도로 이 순간을 보낼지 선택해야 한다. 그 선택은 언제나 가까이 있다.

성찰과 연습

저항을 관찰한다

갑작스런 사고나 중병으로 내가 임종에 가까웠던 순간을 잠깐 돌아본다. 죽을 준비가 잘 되어 있었는가? 무엇이 준비되지 않았는가? 아직 해야 할 일이 무엇이었는가? 만일 내가 오늘 죽는다면 그 일은 여전히 해결되지 못한 채로 남을까? 바로 지금 내가 죽을 가능성을 받아들이지 못하게 막는 건 무엇인가? 해야하는 일을 못하게 막는 건 무엇인가?

매일 죽음과 임종의 문제를 생각할 기회를 찾는다. 신문에서 부고난을 읽고, 병을 앓거나 죽음을 앞둔 친구와 지인을 찾아가고, 양로원에 들르고, 죽음과 임종에 대한 책과 글을 읽고, 가까운 호스피스나 병원의 중환자실과 암 병동에서 자원봉사를 해본다. 자신이 임종의 문제를 피하는 걸 면밀히 관찰하고 죽음에 대해 될수록 많이 공부한다.

내가 죽음과 임종을 회피하는 걸 성찰한다. 죽음이 없는 삶을 더 좋아하는가? 진실을 피하는 것이 어떤 가치와 한계가 있는지 성찰한다. 실재를 교묘히 회피하는 것은 괴로움과 어떤 관계가 있는가? 진실을 회피할 때 나는 마음의 어떤 면을 강화하고 어떤 면을 무시하는가?

설거지나 쓰레기 치우기 같이 자신이 회피하고 자꾸 미루는 일을 생각한다. 그렇게 회피하면 어떤 부작용이 생기는가? 자신이 어떤 불쾌한 행위를 피하는 걸 알게 되면, 거기 연관된 동기와 감정을 살펴본다. 두려움이 있는가? 당신은 그 일이 없어져 버리기를 바라기보다 그 일을 시작하고 진행할 만큼 강한가? '설거지는 누가 하겠지' 하고 바라는 마음으로 그 일을 회피하는 것을 본다.

삶을 위태롭게 하다

Risking Our Lives 3

만일 위험이 없었다면
인생의 낭만도 없었으리라는 것을
세계 역사가 보여주지 않습니까?

_마하트마 간디 Mahatma Gandhi

많은 사람들이 나이 들면 주위를 둘러보아도 신비를 느끼지 못한다. 반면에 걱정과 불안은 더 많아진다. 우리는 삶의 경이를 기뻐하기보다 삶을 두려워하기를 배운 것 같다. 순진함을 언제 잃었는지 기억을 더듬어보지만, 그것은 우리가 알지도 못하는 사이에 점차 사라졌다. 우리가 그럴 듯한 사람이 되고자 애쓰는 동안 다른 것들은 뒤로 밀려났다. 대신 그 자리에는 고독과 외로움이 자랐다. 무언가 잃어버렸다고 희미하게 느끼지만, 어떻게 회복해야 하는지 알지 못한다.

죽어 가는 이들과 함께하면 우리가 어떻게 살고 싶어 하는지 알 수 있다. 우리가 돌보는 사람들의 인생사가 눈앞에 있다. 죽어 가는 환자들은 모두 한 권의 책이며, 우리는 그 책의 결론 부분에 등장하는 특권을 얻었다. 환자가 숨지는 모습을 지켜보면 그 환자의 인생이라는 책 전체에 대해 상당히 많은 것을 알 수 있다. 엘리자베스 퀴블러 로스Elisabeth Kubler-Ross의 말처럼 "사람들은 그 성격대로 죽는다." 환자가 자신의 죽음을 대하는 태도와 곁에 모인 가족과 친구들이 보이는 애정이 임종 순간 전까지 인생의 모든 내용을 요약해 준다. 마지막 순간은 그 자체의 관성과 방향이 있으며, 죽어가는 이의 과거 행위에 따른 결말을 향해 가차 없이 진행된다.

우리는 살아온 대로 죽는다. 독선에 갇혀 새로운 정보에 귀를 닫고 수동적으로 완고하게 지낸 모든 순간이 고스란히 죽음의 순간에 영향을 준다. 마찬가지로 우리가 친절하고 이해심으로 가슴을 열어 다른 사람을 배려했던 모든 순간도 그만큼 죽음의 순간에 영향을 준다.

내가 호스피스 사회복지사로 일할 때 함께했던 두 환자가 있었다. 한 사람은 매우 부유했고 한 사람은 몹시 가난했다. 부자인 도로시Dorothy는 수백만 달러짜리 고급 저택에서 수많은 하인과 하녀, 집사를 거느리고 살았다. 도로시는 병세가 나빠져 침대에서 나오지 못하게 되자 저택 입구의 홀에 자리 잡고 지내며 집안일을 계속 관리했다. 내 마음에 새겨진 도로시는 앙상한 팔을 들어 하녀에게 지시를 내리고 있는 모습이다. 도로시는 자신의 무력함을 마주할 수밖에 없게 되자 점점 더 짜증이 많아졌고 좌절했다. 주변 사람들은 그녀가 혼수상태일 때조차 그 방에 들어가기를 주저했다. 그녀가 깨어나 다른 지시를 내릴 게 두려웠기 때문이다. 도로시를 시중드는 사람들은 그녀를 존중하는 것 같았지만, 내가 보기에는 그다지 성심껏 보살피려는 마음이나 온정을 느낄 수 없었다. 가족들은 세심하게 그녀를 돌보았지만 냉담한 태도가 드러났기 때문에 도로시의 마음을 충분히 달래지 못했다.

몹시 가난한 환자인 록산느Roxanne는 시내를 가로질러 매우 거칠고 험한 동네에 사는 통통하고 명랑한 여성이었다. 그녀도 죽음을 가까이 앞두고 있었다. 그녀의 집에는 거실 한가운데에 큰 구멍이 뚫려 있어서 여러 마리의 닭이 그리로 집 안팎을 드나들었다. 록산느는 기력이 있을 때면 빗자루로 닭을 쫓아내곤 했다. 나는 록산느의 집을 방문하는 날을 손꼽아 기다리곤 했다. 그녀는 신뢰, 유머와 온기를 주위에 퍼뜨렸다. 그리고 보기 드물게 임종 과정을 기꺼이 받아들였다. 록산느를 만나고 돌아갈 때면 언제나 상쾌한 기분을 느꼈다. 내가 방문해서 한 일보다 훨씬 더 큰 무엇을 받은 것 같았다.

나는 보살핌을 제공하는 직업을 가진 사람이었지만, 록산느에게 배우고 싶었다. 록산느는 임종에 대해 내가 모르는 것을 알고 있었기 때문이다. 몇 주 동안 방문한 후, 그녀에게 어떻게 임종을 받아들이기로 결심했고 또 어떻게 그리 차분하고 평화로울 수 있는지 비결을 물었다. 록산느는 고요하고 나이를 가늠할 수 없는 표정으로 나를 바라보고 말했다. "이봐요, 나는 이제 죽음이 두렵지 않아요. 두 아이를 내 품 안에서 저 세상으로 보냈다우. 죽음의 눈을 똑바로 쳐다보았더니 친절한 눈을 가졌더라구."

우리는 도로시와 록산느 중에서 어떤 사람의 인생을 살아왔기를 바라는가? 한 여성은 소유욕이 강하고 집착이 심했고 자신의 임종을 마음대로 할 수 없다는 걸 알고도 죽음과 모진 싸움을 계속했다. 다른 여성은 두 자녀를 잃은 고통을 간신히 견디고 가난에 찌들었지만, 괴로움으로부터 배움을 얻었고 가슴을 활짝 열어 자신의 종말을 담담히 받아들였다.

이런 이야기를 들으면, 삶의 매 순간은 그 자체로도 귀중하지만 또한 다음 순간을 준비한다는 면에서도 귀중하다는 것이 분명해진다. 습관을 통해 성격이 굳어지므로, 습관에 따라 죽음을 편히 맞을 수도 있고 그러지 못할 수도 있다. 갑작스런 죽음이 다가왔을 때 우리가 일하는 데는 적합하지만 임종하는 데 적절하지 못한 기질에 얽매여 있는 걸 알게 될지도 모른다. 그러니 삶의 마지막 순간에서 눈을 떼지 않고 사는 게 도움이 된다. 그런데 어느 쪽으로 삶을 여행해야 하는지 알고 나면 더 큰 질문이 생긴다. 우리는 기꺼이 변하려고 하는가?

변화해야 한다는 절박함

태국에서는 사망한 사람의 몸을 화장해서 유골을 유골함에 넣는다. 그리고 장례식에서 승려가 유골함에 염주를 묶었다가 다시 푼다. 장례식에 참석한 사람들이 그 염주를 만지면 곧 유해를 만지는 것이라고 여긴다. 그 후 승려들이 팔리어Pali로 염불한다. "만물은 무상無常하고, 그 본성은 생기고 사라지는 것이다. 이 진리 안에 사는 사람은 모든 존재와 조화를 이루고 행복을 얻는다."

변화는 존재의 근본 법칙이다. 주위 모든 것이 그 진리를 일깨운다. 계절이 바뀌고, 해가 뜨고 지고, 파도가 밀려왔다 물러가고, 동물과 식물이 나고 자라고 죽는다. 우리의 내면도 변화의 진리를 끊임없이 상기시킨다. 기분과 생각, 흥미가 변하고, 건강이 나빠지고, 늙으며, 능력도 변한다. 이처럼 외부의 모든 것도 우리 자신도 늘 변하지만, 우리 시대는 여전히 변화를 무시하고 있다.

모든 것이 변한다는 무상無常의 법칙은 우리가 늙고 죽는 것을 설명해주고 또 우주의 모든 영역에서 작용한다. 은하계와 태양계가 만들어지고 소멸하는 것도 무상의 법칙 때문이다. 살아 있는 한 무상의 법칙을 피할 수 없다. 몸을 이루는 요소들이 잠시 균형을 이루고 있을 때 건강하고 생기 있다고 생각한다. 이렇게 건강할 때는 무상의 법칙을 잊고, 건강을 당연하게 여기며 태어날 때부터 건강할 권리가 있다고 믿는다. 하지만 곧 무상의 법칙이 드러나고 우리는 나이 드는 걸 실감한다. 전에 전혀 아프지 않던 곳이 아프고 기억력도 예전 같지 않다. 무상의 원리는 항상 작용하고 있었지만 우리는 지금까지 그것을 무시하기로 선택했던 것이다.

우리는 무상의 법칙이 자신은 제외하고 다른 모든 것에만 적용되는 듯이 행동한다. 그러다 삶에서 무상의 법칙을 느끼는 일이 생기면 충격 받는다. 새 차에 흠집이 나고, 자녀가 다 자라서 독립하고, 가까운 사람이 숨지고, 자신은 위중한 병에 걸린다. 우리 호스피스에 있던 87세 환자는 마치 스무 살 젊은이가 삶을 송두리째 빼앗긴 것처럼 격렬하게 병에 항의했다. 무상의 법칙을 외면하고 살 때 죽음은 항상 너무 일찍 찾아온다.

나만이 변화의 법칙에서 예외라고 여기고 살 때 어떻게 인간으로서 성장할 수 있겠는가? 우리도 변화의 법칙의 일부임을 배웠을 때, 또 자신의 행위와 존재를 무상의 법칙과 통합했을 때, 변화해야 한다는 열정과 절박함이 생긴다. 우리는 스스로 변하려 할 때 성장한다. 변화에 적응할 때 성장은 자연히 뒤따라 일어난다.

현실의 끊임없는 움직임에 저항할 수도 있지만, 현실과 오래 마찰을 빚으면 결국 변화에 대한 저항은 약해진다. 우리가 늙고 마지막에 숨지는 것을 고려하면 변화를 무시할 수 없다. 변화하지 않으면 정체되고 정체는 곧 괴로움이라는 사실을 명확히 알기 때문에, 우리는 기꺼이 집착하는 습성을 놓아버리는 위험을 감수한다.

하나의 상태가 다음 상태로 자연스럽게 변화하는 걸 멈추려 할 때마다 우리는 멈출 수 없는 것을 멈추려는 것이다. 그때 정체되는 것은 삶이 아니라 바로 우리다. 붓다는 변화에 저항하는 것은 움직이고 있는 소달구지의 수레바퀴를 붙잡는 것과 같다고 했다. 그러면 조만간 소달구지에 깔리게 된다. 아무리 조작하려 해도 순리에 따라 변화가 일어나는 걸 막을 수는 없다. 아무런 준비 없이 변화를 맞게 될 뿐이다.

분명히 선택은 항상 우리에게 달려 있다. 늙지 않고 죽지 않는 척할 수 있지만, 그러면 많은 문제와 어려움이 닥친다. 반대로, 있는 그대로의 현실과 조화롭게 살 수 있다. 일찍부터 변화에 저항하여 자신을 방어하거나, 반대로 변화를 수용하는 태도를 개발하기 시작한다. 그리고 시간이 지남에 따라 변화를 비웃고 두려워하거나, 그와 반대로 변화를 새로운 것이 태어나는 기회와 잠재력으로 여긴다. 변화에 방어적인 태도를 선택한 사람은 자신과 가족과 재산을 지키려 애쓴다. 그것을 잃는 걸 더 많이 염려하고 남과 나누기를 점점 더 싫어하게 된다. 반면에 변화를 받아들인 사람은 자신과 가족의 성장을 더 중요하게 여긴다. 새로운 상황을 적극적으로 받아들이고 배움과 새로운 것을 시도하는 데 열중한다.

이러한 두 가지 다른 심리적 태도가 어릴 때 노는 모습에서부터 시작되는 걸 볼 수 있다. 어떤 아이는 신나서 옷이 더러워지는 줄도 모르고 세상을 탐구하는 데 여념이 없다. 반면에 다른 어린이는 얌전히 있고 옷을 더럽히지 않으려고 마음껏 놀지 못한다. 두 가지 태도는 각각 장점이 있고 어느 한 쪽이 항상 옳은 건 아니다. 다만 그런 성향이 평생 습성으로 굳어져 새로운 상황에 적응하는 능력을 감소시키는지 지켜보고 싶다.

성장이란 과거에 이룩한 것을 방어하는 데 그치지 않고 미래를 내다보며 더 확장하는 것이다. 성장하려면 오래 굳어진 습성을 기꺼이 놓아버려야만 한다. 그래야만 새로운 방향으로 나아갈 수 있다. 단지 안전하려고만 하는 삶을 살면 늘 주저하고 두려움에 얽매이게 된다. 기꺼이 두려움을 직면하는 위험을 감수할 때만 계속 성장할 수 있다.

언제나 현재의 상태보다 변화를 선택하는 게 더 낫다는 의미가 아니다. 일관되게 계속하는 게 가장 현명한 경우도 있다. 중요한 것은 선택 자체가 아니라 선택하는 태도이다. 현명하게 행동할 때는 우리는 다른 선택을 두려워하기 때문이 아니라 그래야만 하기에 그렇게 행동한다. 고립된 채 두려워하든지, 아니면 위험을 감수해야 한다. 변화에 저항하면 삶의 순리를 거스르게 되고, 창조성과 자발성은 시들어버린다.

성장이란 스스로 부과한 한계를 뛰어넘는 걸 의미하는 반면에, 두려움은 우리를 습성과 판에 박힌 행위에 가둔다. 또 두려움은 우리가 알고 있는 질서에 우리를 얽맨다. 가슴이 보다 광대한 것을 열망할 때도 두려움은 단지 우리가 알고 있는 것과 바라는 것을 벗어나지 못하게 한다. 하지만 죽음을 기억하면 용기를 얻어 위험을 무릅쓰고 도전적이고 새로운 일을 할 수 있다. 반면에 죽음을 잊어버리면, 변하지 않는 것처럼 보이는 안전에 매달려 성장을 중단하는 경우가 많다.

명상 지도자인 내 친구 아트Art는 에이즈AIDS 감염자다. 그의 건강은 늘 불안정한 상태이므로 그와 만날 때는 언제나 그가 살아 있는 동안 마지막 만남이 아닐까 염려하게 된다. 그는 자신의 병을 터놓고 말한다. 내가 여러 해 동안 호스피스 일을 했으므로, 이따금 우리는 공동으로 죽음과 임종에 대한 워크숍을 개최했다. 워크숍을 끝내고 돌아올 때마다 나는 아트가 성장하려고 쏟는 집중력과 에너지에서 기운을 얻은 것을 느꼈다. 그렇게 집중할 수 있는 의지를 어디서 얻는지 묻자 그는 "내 병에서 힘을 얻지."라고 대답했다. 아트는 긴장하고 있고, 분명히 성장을 인생의 유일한 목적으로 여긴다. 반면에 나는 건강에 문제가 없으므로 나중으로 미룰 시간이 있다는 생각에 종종 성장을 타협한다. 나는 날마다 죽어가는 사람들과 함께하고 있지만, 나를 깨어나게 하고 내가 안전함에 안주하고 있다는 사실을 일깨우기 위해서 몹시 심하게 아픈 바로 그 친구가 필요할 때가 많다.

우리가 원하든 원치 않든 변화는 일어난다. 그러므로 문제는 이것이다. "피할 수 없는 변화를 받아들이려면 얼마나 많은 고통과 두려움을 겪어야만 하는가?" 변화가 위협으로 느껴지는 까닭은 성장에 내맡길 때 우리가 어떻게 바뀔지 알지 못하기 때문이다. 습성을 거슬러 변화를 수용할 때 우리는 다른 사람으로 변할지 모르는 위험을 감수하는 것이다. 그리고 그 결과는 우리를 깜짝 놀라게 할지도 모른다. 그러므로 질릴 만큼 무기력함을 겪을 때까지 성장에 저항한다. 다른 대안이 없음을 알게 된 다음에야 마지막 선택으로 마지못해 갑자기 성장하기 시작한다. 하지만 많은 사람들은 여기까지 오지 못한다. 안타깝게도 두려움의 심연을 건너 마음의 영역으로 떨어지는 다음 단계로 결코 나가지 못한다.

무상의 법칙을 받아들이면 두려움을 직면하는 위험을 감수하지 않을 수 없다. 위험은 두려움과 성장의 경계에 있다. 위험을 감수하는 것은 확신이 없어도 아둔함에서 벗어나려는 행동이다. 앞으로 무슨 일이 일어날지는 몰라도 지금처럼 정체되어 있는 것은 견딜 수 없다는 걸 분명히 알기 때문이다. 진정 놀라운 일은 우리가 아둔해지는 것이 아니라 죽을 때까지 아둔한 채로 있는 것이다. 그게 놀라운 이유는 우리가 무엇을 하고 있는지 알면서도 여전히 위험을 감수하기를 두려워하기 때문이다.

위험을 감수할 때 삶이 응답한다. 삶은 타협하지 않고 거의 항상 그 위험을 감수할 만한 가치가 있다는 걸 보여준다. 확실히 마음이 해방되려면 그 위험을 받아들여야 한다. 아무 보장 없이 그 단계를 밟아야 하는 것이다. 늙고 병들어 임종할 때 "그걸 하지 못한 게 아쉽다."고 자신에게 말하고 싶은가? 그렇게 후회하지 않으려면 살면서 마음속 깊이 끝없는 여행을 떠나는 위험을 감수해야 한다. 기꺼이 낡은 방식에 대해 죽고 새로운 방식을 받아들이는 위험을 감수하겠는가? 경험이 쌓여 가슴을 따르는 이 미지의 길에 대한 믿음이 깊어지면, 우리는 통제하려는 싸움을 그만둘 것이다. 두려움을 직면하는 위험을 감수하는 것 말고는 마음으로 통하는 문을 열 수 없다. 더 잃을 게 무엇이 있겠는가?

두려움으로부터 애정으로

육체의 죽음은 하루 종일 끊임없이 계속되고 있는 죽음이 보다 극적으로 표출된 것일 뿐이다. 우리는 그 작은 탄생과 죽음이 삶에 얼마나 많은 감정적 손실을 주는지 알지 못한 채 상황과 환경의 시작과 끝을 끊임없이 마주한다. 변화는 곧 죽음이다. 그것은 어떤 생각을 잊는 것처럼 미세할 수도 있고 잠드는 것처럼 흔할 수도 있다. 변화에 저항하면 모든 죽음이 우리의 의식에 충격을 준다. 저항은 연속성을 유지하려는 것이므로 새로운 것을 부정한다. 모든 죽음은 우리가 새로운 현실을 두려워하게 만들고 옛 것에 대한 슬픔을 남긴다.

육체의 죽음이 지독히 깊은 슬픔을 주는 이유는 그것이 절대적이기 때문이다. 육체의 죽음이 일어나면 더 이상 인간관계가 없고 감각적 즐거움도 없고 대지를 다시 만질 수도 없다. 죽는 이들은 그들이 알았던 모든 것을 포기한다. 그 엄청난 상실을 직면할 때 심한 두려움이 일어날 수 있다.

언젠가 3개월 동안 마음챙김 집중수련을 할 때 두려움의 힘을 알게 되었다. 마음챙김 수행이란 왜곡과 판단 없이 마음과 몸의 경험에 주의를 집중하는 수행이다. 어느 날 이른 아침 좌선하는 도중에 갑자기 몸이 죽기 시작하는 걸 느꼈다. 그런데 죽고 있는 것은 몸이 아니라는 걸 알았다. 아마도 그것은 오랫동안 잊혔던 어느 다른 시간의 죽음의 기억이었을 텐데, 바로 그때 그 감각이 고스란히 느껴졌다. 가슴 속에서 심장이 부서지는 것 같았고 숨이 가빠졌다. 격심한 고통이었다. 심장마비가 왔고 몸이 죽고 있었다. 그 과정에서 가장 뚜렷이 기억하는 건 고통에 뒤따라 일어난 거대한 두려움이었다. 그 두려움은 거의 세포마다 느껴질 만큼 원초적이었고 생존을 위협할 만큼 근본적이었다. 나는 죽자마자 "맙소사, 나는 몰랐다."고 생각했다. 죽는 동안 두려움이 너무 심해 계속 주의를 집중할 수 없었다. 그것이 사멸에 대한 두려움의 힘을 내가 처음으로 겪은 일이었다.

어느 날 한 브라만이 죽을 수밖에 없는 사람들은 모두 죽음을 두려워하는지 붓다에게 물었다. 붓다는 모든 사람이 죽음을 두려워하는 건 아니라고 대답했다. "감각적 즐거움을 갈망하는 사람들, 몸을 갈망하는 사람들, 평생 불건전한 행위를 한 사람들, 실재를 혼란스러워하는 사람들, 이런 사람들이 죽음을 두려워한다." 우리 대부분이 그런 사람일 것이다. 우리가 매일 상실과 변화에 연관된 죽음을 어떻게 다루는지 보면, 몸이 죽을 때 마주치게 될 문제에 대해 많은 걸 알 수 있다.

바로 죽음이 그런 절대성, 미지에 대한 총체적이고 완전한 포기를 나타내기 때문에 동시에 죽음은 우리의 성장과 이해가 일어나는 결정적인 순간이다. 몸의 죽음은 감수해야 하는 위험이 매우 크기 때문에 배움과 성장이 일어나는 궁극적 최전선이다. 죽음에 연관된 위험은 분명하다. 선택할 수도 없고, 되돌아갈 수도 없고, 타협할 수도 없다.

육체의 죽음이든 다른 어떤 죽음이든 모든 죽음은 우리가 아는 것과 알지 못하는 것 사이의 경계이다. 죽음은 안전과 불안전의 경계이고, 확실함과 불확실함의 경계이며, 우리가 아는 현실과 미지의 신비 사이의 경계이다. 우리는 신비로운 것을 곧 두려운 것으로 해석하기 때문에 신비에 저항한다. 우리 마음속의 두려움이 말한다. "죽으면 몹시 고통스러울 거야. 이 삶 너머엔 아무것도 없어. 죽음이란 사라지는 거야." 하지만 우리는 실제로는 두려움을 미지의 것에 투사한 후에 마치 미지의 순간이 아는 순간인 것처럼 두려움 속에서 산다. 우리는 죽음에 다른 가능성을 열어주기 위해, 죽은 후에 일어난다고 두려움이 말하는 것을 직접 보아야 한다.

두려움은 상상 속의 현실이 정말 일어난다고 여긴다. 일어날지 모른다고 걱정하는 것으로 실제 일어나는 것을 가려버린다. 하지만 일어날까봐 두려워하는 것을 자세히 조사하면 그 경험의 실제 진실이 밝혀질 것이다. 그리고 그 순간의 신비가 드러날 것이다. 몇 년 전 텔레비전에서 카메라 필름 광고를 보았다. 그 광고는 밤에 뉴욕시의 스카이라인을 보여주는 걸로 시작했다. 그것이 실제 뉴욕시의 야경인 줄 알았는데, 갑자기 비행기가 그 야경을 뚫고 나왔다. 그제야 그 야경은 실제 도시가 아니라 큰 사진_{환상}이었다는 걸 알게 되었다. 두려움은 그 사진과 같다. 언제든 찢어질 수 있는 종이처럼 얇은 환상에 불과한 것이다.

우리는 우리의 신념의 확실성을 경험으로 확인할 것이라고 기대하지만 매우 다른 상황이 벌어진다. 처음에는 그런 기대가 현실과 일치할지 알지 못한다. 그러므로 두려움을 간파하려면 미지의 것을 탐구하는 열정을 가져야 한다. 열정이 있으면 기꺼이 위험을 감수하고 우리의 두려움이 실재인지 아닌지 시험한다.

두려움을 헤쳐가려면 그 일이 그럴 만한 가치가 있음을 확신해야 한다. 회피하고 부정하는 전략은 오래 지속될 수 없고 생각보다 큰 괴로움을 초래할 뿐이다. 미지의 두려움에 가슴을 여는 것은 두려움으로부터 방어할 때 겪는 일보다 더 나쁠 수 없다. 우리가 저항을 포기할 때까지 현실은 끊임없이 다가오므로, 우리는 최악의 시나리오에 굴복할 수밖에 없다. 대부분의 사람들은 자신의 세계관을 부수고 나와 소방관이 설치한 안전그물로 뛰어내리기보다 자신이 알고 있는 지옥의 불길 속에 남아 있으려 한다. 하지만 우리가 죽을 때 세계는 돌이킬 수 없다. 그때 무슨 수를 써도 우리가 알고 있는 모든 것이 곧 사라질 것이기 때문에 임종 과정에 마음을 여는 게 타당하다. 그 길을 따라가는 수밖에 없으므로 될수록 가슴을 활짝 열고 가는 게 더 좋다.

조금 더 자세히 살펴보면 안전한 세상이라고 여긴 것이 실제로는 결코 안전하지 않았다는 걸 알게 된다. 우리는 늘 미지의 것과 함께 살아왔지만 그 이름을 부르지 않으려 했다. 하지만 삶과 죽음은 모두 알 수 없는 순간으로부터 아직 알려지지 않은 미래로의 여행이라는 것을 이해할 때, 삶도 죽음도 우리에게 성장의 잠재력을 제공한다는 걸 깨닫는다. 그러면 삶과 죽음의 차이는 줄어든다.

죽어 가는 이들은 이따금 그것을 느낀다. 나는 호스피스 사회복지사일 때 네 아이를 둔 중년 여성인 도나Donna와 함께했다. 병세가 돌이킬 수 없이 악화될 때까지 그녀는 가족들과 평소처럼 지내려고 필사적으로 애썼다. 하지만 더는 피할 수 없게 죽음의 시간이 다가오자 도나는 침대 곁에 있던 가족사진과 자신의 인생을 떠올리게 하는 물건들을 치워 달라고 했다. 그녀는 이제 초월적인 신비의 세계로 옮겨가야 할 시간이라고 말했고 결코 망설이지 않았다. 그녀는 가족들에게 사랑한다고 말한 후에 다른 곳에 집중하기 시작했다. 가족들은 그녀의 바람을 이해하고 침대 곁의 가족사진을 예수그리스도의 그림으로 바꾸었다. 도나는 몇 시간 동안 예수의 그림을 쳐다보곤 했다. 그녀는 아는 것의 확실성으로부터 그녀가 가고 있는 곳의 신비로 어려움 없이 옮겨가며 죽는 것 같았다.

도나는 점차 더 고요해짐으로써 두려움을 놓아버리고 분명치 않은 순간에 내맡기는 능력이 있음을 보여주었다. 기꺼이 늘 알고 있던 안도감에서 물러나 불확실한 것으로 옮겨갈 수 있었던 면에서 그녀는 남달랐다. 도나가 숨진 후 유족들은 그녀가 마지막 날까지 만족, 받아들임, 고요한 지혜를 보여주었다고 말했다.

우리가 삶에 온전히 참여하지 못하고 망설이는 곳에는 어디든 두려움이 있다. 두려움이 클수록 더 심하게 저항한다. 하지만 저항을 극복하고 두려움에서 벗어나면 자신이 미지의 것에 푹 잠겨 있는 것을 알게 된다. 어떤 상황에서 두려움을 많이 느낄수록 지혜를 얻을 가능성도 더 많다. 두려움 속을 지날 때 성장하기 때문이다. 우리가 죽음을 통과할 때 두려움은 임종 과정 자체에 대한 올바른 이해로 바뀐다. 그리고 마음은 모든 것에 대한 애정으로 옮겨간다. 저항할 때 우리의 가슴에는 외부를 차단하는 장벽이 세워지고 친밀해지는 능력이 상실된다. 반면에 애정을 느낄 때는 가슴이 탁 트인 평원 같다. 개인적 염려를 떨치고 다른 사람에게 손을 내밀고 친밀히 접촉할 수 있다.

나는 이 교훈을 안나_{Anna}에게서 배웠다. 아홉 살밖에 안 된 안나는 낭포성 섬유종으로 죽어가고 있었다. 안나의 엄마는 최근 남편과 헤어질 생각을 하고 있었고, 안나의 아빠는 그 일과 안나의 병으로 많이 괴로워하고 있었다. 우리가 침대 옆에 모여 있을 때 안나는 호흡 곤란에 빠져 억지로 공기를 들이마시려고 목을 길게 빼고 있었다. 숨 쉬려고 안간힘을 쓴 후에 안나는 고개를 들고 우리더러 병실 밖으로 나가라고 손짓했다. 당시 호스피스 사회복지사였던 나는 아마도 안나가 죽음을 준비하고 있고 잠시 혼자 있고 싶어 한다는 것을 가족들에게 알리고 마음의 준비를 시켰다. 병실 문이 닫힌 뒤에 안나는 힘겹게 침대에서 내려와 테이블로 갔다. 그리고 테이블 위에 아빠에게 줄 "사랑해요."라는 쓰인 큰 포스터를 그렸다. 그 후 안나는 우리를 병실로 불렀고 아빠에게 그 포스터를 주었다. 안나는 그로부터 일주일 후 숨졌다. 안나의 아빠는 그 포스터에 액자를 해서 보관하고 있다.

애정에 대해 생각할 때면 안나가 떠오른다. 그 어린 소녀는 두려움에서 벗어나 고통스러운 다른 사람에게 손을 내밀 수 있었다. 죽음과 임종에 의해 우리는 나이보다 더 성숙하고 이해심을 가지게 된다. 안나의 어리고 연약한 몸속에는 예민하게 깨어 있으며 다른 사람에게 필요한 것을 민감하게 느끼는 마음이 있었다. 안나는 자신의 호흡에 집중하는 동시에 예민하고 더 넓게 볼 줄도 알았다. 그 어린 소녀는 자신의 소멸에 연연한다는 의미에서 '죽어 갈' 겨를이 없었다. 아빠가 괴로워하는 걸 보고 안나는 아빠의 기분을 풀어주고 싶었다. 애정은 한쪽만 편들지 않는 놀라운 특성이 있다. 아빠와 헤어진다고 엄마를 미워하지 않았지만, 안나는 아빠의 괴로움에 가슴이 열려 있었고 그에 따라 행동했다. 애정이 있으면 보답을 바라지 않고 적절한 일을 한다.

모든 사람은 자신의 존재 안에 사랑하는 능력과 두려워하는 능력을 가지고 있다. 머리로 선택할 여지가 없을 때 우리 마음은 사랑에 자리 잡는다. 우리는 죽을 때 다른 선택을 할 수 없다. 우리가 삶의 두려움을 죽음에 투사할지 모르지만 우리가 아는 삶은 거의 끝나고 있다. 죽음을 두려워하는 건 머릿속 생각이 우리를 망설이게 하는 마지막 헛된 시도이다. 앞으로 나가는 것 말고는 달리 할 수 있는 일이 없다. 저항하지 않고 두려움을 인정하고 헤쳐 가면 두려움은 그것이 나왔던 공_空으로 사라진다. 그때 남는 것은 애정 어린 가슴과 깨어 있고 민감한 머리이다.

성찰과 연습

습관과 변화

삶의 무상함을 성찰한다. 태어난 것은 결국 죽는다. 이 법칙에 예외가 있는가? 나를 행복하게 하는 걸 생각해 본다. 가족, 친구, 직업, 수입, 취미 등 여러 가지 가 있을 것이다. 과거와 현재 나의 행복에 기여한 것을 떠올려 본다. 그것을 돌 보는 데 얼마나 많은 시간을 들이는가? 안정감과 안전함을 느끼려고 그것들에 얼마나 의존하는가? 몇 년 후에는 행복을 주는 것들 중 무엇이 남아 있겠는가? 내가 임종할 때 어떤 것이 곁에 남아 있겠는가? 그것들이 지속적인 행복을 주 는가? 행복과 변화의 관계를 생각해 본다. 행복과 변화는 겉으로 보이듯이 정 반대인가?

매일 조용한 장소를 찾아 10분 동안 눈을 감고 주변의 변하는 소리를 듣 는다. 소리의 고저, 음량, 음색의 변화에 주목한다. 잠시 소리를 들은 후 에 시각 등 다른 감각을 선택하여 관찰한다. 밖으로 나가 매우 주의 깊게 자연을 살펴본다. 눈에 들어오는 움직임과 흐름을 주목한다. 실제로 삶 은 움직임이라는 걸 본다. 다섯 가지 감각마다 비슷한 탐구를 계속하고,

각각의 감각으로 지각하는 미세한 변화와 움직임을 관찰한다. 또 내면 세계의 생각과 감정을 관찰한다. 무상의 법칙이 내면세계에도 적용되는 가? 하루 동안 감정을 살펴본다. 감정의 강도와 지속 시간이 어떻게 되는가? 감정과 변화가 어떤 관계라고 결론 내릴 수 있는가?

내가 상당한 위험을 감수했던 때를 떠올린다. 그렇게 사는 것이 어떤가? 두려움 이나 흥분이 일어났는가? 결국 괜찮아졌는가? 이제 현재 삶을 숙고한다. 나는 어디서 안전과 안정을 구하는가? 지금 그대로의 삶에 만족하는가? 나는 내가 되고 싶은 사람인가? 하고 싶은 일을 하고 있는가? 현재 삶의 방식을 유지하기 위해 어떤 대가를 치르는가? 변화를 시작할 때 어떤 길이 열려 있는가? 조용히 앉아, 가슴이 변화로 이끌지만 내가 위험을 감수하기를 거부하고 망설이는 때를 생각해 본다. 변화의 위험을 감수할 때 어떤 일이 생기는 게 두려운가?

해야 한다고 가슴이 요청하는 게 느껴지고 실제로 이룰 수 있는 작은 도 전을 선택한다. 예를 들어 급여 인상을 요구하거나 이웃 사람이 신경 쓰 이게 하는 일에 대해 그 사람에게 가서 말하는 것이다. 그런 행동을 하는 걸 생각하기만 해도 두려움이 일어나는 걸 주목한다. 그저 두려움을 느 끼고 그 두려움이 자신의 생각을 통제하는 걸 지켜본다. 정말 일어날까 봐 두려운 일에 대한 위험을 감수할 수 있는가? 위험을 감수하겠다는 생 각만으로는 부족하다. 실제로 그 두려운 일을 끝내야 한다. 스스로 도전 해서 위험을 감수하기를 배우고, 시작하고, 행동한다. 두려움에서 벗어날 때 가슴이 기뻐하는 걸 느껴 본다.

> 나의 습관을 성찰한다. 손톱 물어뜯기나 다른 신경질적인 습관이 있는가? 그런
> 습관은 새로운 존재 방식을 생각할 필요 없는 안전지대이다. 필요한 것 같은 습
> 관도 있고 그렇지 않은 습관도 있다. 삶에 도움이 되기보다 방해가 되는 습관은
> 무엇인가? 어째서 내가 특정한 습관을 계속 반복하는지 생각해 본다. 나의 습
> 성에 창조성이나 자발성이 있는가? 습성은 두려움과 관련 있는가?

자신의 습관 하나를 며칠 동안 살펴본다. 그 습관이 가르침을 줄 때까지
그냥 놓아 둔다. 그 습관이 도움이 되는지, 알고 있는 습성대로 행동하
는 게 얼마나 쉬운지 느껴 본다. 습관적인 행동을 할 때 자신을 알아차리
도록 노력한다. 습관이 일어나면 자신을 깨우는 신호로 이용한다. 습관
을 알아차리면 습관에 어떤 효과가 있는지 본다. 알아차림하면 판에 박
힌 습관적 반응에서 벗어날 수 있는가? 습관을 알아차림하는 것은 자발
성과 관계가 있는가?

> "죽을 운명인 사람들은 죽음을 두려워합니까?"라는 질문에 붓다가 대답한 것
> 을 성찰한다. 붓다는 "감각적 즐거움을 갈망하는 사람들, 몸을 갈망하는 사람
> 들, 평생 불건전한 행위를 한 사람들, 실재를 혼란스러워하는 사람들, 이런 사
> 람들만 죽음을 두려워한다."라고 대답했다고 한다. 내가 살면서 얼마나 감각적
> 즐거움을 추구하는지, 얼마나 성적 충동이 일어나는지, 얼마나 자주 미숙하게

행동하는지, 얼마나 많은 혼란을 경험하는지 성찰한다.

붓다가 말한 죽음을 두려워하는 사람들 중 자신과 가장 가까운 유형을 선택한다. 일주일 동안 자신에게서 그 습성을 살펴본다. 그 습성이 작동되는 모든 측면을 지켜본다. (무엇보다 자신을 편안하게 대하라. 이것은 자기혐오를 강화하는 연습이 아니다!) 어떻게 그 습성은 죽음에 대한 생각만해도 저항하게 하는가? 죽음이 임박한 자신의 모습을 상상할 때 그 습성이 미지의 세계로 모든 걸 놓아버리지 못하게 제지하는 걸 느낄 수 있는가? 반대로 죽음을 성찰하면 그 습성에서 벗어나는 데 도움이 되는 걸알 수 있는가?

그림자를 인정하다

Acknowledging the Shadow 4

억눌린 어둠과 개인의 그림자 뒤에는
－썩었고 썩고 있는, 그리고 아직 싹트지 않았지만 싹트고 있는－
원형적 어둠, 즉 비존재非存在의 원칙이 있다.
그것은 악마라고 불리고, 또 악, 원죄, 죽음, 무無라고도 한다.

_제임스 힐먼James Hillman

우리가 죽을 때 심리적으로 방어할 힘이 부족할지 모른다. 그래서 오랫동안 회피하고 두려워했던 우리의 일부가 돌아온다. 우리 의식의 어둡고 후미진 곳에서 기다리고 있으면 그림자가 생긴다. 그것은 두려움과 저항이 만든 우리 성격의 금지된 면이다. 그림자는 조바심, 낮은 자존감, 증오, 정욕 같은 마음의 습관을 통해 나타난다. 임종이 우리를 차지하는 곳이 바로 여기다. 또 우리가 우리의 전 존재에 부드러워지고 가슴을 열 수 있는 곳도 바로 여기다.

그림자는 빛이 가려지는 곳에만 드리운다. 자기비판, 자기희생, 자기혐오가 자기 수용의 빛을 질식시킬 때 의식 안에 그림자가 생긴다. 자신의 한 측면에 대한 기쁨은 동시에 그림자가 드리운 반대

측면에 대한 혐오를 나타낸다. 그림자를 두려워하면 그림자를 자신의 일부로 받아들이지 못한다. 잠재의식적으로 자신의 정신 반응을 선별해서 좋아하는 면에는 접근을 허용하고 좋아하지 않는 면은 의식에서 분리시킨다. 이렇게 그림자를 방어한 결과, 이상적인 자아상과 있는 그대로의 실재인 자신 사이에 갈등이 점점 심해진다. 그림자를 혐오하면 긴장이 일어나고, 그 결과 그림자는 우리가 몹시 보기 싫어할 때도 겉으로 드러나지 않을 수 없다.

마음은 모든 가능성을 담고 있다. 마음의 영역은 모든 걸 수용할 수 있으므로 정신 상태의 연속체 전부가 우리 내면에서 표출될 수 있다. 적절한 조건이 형성되면 우리는 모든 주어진 감정과 태도에 영향을 받기 쉽다. 어떤 마음 상태를 잠시 억누를 수 있지만, 시간이 지나면 그것은 다시 힘을 얻는다. 다양한 방어기제를 사용해서 그림자가 일어나지 않게 막아도 결국 이런 저런 방식으로 그 에너지를 다루게 된다.

그림자가 나타나는 건 우리의 의식이 정신생활을 완전히 통제하지 못하는 걸 보여준다. 우리가 혐오하면 그림자는 약해지기는커녕 더 우세해진다. 의도적으로 애써도 마음에서 아무것도 없애지 못한다. 그림자를 외면하고 존재하지 않는 척하거나 무의식 안에 억누를 수 있지만, 주의를 기울이지 않을수록 그림자의 힘과 영향력은 더욱 커질 뿐이다. 그 결과 그림자의 영향 아래서 살수록 더 그림자를 눈앞에서 치워버리려 한다.

생각, 태도, 신념 등 정신생활을 좋은 것과 나쁜 것으로 분열시키는 것은 그림자의 짓이다. 그런 내면의 분열은 동시에 외부의 분열로 이어진다. 삶과 죽음은 그림자가 활동한 후에 형성된 양극단이다. 삶을 선, 빛, 창조, 사랑의 힘으로 보는 반면에, 죽음은 파괴, 악, 황량함에 싸여 있다고 여긴다. 우리는 이런 가상의 분열을 만든 후 삶과 죽음이 서로 맞서게 한다. 삶은 양극단의 한쪽이어야만 한다고 요구함으로써 본래 삶의 온전함을 분열시킨다. 그 분열은 전적으로 우리의 마음이 만든 것이다. 우리가 거부하는 것으로부터 원하는 것을 분리시킨 것이다. 따라서 우리의 싸움은 외부가 아니라 내면에서 벌어진다. 우리는 자신의 두려움과 욕구에 맞서 싸우고, 그 결과로 생기는 혼란을 삶에 본래 있는 자연스러운 통일성에 투사한다.

칼 융Carl Jung은 선하기보다 온전하고 싶다고 말했다. 아마도 선해지고자 할 때는 역설적으로 내면의 악이 출현하지 않을 수 없지만, 우리의 정신에 선과 악의 공존을 허용할 때는 그 온전함으로부터 선함이 자연스럽게 나타난다는 의미였을 것이다. 우리는 끊임없이 자신을 억누르지 않으면 가장 두려워하는 폭군이 될지도 모른다고 염려한다. 하지만 바로 스스로를 억누르는 것이 세계를 분열시키고 폭정을 초래한다. 그 전에는 자연스러운 조화와 균형이 존재하지만, 자신을 억누른 후부터 세계는 논쟁을 일으키고 대립하게 된다. 우리의 마음이 이런 이원성二元性을 초래한다.

 삶과 죽음을 분리한다

　그림자가 일으키는 큰 분열은 삶을 죽음에서 떼어놓는 것이다. 그런데 많은 죽어가는 환자들은 종종 삶과 죽음의 분리를 받아들이지 않고 "집으로 돌아간다."고 말한다. 그것은 반쪽인 둘을 통합하기 시작하는 것이다. 건강이 좋을 때도 죽음을 생각하면 편히 쉬기 어렵다. 존재는 소멸의 반대라고 생각하기 때문이다. 게다가 질 수밖에 없는 경쟁에서 존재를 소멸에 맞서게 한다.

　세계는 그런 경쟁, 죽음에서 삶이 분리된 모습으로 넘쳐난다. 우리는 죽음이 삶을 훔치는 도둑이며 희생자를 덮치려고 검은 옷을 입고 어둠 속에서 기다리는 유령이라고 상상한다. 무엇보다 우리의 죽을 운명을 암시하는 것들을 주변에서 깨끗이 치워버리고 싶어 한다. 많은 의사들은 환자가 숨지면 자신의 직업에서 실패한 것으로 여긴다. 마치 환자들이 영원히 살아야 한다고 여기는 것 같다. 한 사회에서 의사의 지위는 그 사회가 죽음과 임종을 얼마나 혐오하는지 보여준다. 가장 두려워하는 것으로부터 보호해준다고 생각하는 사람의 지위를 높이는 것이다.

　죽음을 삶에 적대적인 것으로 보는 이유는 죽음이 고통을 일으키기 때문이다. 거의 모든 사람이 언젠가는 사랑하는 이를 여의고 괴로워하게 된다. 그것은 삶의 목적을 앗아갈 수 있으므로 가장 견디기 어려운 슬픔이다. 삶에 아무런 의미가 없는 것처럼 느끼게 한다.

죽음으로 모든 것을 잃는다면 도대체 삶에 무슨 의미가 있겠는가?

죽음은 지금 보이는 모든 것을 없애버린다. 사람이 죽으면 생명력은 사라지고 껍데기만 남는다. 죽음은 삶을 철회하고 눈앞에서 제거한다. 그러므로 죽음은 삶의 반대편에 있다. 삶을 그 형태가 있고 없음을 떠나 다른 관점으로 보기는 어렵다. 삶이 여기 있으면 행복이 존재하고, 삶이 사라지면 고통이 존재한다. 삶은 귀중하지만 죽음은 귀중하지 않다. 모든 귀중한 것은 죽음의 없음과 대조를 이룬다.

많은 종교에서는 삶과 죽음이 같은 진리의 다른 형태라고 가르친다. 예수 그리스도가 금요일에 죽었다가 일요일에 부활했을 때 전하고자 했던 메시지가 이것이다. 어째서 그리스도는 세상에 다시 나타나기 전에 이틀을 기다렸을까? 그리스도는 원하기만 했으면 분명히 죽자마자 되살아날 수 있었을 것이다. 그가 되살아나기 전에 그를 따르는 이들은 말할 수 없이 깊은 슬픔에 빠졌다. 그리스도의 부활은 그들의 슬픔이 적절하지 못했음을 보여주었다. 그리스도는 그들이 죽음에 대한 잘못된 생각에 머물게 했다. 왜냐하면 그 고통을 통해 그들이 마침내 그리스도가 어떤 존재라는 진리에 가슴을 열게 되기를 바랐기 때문이다. 그리스도의 죽은 몸을 슬퍼하는 행위는 그리스도가 육체의 형상 바깥에 살아 있음을 부정하는 것이었다.

볼 수 있는 것과 볼 수 없는 것을 분리하는 것이 그림자를 만드는 첫 걸음이다. 우리는 눈에 보이는 것에 익숙하다. 안전하다고 느끼는 곳에서 편히 쉰다. 반면에 보이지 않는 것은 알 수 없고 대개 두렵다. 삶의 부재를 전멸, 허공, 무로 여기고 두려워하기 때문에 삶에 단단히 매달린다. '무'를 사막이나 우주의 진공으로 여긴다. 삶의 종말에 위협을 느끼기에 그것을 의식적인 알아차림으로부터 멀리 눈에 띄지 않게 밀어내어 그림자의 형상이 되게 한다.

하지만 죽음이 존재하지 않는 척해도 죽음은 제거되지 않았다. 단지 우리가 눈감은 것뿐이다. 우리의 반응을 보면 죽음의 존재가 느껴진다. 우리의 두려움과 분노가 그림자의 존재를 가리킨다. 우리는 반응할 때 그 행위의 이면에 그림자가 있는 것을 알고 우리가 몹시 집착하는 신념, 태도, 자아상이 위협 받는 것을 안다. 그래서 자아상을 방어하려는 욕구와 두려움에 의해 감정이 폭발한다. 그것은 너무 급작스럽게 일어나 그 원인을 전혀 알 수 없다.

우리는 그림자의 침입에 맞서 싸울 때 자신이 되고 싶은 사람의 모습에 강하게 집착한다. 그림자에는 우리가 두려워하는 자신의 모습이 들어 있기 때문이다. 그래서 그 두려움을 의식 아래 무의식으로 밀어내고 바라는 모습대로만 살려고 한다. 하지만 그림자를 담고 있는 무의식은 마음속에서 격리된 부분이 아니다. 단지 두려움이 그것을 보이지 않게 가리고 있을 뿐이다.

무의식의 언어는 이성적으로 이해하기 곤란할 수 있다. 무의식의 심상과 강한 감정은 두려움을 일으킨다. 무의식의 메시지 중 일부는 개인적 삶에 속하는 것 같고 다른 일부는 인류 전체의 인간성에 뿌리를 둔 것 같다. 이성적 사고는 역사적 의미가 통하고 잘 엮인 생각에 담긴 관념을 좋아한다. 이성적 사고와 무의식은 마치 각자 다른 나라 언어로 대화하려는 두 사람 같다. 보다 우세한 이성적 사고에게 무의식은 예측할 수 없고 일관성도 없다. 그러므로 무의식은 불가사의하고 위험해 보인다. 무의식의 언어가 일으키는 감정적 흥분은 불안을 일으키기 쉽다.

그런데 무의식이 위협으로 느껴지는 것은 단지 우리가 무의식을 오해하기 때문이다. 검열하지 않고 무의식이 자신의 언어를 말하게 하면 무의식이 말하는 것을 들을 수 있다. 하지만 왜곡 없이 그림자를 이해하려면 그림자를 둘러싼 두려움을 놓아버려야만 한다. 이성으로는 그림자를 이해할 수 없을지 몰라도 그림자가 표현하는 걸 느끼고 그 풍부한 형상에 가슴을 열 수 있다. 그러면 그림자가 이야기를 전해줄 것이다. 그 이야기는 충격적이고 혼란스러울지라도 우리 자신의 이야기이며 우리의 일부이다.

나와 함께했던 호스피스 환자 엘리스Ellis는 죽음에 대한 악몽을 많이 꾸었다. 그는 악몽에서 벗어나려고 갖은 애를 썼지만, 어둡고 불가사의한 그림자 같은 유령이 있는 방에 혼자 있는 꿈이 밤마다 계속되었다. 유령이 다가오려 하면 그는 깜짝 놀라 도망쳤다. 엘리스는 도망가면서도 유령의 강렬한 시선을 느낄 수 있었고, 그러다 공포에 질려 잠에서 깼다. 그리고 다음 날 밤에도 똑같은 악몽이 반복되었다. 몇 주 동안 엘리스와 함께하면서 나는 그에게 죽음을 사람이라고 여겨 이름을 붙이고 질문을 하라고 제안했다. 우리는 역할극으로 연습도 몇 번 했다. 그는 임종에 대한 이야기를 읽고 죽음이 어떤 것인지 참된 호기심과 관심을 가지기 시작했다. 어느 날 밤 똑같은 악몽을 꿀 때 그는 도망가지 않고 죽음을 마주하려 돌아섰다. 그 순간 죽음에 대한 두려움보다 호기심이 더 컸다고 한다. 그가 죽음을 향해 돌아서자 죽음은 사라졌고 그때부터는 악몽을 꾸지 않았다.

엘리스는 가장 두려웠던 것에 관심을 기울일 수 있었다. 죽음에 주의를 기울이자 죽음을 의식의 일부로 받아들이기 시작했고, 이해의 빛을 비추자 공포가 줄어들었다. 악몽이 사라진 후에도 엘리스는 그림자를 마주하는 일을 계속 새롭게 해야만 했다. 그런데 죽음을 친구 삼기에 성공한 일에 고무되어 그 어려운 일을 감당할 수 있다는 자신감이 생겼다.

그림자가 그림자인 까닭은 단지 우리가 그림자에게 힘을 주기 때문이다. 하지만 최종 평가에서는 그림자도 그림자가 낳은 죽음도 문제가 아니었다. 우리가 그림자의 메시지를 피하고 싶은 까닭은 그림자가 우리에 대해 말하려 한다고 여기는 것을 혐오하기 때문이다. 우리는 죽음에 저항하며 삶에 몹시 집착한다. 그림자를 피하려 끊임없이 투쟁하기에 죽음뿐만 아니라 삶에도 반발한다. 삶을 원하고 죽음을 두려워하므로 그에 따른 긴장을 초래하여 삶을 즐기지도 못하고 죽음을 이해하지도 못한다. 죽음을 멀리하면 결국 그만큼 삶에도 저항하게 된다.

삶과 죽음을 만난다

죽음이 가까운 많은 환자들은 삶과 죽음으로 분열된 세계에 살지 않는다. 삶의 종착점에 다가가고 있음을 알게 되면 더 이상 예전처럼 죽음을 부정할 수 없다. 그것을 아는 호스피스 환자들은 삶으로부터 에너지와 초점을 거두어들여야 할 시간임을 깨닫는다. 호스피스 환자들이 사회적 상호작용에서 관심을 돌려 내면으로 깊이 침잠하는 시기가 있다. 그 시기를 지나 온 많은 환자들은 가족과 친구들에게서 멀어지고 관심이 줄어든다. 그들은 관점이 완전히 달라져, 이 세상에서만 사는 게 아니라 삶의 세계와 죽음의 세계 사이에 사는 것 같다. 어떤 환자는 바로 앞에 있는 사람 너머의 보이지 않는 사람들과 말하려 한다. 종종 이 세상 너머를 응시하고 아득한 곳에 숨겨진 사물이나 사람에게 의지한다. 그런 것을 보아도 죽어가는 환자들은 그리 두려워하지 않는다는 걸 알아야 한다. 오히려 안심하고 위안을 받는 것 같다.

의학적으로 설명하자면, 그런 지각은 뇌로 공급되는 산소가 줄어들고 신진대사가 변화되어 발생한다. 하지만 그렇게 육체적 변화로 설명하는 것은 진실의 일부만 알려줄 뿐이다. 이런 현실의 전환을 겪는 환자를 본 사람에게는, 이 세계가 우리에게 현실인 것처럼 환자들에게는 다른 세계가 현실인 것이 분명하다. 환자들은 환각을 느끼는 게 아니다. 단지 환자들이 보고 들은 것을 똑같이 지각할 수 없다는 이유로 의학적인 진부함에 기대어 우리가 목격한 것을 묵살할 수는 없다.

더 중요한 점은 삶과 죽음을 분리된 것으로 보지 않고 경계 지을 수 없는 연속체로 경험할 때 환자가 더 전체론적인holistic 관점을 가지게 된다는 것이다. 이렇게 삶과 죽음의 잘못된 분리에서 벗어날 수 있을 때, 보이지 않는 세계 즉 이 세계를 분열시키는 데 몰두하지 않으면 누구나 갈 수 있는 세계에 이를 수 있다.

마가렛Margaret은 유방암으로 죽어가고 있는 노년 여성이었다. 처음 호스피스와 함께하게 되었을 때 그녀는 죽음이란 절대적 종결이고 죽음 너머에는 아무것도 없다고 주장했다. 마가렛은 침대에 누워 있게 되는 시간이 늘어나자 점점 더 오래 혼자 있으려 했다. 외향적이었던 그녀가 갑자기 혼자 있으려 하자 가족들은 걱정이 되었다. 그녀는 점점 쇠약해졌고 혼수상태에 빠졌다가 돌아오곤 했다. 가족들은 그녀가 반 혼수상태에서 입술을 움직여 들리지 않는 목소리로 보이는 않는 사람에게 말하려 하는 걸 알았다. 어느 날 마가렛이 그런 상태일 때 호스피스 간호사가 가만히 이름을 불렀다. "마가렛, 마가렛, 내 목소리가 들려요?" 그러자 마가렛은 간호사가 볼 수 있는 것 너머의 어떤 것을 뚫어져라 보며 대답했다. "마가렛은 지금 여기 없어요. 친구들이 그녀를 데리러 왔거든요. 그녀는 곧 돌아올 거예요." 몇 분 후에 마가렛은 눈이 또렷해졌고, 간호사에게 "고향으로 간다."고 말했다. 그리고 2시간 후 마가렛은 매우 평화롭게 숨졌다.

문제는 그림자를 어떻게 마주하느냐이다. 전체를 대립하는 둘로 나누어 삶과 죽음 사이의 투쟁을 포함한 온갖 문제를 만드는가? 만일 마음의 일부를 버릴 수 있다면 해결책은 간단하다. 즉 그림자를 제거하고 계속 행복하게 살면 된다. 하지만 분명히 의식의 어느 부분도 제거할 수 없다. 마음에서 그림자를 제거할 수 있다는 생각 자체가 그림자의 근원을 오해하는 것이다. 그림자가 존재하는 단 하나의 이유는 우리가 원하는 대로만 살고 싶어 하고 삶을 있는 그대로 받아들이지 않기 때문이다.

선악을 나누는 관념과 거기서 비롯되는 괴로움에서 그것을 볼 수 있다. 자세히 살펴보면, 더 큰 고통을 피하려는 욕구 위에 악이 만들어진다. 우리는 괴로울 때 물러나고, 분리하고, 모든 간섭으로부터 자신을 방어한다. 적대감, 격노, 이기심, 부정직을 비롯한 대부분의 '부정적' 특성은 우리 자신을 가슴에서 단절했기 때문에 일어난다. 우리는 다음 공격에 대비해 요새를 만드는 것처럼 모든 것을 접근하지 못하게 막아야 치유할 수 있다고 생각한다. 그것은 우리와 대립하는 세계가 된다. 그것은 어둠에 반대되는 빛이다. 우리가 자신에게 최악의 적이 된다.

　죽음에 대한 성찰에서 배울 때 자신의 본성을 되찾아 치유를 시작하는 다른 전략을 이용할 수 있다. 이 교훈은 죽어가는 이들만이 아니라 건강한 사람들에게도 적용된다. 우리 기질의 양 측면이 전체 의식 안에서 공존하는 화해가 필요하다. 죽어 가는 환자가 전쟁하듯 죽음에 저항하기를 중단함으로써 스스로 치유하는 것처럼, 우리도 상상으로 만들어낸 싸움을 하며 살기를 중단해야 한다. 자신의 기질을 일부라도 부정하면 인간으로서 위축된다는 걸 이해할 때 괴로움을 끝낼 수 있다. 이는 선악의 문제가 아니라 온전한 존재가 되느냐의 문제이다. 모든 걸 가지고 있는 우리가 그 온전함을 누리면 어떨까? 우리가 온전하지 못하면 그림자가 우리를 은밀히 지배하게 된다.

　존재의 태피스트리는 다양한 실로 짜여 있다. 우리의 기질은 매 순간 나타나는 모든 정신적 특성을 표현한다. 우리는 더도 아니고 덜도 아닌 단지 바로 지금 그대로의 존재이다. 지배할 기회를 기다리며 이면에 숨어 있는 다른 기질은 없다. 왜냐하면 다른 기질도 바로 지금 삶의 일부이기 때문이다. 모든 것을 지금 여기서 다룰 수 있다. 온전하다는 것은 현재 나타나는 모든 기질을 존중하는 것이다. 그러면 기질을 분리하는 데 쓰는 에너지를 이용하여 보다 창조적인 노력을 할 수 있다. 그리고 삶과 죽음은 본래 하나였던 상태로 돌아온다.

　호스피스 환자인 켄달Kendall은 자신의 과거와 전쟁을 치르고 있었다. 그는 오랫동안 아내와 딸을 정신적, 육체적으로 학대했다. 그는 40년 동안 알코올에 중독되어 있었는데, 의사의 권고로 다른 합병증을 피하기 위해 병을 앓는 동안에도 계속 술을 마시고 있었다. 그가 자신의 임종을 마주하기 시작했을 때 가족들은 그가 혼자 병실에서 흐느끼는 소리를 자주 들었다. 그는 과거의 자신을 증오했고 늘 깊은 죄의식과 더불어 자신의 성미와 격노를 두려워했다. 켄달은 호스피스의 목사와 함께 자기 용서를 모색하고 하느님께 용서를 비는 기도를 하는 데 많은 시간을 보냈다. 하지만 그토록 자기 비하로 괴로워하면서도 가족이 자신을 돌보다가 작은 실수만 해도 격렬한 분노를 터뜨렸다. 그리고 그것 때문에 더 가혹한 자학에 빠졌다.

어느 날 켄달이 갑자기 깊은 혼수상태에 빠졌다. 모두가 켄달이 곧 숨질 거라고 생각해서 필요한 준비를 갖추었다. 하지만 켄달은 3일 후 혼수상태에서 깨어났고 정신도 멀쩡했다. 그리고 얼마 후 그를 아는 모든 사람들은 그가 변한 것을 알게 되었다. 그는 화를 내지 않았고, 느긋해지고 자기 비하를 덜하는 것 같았다. 호스피스 목사가 그의 변한 모습에 대해 묻자, 그는 자신을 미워하는 데 지쳤다고 말했다. 임종을 맞으려면 자신의 모든 부분을 통합해야 한다고 했다.

에이브러햄 링컨Abraham Lincoln의 말을 빌려 표현하자면 "내분이 일어난 마음은 존립할 수 없다." 켄달은 더 이상 자기혐오를 하지 않아도 될 만큼 죽음을 직면하기에 충분한 어려움을 겪었다는 것을 알았다. 혼수상태일 때 그에게 무슨 일이 일어났는지 누가 알겠는가? 중요한 점은 그가 환상에서 깨어났을 때 원만히 통합된 인격을 보였고 그림자가 감소되었다는 것이다.

임종은 우리의 어두운 면이 선함과 더불어 시간과 공간을 공유할 수 있게 하면 우리가 악에 휩쓸리지 않는다는 것을 가르쳐 준다. 죽음에 임박한 많은 사람들이 만족감을 나타내는 것을 볼 수 있다. 근본적 선함이란 악에 맞선 싸움이 아니라 온전함에 있다는 것이 그들이 전하는 메시지다. 갈등이 없는 상태로부터 나타나는 선함에는 적이 없다. 모든 걸 포함하고 있으면 어떤 힘도 그것에 대적할 수 없다. 그것은 반대 없이 올바로 통합되어 있기 때문이다.

성찰과 연습

그림자

나의 내면에서 일어나는 온갖 다양한 행위와 감정을 성찰하고, 온갖 뉴스에서 전하는 이야기를 듣고 "신의 은총이 없었다면 나도 저렇게 되었을 거야."라고 말할 수 있음을 인식한다. 태어난 상황과 삶의 환경이 비슷했다면 나도 그들처럼 도둑이나 영웅, 에이즈 환자나 노숙자가 될 수 있었다. 나의 감정이 매우 다양하고 종잡을 수 없고 상황에 따라 일어난 것으로 보일 수 있음을 성찰한다. 만일 내가 옳은 상황에서 분개한다면, 내가 느끼고 생각하고 행동하는 잠재력을 넘어선 활동과 감정이 일어나는가?

지인이 사려 깊고 선한 의도로 행동했던 때를 생각해 본다. 그들에게 마음을 쓰고 가슴을 여는 게 얼마나 수월한지 느껴 본다. 이번에는 범죄자와 범죄를 떠올린다. 우리가 강간범, 살인자, 도둑에게 가슴을 닫는 걸 지켜보고, 그들의 가슴도 닫히는 걸 인식한다. 범죄자들은 괴로움에 따라 행동했고 연쇄반응으로 고통을 영속시켜, 이제 우리가 가슴을 닫게 했다. 그런 사람들을 우리의 삶에서 배제하는 데 쓰는 에너지를 느껴 본다. 범죄자 같은 사람의 괴로움에도 가슴을 열 수 있는가? 그들이 처벌을 받아 마땅한데도 불구하고 우리가 마음을 쓸 가치가 있음을 알 수 있는가?

시간에 따라 내 감정의 정도와 성질이 변하는 걸 성찰한다. 감정은 정지되어 있지 않고 출렁이는 마음 상태이다. 행복 같은 감정에는 실제로 무엇이 들어 있는가? 그것은 대개 얼마나 지속되는가? 행복감이 일어나려면 어떤 조건이 필요한가? 나는 실제로 감정을 얼마나 조절할 수 있는가?

분노나 성욕처럼 자주 경험하는 태도나 감정을 선택한다. 며칠 동안 그 마음 상태가 강해지거나 약해지는 걸 지켜본다. 분노를 선택했으면 짜증, 좌절, 성마름, 적대감, 격노의 느낌을 잘 알아차린다. 그렇게 변하는 감정의 에너지와 활동에 어떻게 반응하는지 주목한다. 언제 자기 인식을 놓치는가? 그 느낌이 불편한가? 감정의 모든 면과 동일시하는가, 아니면 감정이 심해질 때만 동일시하는가? 가장 불편한 감정을 느껴 본다. 그것을 행동으로 나타내지 않고 의식 안에 머무르게 할 수 있는가?

선하기보다 온전하고 싶다는 칼 융의 말을 성찰한다. 그 말은 나에게 무엇을 의미하는가? 자신이 독선적이었던 때를 생각한다. 어떤 느낌이었는가? 남들로부터 단절되고 멀어진 것을 느꼈는가? 독선적 느낌을 행동이나 말로 나타냈을 때 어떤 일이 벌어졌는가? 어떤 성질도 두드러지지 않고 온전하다는 것이 무엇을 의미하는지 성찰한다.

친절함, 겸손, 용기 등 스스로 자랑스러워하는 자신의 특성을 선택한다. 자신이 강하게 동일시하고 자신을 명확히 나타내는 특성을 선택한다. 그 특성이 행동으로 나타나면 어떤 느낌인가? 이제 반대되는 특성인 자신의 분노, 거만, 약함을 본다. 그런 특성이 일어나면 어떤 느낌인가? 이런 두 가지 마음 상태가 일어나고 사라지는 것을 지켜본다. 이제 반대되는 특성을 완전히 배제하려 시도한다. 시간을 두고 지켜본 후 무슨 일이 일어나는지 본다. 반대 특성을 배제하는 게 가능한가? 부정적 특성을 몰아내려 할 때 긍정적 특성은 어떻게 되는가? 그것은 마음의 본성에 대해 무엇을 알려주는가?

완전히 반대인 것이 서로를 규정하는 것을 성찰한다. 상반되는 두 측면 중 한 측면 없이 다른 측면이 존재하는 걸 어떻게 아는가? 반대되는 것은 따로 떨어져 있는 둘이 아니라 하나의 연속체의 양끝임을 알 수 있는가? 건전함과 불건전함, 인기와 비호감 같은 짝을 선택한다. 그 둘 사이의 연속체 중 어디쯤에 나를 놓겠는가? 내면의 삶이 늘 변하고 있을 때도 내가 인기나 자존심을 유지하고자 애쓰는 것을 성찰한다.

상반된 한 쌍의 특성을 선택해 일주일 동안 조사한다. 이를테면 정직/부정직, 관대함/이기심, 명확함/혼란에 대한 자신의 성향을 관찰한다. 두 성향을 살펴보고, 자신이 한 성향을 억제하여 반대 성향을 강화하려 하는 걸 본다. 두 성향의 상대성을 계속 상기한다. 즉 자신이 완전 반대인 두 특성 사이의 어디쯤에 있든 더 성취해야 할 것이 있다. 당신은 충분히 친절하거나 관대한가? 이런 식으로 자신을 평가할 때 휴식이나 만족을 얻을 수 있는가? 반대되는 성향 중 하나를 강화하려 하기보다 모두 내면으로 받아들인다. 또 자신이 싸우는 걸 알아차린다. 단순히 어떤 특성이 있거나 없는 것으로 자신을 판단하지 말고 그 사이의 모든 범위에 주의를 기울인다. 이제 상반된 특성 중 어느 쪽에 더 가까운지 재는 걸 그만둔다.

인간인
것

인간이라는 것은 어떤 특별한 고려 사항,
특별한 훈련이나 준비, 계획, 연구, 노력도 필요로 해서는 안 된다.
인간이라는 건 자연스럽고, 애쓰지 않고,
어떤 생각이나 고려 사항 없이, 자발적인 것이어야만 한다.
행동할 때 자의식적 노력이 필요하다면,
그는 진실로 정직하게 말해 인간이 아니다.
인간이라는 방향으로 노력하고 있을 뿐이다.

_재 자 노 Jae Jah Noh, 〈내가 보는 걸 보는가 Do you see what I see?〉

그림자를 인정하기 시작하면, 우리가 그림자를 두려워하는 탓에 영향을 받고 자발성을 잃는 걸 알게 된다. 우리는 남의 기대에 맞추고 상처를 주는 비판을 방어하느라 많은 시간을 보냈다. 남에게 보이고 싶은 부분만 보이려 한다. 하지만 그림자가 명백히 밝혀져 본래 우리의 일부라는 것이 인식될 때, 우리는 방어를 그만두고 온전한 인간으로서 살게 된다. 모든 감정이 막힘없이 다가오며 가슴은 더 예민해지고 배려하게 된다.

어디에서나 인간으로서 우리의 본성을 받아들이려 애쓰는 모습을 명백히 볼 수 있다. 서점에는 자연스러운 사람이 되는 법을 알려주는 책이 가득하다. 심리치료사와 정신적, 영적 지도자들은 온전한 존재가 되는 법을 가르쳐준다. 자연스러움은 청량음료와 화장품 광고에도 자주 나오는 유행어이다. 집중적으로 우리의 자연스러운 능력을 밝혀주는 주간 워크숍이 전국 여러 곳에서 열리고 있다. 자연스러워지는 일이 마치 상품처럼 사고 팔린다.

거의 모든 사람이 자발적이고 창조적인 사람이 되는 데 관심을 가지고 있다. 자기개발 프로젝트를 추진하듯이 자발성과 창조성을 개발하는 데 착수해서 끈기 있게 열심히 노력한다. 고된 정신적, 영적 수련과 자기개선 세미나에 참여한다. 그런 노력으로 무엇을 성취할 수 있는지 설명하는 건 광고와 전문가들에게 맡기고, 우리는 그저 광고 속의 이미지를 닮으려 열심히 노력한다. 하지만 그렇게 하면 진정한 자연스러움에서 더 멀어진다.

몇 년 전 성대모사를 잘하기로 유명한 코미디언이 인터뷰를 했다. 인터뷰 도중에 그 코미디언이 한 번도 자신의 목소리를 내지 않아서 진행자는 점차 좌절했다. 코미미언은 대답할 때마다 성대모사로 다른 사람을 흉내 내어 말했다. 마침내 진행자가 그에게 자신의 목소리로 대답해 달라고 요청했다. 그런데 코미디언이 아무리 본래 목소리를 내려 해도 할 수 없었고 결국 어떤 게 자기 목소리인지 모르겠다고 말할 수밖에 없었다. 진행자는 자신의 진짜 목소리를 잃어버리는 건 비극적인 일이라고 말했다.

그런데 자신의 목소리 중 일부를 잃은 사람들이 많다. 때로는 기꺼이, 때로는 자신도 모르는 새 자기 성격의 일부를 의식으로부터 단절시켰다. 언제부터인지 남의 기대에 맞추어 자신을 바꾸는 법을 배웠다. 그렇게 남에게 보이는 이미지를 방어하려는 생각이 깊이 배어 우리 존재의 좌표와 근거를 잃기 시작한다. 그리고 시간이 지나면 그런 대체된 이미지로 세계와 관계를 맺고, 자연스러운 본래의 자신과 너무 다른 존재가 되었다는 공허함을 느낀다. 남을 만족시키려는 욕구를 따르다가 자신의 본래 목소리에서 멀어진다.

인간성에 이르는 길을 활짝 열면 틀림없이 열정, 정욕, 격노, 두려움에 휩쓸릴 거라고 염려하는 사람들이 있다. 자연스럽게 된다는 것은 야생 동물처럼 행동하게 되는 것이라고 생각한다. 사람들이 자제력을 잃고 무질서한 사회가 되는 것을 두려워한다. 하지만 자연스러움이란 방종이 아니고 자신에게 정직한 것이다. 자신의 성향을 똑바로 보고 거기서 배워 명확한 이해에 따라 행동하는 것이다. 반면에 자신의 일부가 존재하지 않는 척하면 그림자의 영향에서 벗어나지 못한다.

있는 그대로의 자신이 아닌 다른 존재인 척하는 핵심 이유는 자신이 무가치하다고 생각하기 때문이다. 자연스럽게 사는 것보다 자기혐오를 마주하지 않게 막아주는 이미지에 매달리는 것이 더 중요하다. 허약한 자아상 때문에 자신의 행동을 억누르고 검열한다. 다른 사람들이 기대한다고 여기는 것에 맞추어 행동하고 자신이 기대하는 이상적인 모습에 미치지 못했다고 스스로 비판한다. 또 자신에 대한 상대의 반응을 평가하고 그에 따라 자신의 행위를 판단하는 내면의 독백이 이어진다. 하지만 이런 자아상에 결코 의문을 제기하지 않는다. 자신을 매우 하찮게 여기는 탓에 본래 자신의 모습에서 벗어나려고 진력을 다하기 때문이다.

탁월한 팬터마임 배우인 마르셀 마르세이유Marcel Marceau는 〈가면 제작자The Mask Maker〉라는 촌극을 공연했다. 그 촌극은 가면 제작자가 가게에서 웃는 가면과 찌푸린 가면을 만드는 장면으로 시작되었다. 배우는 소품을 사용하지 않고도 마치 실제로 가면을 쓴 것처럼 얼굴을 완전히 다른 모습으로 변하게 했다. 그렇게 몇 개의 가면을 썼다 벗었다 했는데, 갑자기 웃는 가면이 얼굴에서 벗겨지지 않았다. 그는 필사적으로 가면을 벗으려 했고, 관객들은 그가 얼굴은 웃고 있지만 몸은 가면을 벗어 내려 고통스럽게 애쓰는 모습을 바라보았다. 결국 가면 제작자는 행복하게 웃는 가면을 얼굴에서 벗겨낼 수 있었지만, 그러자 가면 아래에서 비참한 고통과 두려움이 드러났다.

많은 사람들이 사회에서 요구하는 가면 같은 허위로 자신의 본래 얼굴을 가리는 고통을 겪고 있다. 우리는 어떻게든 진심을 외면하고 상황에 적합한 태도를 취해야 한다고 배웠다. 파티에서는 행복해야 하고, 장례식에서는 슬프고 침울해야 하며, 경영 회의에서는 진지하고 집중해야 한다. 이런 다양한 상황을 들고나는 동안, 우리의 실제 모습은 관심을 받지 못한다. 그래서 울고 싶은데 웃거나, 뚜렷이 염려할 이유가 없는데 낙심하는 경우도 있다. 다른 사람과 상황의 요구를 따르는 데 너무 많은 시간을 보내서 가면 속에 실제로 누가 있는지 잊어버렸다.

우리는 자연스럽기를 원하지만, 있는 그대로의 자신이고 싶어하는 사람은 거의 없다. 우리는 본래 자신에게 문제가 있다고 생각하며 자랐다. 그러므로 어떤 식으로 변해야 자연스러운 사람이 될 수 있다고 믿는다. 하지만 이미 있는 그대로인 자신을 떠나 어떻게 자연스러워질 수 있겠는가? 그렇지만 이런 모순에도 우리는 망설이지 않는 것 같고, 엄청난 시간과 돈을 들여 자기개발을 하고 자아상을 갈고 닦으려 한다. 현재의 자아는 좀처럼 좋아 보이지 않기 때문이다. 이상적인 자아는 심리 치료를 받고 대화형 워크숍에 참가한 후에야 얻을 수 있다고 여긴다. 하지만 이렇게 더 나은 자아를 찾고자 더 많은 에너지를 쓸수록 자기 수용이 부족하다는 진정한 문제에는 주목하지 못한다.

우리가 인간이라는 것은 이미 주어진 상황이며 더 개발해야 할 필요가 없다. 현재 있는 그대로의 자신에게 가슴을 열기만 하면 된다. 자연스러움은 살아 있음에 본래 있으며 우리의 생득권이다. 우리가 잠시 무시하거나 피할 수 있어도 자연스러움은 항상 다시 돌아오려 한다. 많은 사람들이 그 가면 제작자처럼 자신의 자연스러운 특성 위에 여러 겹의 허위를 덧칠하고 있다. 그것은 원치 않는 간섭을 막는 방어막이었다. 그것은 남의 접근을 막았을 뿐만 아니라 우리 스스로를 낯설게 만들었다. 우리는 두려운 존재가 되지 않

으려고 자신을 방어했다. 너무 오래 이런 행위를 하며 살아서 무엇
으로부터 자신을 방어했는지조차 잊어버렸다.

　죽어 가는 이들은 온전함을 회복하는 것에 대해 무엇을 가르쳐줄
수 있는가? 죽음의 순간은 모든 허위를 벗어버리는 순간이다. 본래
자신을 직접 볼 수밖에 없다. 죽음의 순간에는 여분을 가지고 갈 수
없다. 죽음은 우리를 발가벗겨 본질만 남긴다.

 인간으로서 죽는다

　임종과 조화를 이루는 유일한 길은 죽음에 직면할 때 온전한 인
간이 되는 것이다. 삶의 마지막에 품는 희망과 기대는 모두 이것으
로 귀결된다. 우리는 오직 인간으로서 자연스럽게 죽을 수 있다. 반
대로 허위와 자아상에 매달리면 수월하게 죽음을 맞을 수 없다. 죽
음에 의해 본래 자기 자신으로 돌아갈 수밖에 없기 때문이다. 임종
에 담긴 이런 지혜는 살아가는 동안에도 똑같이 적용될 수 있다. 결
국 건전한 삶에 대한 메시지와 유익한 죽음에 대한 메시지는 같다.

　옛날에 위암으로 죽어가던 선승이 있었다. 한 제자가 그를 찾아
와 죽을 준비가 되었는지 물었다. 선승은 아무런 준비가 필요 없다
고 대답했다. 그러자 제자는 스승이 어떻게 죽을 것인지 물었다.
선승은 갑자기 고통으로 신음하며 배를 움켜쥐고 쓰러져 마루 위를

데굴데굴 굴렀다. 그리고 다시 자리에 앉아 제자가 잘 이해했는지 바라보았다.

그 선승은 인간이 되는 데 특별한 준비가 필요 없음을 몸소 보여주었다. 바르게 죽는 법이 없는 것처럼 본받으려 애써야만 하는 완전한 인격은 없다. 우리가 할 수 있는 일은 불완전함과 결점을 지닌 채 본래 자신으로 존재하고, 죽음이 다가올 때 우리를 데려가게 하는 것뿐이다. 어떤 이에게 그것은 두려움, 우울, 슬픔을 느끼는 것을 의미한다. 다른 이는 격한 분노로 크게 소리 내어 울 것이다. 우리가 죽음을 어떻게 표현하는지는 중요하지 않다. 왜냐하면 어떤 방식으로든 임종 과정이 우리를 이끌 것이기 때문이다. 중요한 것은 어떤 사람이 되어야만 한다는 생각을 놓아버리고 인간성의 충만함에 내맡기는 것이다.

신학적 신념에서 비롯된 임종에 대한 고정관념을 가지고 있는 사람들이 많다. 그 중 어떤 이들은 죽음에 연관된 감정을 직면할 수밖에 없을 때 인간적인 면이 아니라 고정관념으로 죽음과 임종을 대한다. 호스피스 종사자들은 그것을 망가진 신학이라고 부른다. 한 사람의 신념 체계가 인간성을 방해하는 것이다. 그는 죽음이 초래한 큰 상실을 느끼지 못하고 기본적으로 죽는 것에 대한 자신의 관념에 매달린다. 자신의 느낌을 잘못되고 적절하지 않다고 여겨 물리친다. 하지만 임종할 때 우리는 감정 반응을 물리칠 수 없으므로 그런 태도가 심한 내면의 갈등을 일으킨다. 죽음은 끊임없이 우리가 느낌을 의식하게 한다.

내가 함께했던 호스피스 환자 에드워드Edward는 근본주의 기독교인이었다. 그는 성경을 글자 그대로 믿었고 내가 방문할 때마다 성경 구절을 인용했다. 자신이 천국에 갈 것이고 하느님은 그가 행복하기를 바란다고 몇 번을 말했다. 그는 두려움도 신앙의 맥락에서 보았다. 에드워드는 밤에 자신이 죽는 악몽을 꾸었고, 아침이 되면 영생을 얻었는데도 악마에게 유혹당하는 일에 대한 성경 구절을 인용했다. 에드워드가 몸 상태가 악화되면서 겉으로 말하는 것과 달리 점점 더 괴로워하는 걸 느낄 수 있었다.

언젠가 에드워드를 방문했을 때, 그가 가족을 사랑하는 것이 하느님에게서 받은 선물인지 물었다. 그는 고개를 끄덕였다. 이어서 그가 천국으로 떠나기 전에 그의 사랑을 알리기를 하느님이 원하는지 물었다. 그는 동의했고 부인과 딸을 불러 곁에 있어달라고 했다. 에드워드는 가족들을 얼마나 사랑하는지, 그리고 얼마나 절실히 그리워할지 말했다. 그는 슬픔에 가슴을 열기 시작했고 흐느껴 울었다. 마침내 에드워드는 인간적 고통도 임종의 한 부분이 되게 함으로써 죽음의 과정을 더 온전히 받아들일 수 있게 되었다.

우리는 믿음이 아니라 인간성을 통해 신과 연결된다. 인간적이고 임종을 두려워한다고 해서 천국에 가지 못하는 건 아니며, 사실은 자연스러움을 회복할 때만 죽음을 편히 맞이하고 천국을 찾을 수 있다. 이상적인 관념으로 천국을 상상하면 천국과 지상을 영원히 갈라놓게 된다. 반대로 인간적 상태의 진실에 부합할 때, 고통스러운 이상적 관념을 벗어나 만족스러운 가슴에서 쉴 수 있다. 우리는 가슴을 통해 인간성을 배우고 더 깊은 인간성으로 성장할 수 있으며, 비인간적인 고정관념으로 죽음을 대하는 두려움을 헤치고 나와 자유로워질 수 있다.

내가 목격했던 가장 힘겹게 죽음을 맞은 사람들은 죽음을 영적 체험으로 여겼던 사람들이었다. 그들은 죽음의 영적 의미에 얽매여 미묘하게 실제 경험에서 단절되었다. 그들은 죽을 때 실제의 자신보다 더 차분하고 조용하고 평화로우며 침착해야 한다고 믿었다. 그러나 소멸을 맞아 평온한 척했지만 사실은 내면에서 그들의 마음은 비명을 지르고 있었다. 죽음을 마주한 사람에게 이런 거짓 평온이 무슨 도움이 되겠는가? 죽음은 속지 않는다. 죽음은 우리가 비명을 지를 수밖에 없게 할 것이다.

자기기만에 도전하지 않으면 숨질 때 괴로움을 겪는다. 내면에서 일어나는 일에 정직하게 가슴을 열면 유배를 끝내고 자연스러움으로 다시 태어날 수 있다. 자기 부정직은 죽음을 견디고 남을 수 없다. 죽음을 직면할 때 허영심과 자만이 사라져 겸손해진다. 죽음은 여분의 짐을 가지고 가는 사치를 허용하지 않는다.

우리가 알고 있는 자아를 미지의 근원으로 가져갈 수 없다. 알고 있는 것으로는 미지의 것을 파악할 수 없기 때문이다. 진실로 죽음을 만나는 유일한 길은 미지 자체가 되는 것뿐이다. 그러자면 천진난만해야 한다. 즉 죽음에 대한 기대와 우려에서 벗어나야 한다. 그렇지 않으면 죽음은 언제나 두렵고 결코 이해할 수 없는 평행우주로 남는다. 심리적으로 편안한 죽음을 맞으려면 처음 이 세상에 올 때처럼 벌거벗고 자연스러운 마음으로 떠나야 한다.

온전히 인간적으로 죽는다는 것은 전혀 어려움 없이 죽는다는 의미가 아니다. 생각이 텅 비고 평온한 얼굴로 숨지는 게 아니다. 인간성은 우리더러 이상을 놓아버리고 자연스러움에서 멀어지게 하는 생각을 놓아버리라고 요청한다. 아무것도 기대하지 않고 죽음을 맞을 때 우리가 바라는 죽음은 실제 죽는 모습과 아무런 차이가 없다. 순리에 조화를 이루었으므로 우리는 이제 임종 과정에 맞서 싸우지 않는다.

 두려움을 다룬다

평생 불쾌한 상황을 피하는 사소한 방식들에 의해 죽음에 대한 혐오가 생긴다. 마치 불쾌한 것으로부터 벗어나려 했던 인생이 죽음을 직면할 때 표면으로 밀려 올라오는 것 같다. 어떤 상황을 회피하는 이유는 주로 미지의 것을 만나기를 두려워하기 때문이다. 상황이 어떻게 될지 확실히 알지 못하므로 알고 있는 안전한 곳으로 도망가지만, 죽을 때는 더 안전한 방향으로 바꿀 수 없다. 더 이상 미지의 것을 회피할 수 없다. 그래서 죽음이 닥치면 미지의 것에 대한 두려움과 심한 충돌을 겪는다. 임종 과정을 겪을 때 인생의 다른 두려운 상황에 대한 기억을 죽음에 투사한다. 평생 쌓인 두려움이 죽음이라는 과녁을 향하는 것이다.

호스피스 환자 루스Ruth는 제2차 세계대전 때 홀로코스트 생존자인데 당시 독일인 간수에게 바늘로 고문을 당했다. 그녀는 다정했고 솔직하고 숨김없이 말했다. 루스의 간암이 진행되면서 배에 복수가 가득 찼다. 통증이 점점 심해지자 그녀는 복수를 제거해 달라고 했다. 그래서 의사는 환자의 배에 긴 주사 바늘을 꽂아 복수를 뽑아내기로 했다. 의사가 주사 바늘을 준비하는 동안 루스는 심하게 안절부절못했고 과거에 투옥되어 고문당했던 기억이 생생히 되살아났다. 그리고 시술 과정에서 주사 바늘이 복부를 관통할 때 극도의 공포에 빠졌다. 그녀가 괴로움 겪는 내내 호스피스 간호사가 옆에 무릎을 꿇고 앉아 계속 루스의 이름을 부르며 부드럽게 말했다. "루스, 당신은 지금 여기 있어요. 강제수용소가 아니에요. 여기에 나와 함께 있어요. 그리로 가지 마세요. 돌아와서 나와 함께 여기 있어요."

죽어갈 때는 살아 있을 때처럼 심리적으로 잘 방어하지 못한다. 아마도 방어기제를 유지하는 데 쓰던 에너지를 죽음을 맞는 데 쓰기 때문일 것이다. 그래서 루스가 겪은 것처럼 보통 때와 달리 과거의 기억이 현재와 동떨어진 일이 될 수 없다. 과거와 현재가 구별되지 않는 시간 속에서 하나의 의식으로 흐르는 것 같다. 후회와 수치심이 가득한 과거의 순간들이 갑자기 되살아나고 현재의 생각과 뒤섞이는 것 같다. 이전에 무의식에 묻혔던 기억이 떠오르면서 모든 것이 눈앞에 드러난다. 많은 두려움이 너무 쉽게 그림자로부터 깨어 있는 의식으로 흘러든다. 그러면 보통 때처럼 방어하지 못한 채 일생 동안 돌보지 않았던 문제를 다루어야 한다.

내가 몇 달 동안 함께한 호스피스 환자 앤서니Anthony는 15년 전에 말기 전립선암 진단을 받은 노인이었다. 당시 의사는 그의 암이 온몸으로 전이된 상태여서 그가 몇 주 밖에 더 살지 못할 것이라고 말했다. 그러자 앤서니는 그 지역에서 유명한 신앙요법사를 만나기로 결심했다. 앤서니가 교회 발코니에 앉아 있을 때 신앙요법사가 그가 있는 쪽을 바라보고 말했다. "오늘 저녁 전립선암 환자가 발코니에 앉아 있습니다. 일어나시오, 그러면 치유될 것입니다." 그 말에 따라 앤서니가 일어서자 온몸이 빛으로 가득찼다고 한다. 다음 날 다시 병원에 가서 재검사를 했는데 암이 완전히 사라져 흔적도 찾을 수 없었다. 앤서니는 확신에 가득 차서 다른 신앙요법사들을 위해 증언하기 시작했다. 14년 동안 그 일을 했다. 그 후 앤서니는 점점 더 쇠약해지기 시작했고 다시 병원에 가서 검사를 받았다. 이번에도 전립선암이라는 진단이 내려졌다. 그런데 앤서니는 자신에게 전립선암이 없다는 정체성이 너무 확고해서 그 진단을 믿지 않았고, 모든 사람에게 자신의 병은 심장질환이라고 말했다. 암 진단에도 불구하고 앤서니가 믿음에 집착하는 길을 모색할 때 그의 내면에서 투쟁이 벌어지고 있는 것을 느낄 수 있었다. 몇 달 후 앤서니가 심장마비로 사망했다는 부고가 전해졌다.

우리는 이따금 자신의 역할이나 자아상에 골몰해서, 그것이 변하는 걸 받아들이지 않으려 한다. 자신의 정체성에서 중요한 부분을 포기해야만 할 때 자신이 왜소해진다고 여긴다. 앤서니는 전립선암에 걸렸다는 걸 수긍하려 하지 않았기 때문에 자신이 죽음을 맞고 있음을 전혀 받아들일 수 없었다. 그는 결코 변하려 하지 않았다. 자신의 적응력과 인간성을 신뢰하기보다 자신의 역할을 유지하는 데만 몰두했다.

임종 과정에서 끊임없이 자아상이 조금씩 떨어져 나간다. 직업과 성 정체성, 부모 역할, 배우자, 연인, 친구 역할에 의문이 제기된다. 죽음은 인간이라는 가장 본질적인 데까지 우리를 벌거벗기지만, 여전히 우리는 온전한 인간성을 지니고 있다. 인생에서 우리의 역할은 인간성을 덮고 있는 정교한 장식품에 불과하다. 우리는 아내, 엄마 혹은 어떤 분야의 전문가라는 역할에 익숙하다. 새로운 역할은 그것에 적절한 행위에 우리를 한정한다. 역할에 대한 정체성이 너무 강하면 그 너머에 있는 것과 연결될 여지가 거의 없다. 시간이 지나면서 해야 하는 역할이 더 많아지면서 우리가 마음대로 할 수 있는 여지가 적어지고 자유가 줄어든다. 우리를 가두고 있는 울타리를 끌어당기면 목초지가 좁아지는 것처럼 우리는 자기규정을 하는 탓에 구석으로 몰린다.

온전히 인간적인 것은 두려움의 영향을 이해하는 것이다. 인생에서 우리가 무지하고 명확히 알지 못하는 곳에 두려움이 모인다. 때로 두려움은 우리가 치유해야 하는 곳을 가리킨다. 이를테면 외로움이나 참여를 두려워하는 것은 우리로 하여금 그것을 개발하도록 두려움이 이끄는 것이다. 인간관계에서 친밀감을 느끼지 못한 일이 있었다고 가정해 보자. 그래서 다른 사람들과 어울리기 시작하자 참여에 대한 오래된 두려움이 일어나 사람들로부터 멀어지게 한다고 느낀다. 그때 오랜 습성에 따라 친밀감에서 도망가는 대신 두려움을 신호로 여길 수 있다. 우리가 막 성장의 순간에 다가가고 있으므로 정신 차리고 있으라고 두려움이 신호를 주는 것이다. 이렇게 이용하면 두려움은 장애물이 아니라 성장의 도구가 될 수 있다.

다음 이야기에서처럼, 삶에서 우리를 좌우하는 두려움은 죽음 후까지 따라올 수 있다. 심장이 멈춘다 해도 우리가 갑자기 두려움을 이해하거나 두려워하지 않게 된다는 보장은 없다. 그보다 죽음 후에도 똑같은 두려움을 직면할 가능성이 많다. 죽음이 삶의 짐을 내려놓는 휴식이라고 생각하기도 하지만, 내면의 과정은 계속되는데 단지 겉모습만 변하는 것일지 모른다. 몸이 없는 의식이라는 새로운 관점으로부터 죽음이 우리의 자아상에 도전하는 것인지 모른다.

어떤 호스피스 가정방문 도우미가 까다로운 임종 환자를 돌보았다. 정신분열증 진단을 받은 에드나 Edna 는 태아 같은 자세로 침대에 누워 있으려고만 했고 다른 사람이 다가오면 투덜거리며 화난 소리를 냈다. 에드나가 발로 차고 밀어내는 통에 다른 호스피스 도우미들은 모두 손을 놓았다. 말할 것도 없이 에드나는 반가운 환자가 아니었고, 다른 환자에 비해 도우미들이 방문하는 횟수도 적었고 방문 시간도 더 짧았다. 하지만 그 호스피스 도우미는 일부러 에드나와 더 오래 함께 있었다. 에드나를 목욕시킨 후에는 침대 옆에 무릎을 꿇고 앉아 안심시키는 말을 해주었다. 방문을 마치고 돌아갈 때는 에드나의 볼에 키스를 해주었다. 두 사람의 관계는 천천히 발전했고 에드나는 그 도우미가 오면 난리를 치지 않았다.

어느 날 한밤중에 에드나가 갑자기 사망했다. 똑같은 시간에 그 도우미는 집에서 자다가 소리를 질렀다. "길을 잃었어요. 나는 누구지요? 여기가 어디예요? 돌아가는 길을 찾을 수 없어요!" 그녀의 배우자가 놀라 전등을 켰다. 불이 켜지자 도우미는 잠에서 깨어 에드나가 죽었다는 걸 안다고 말했다. 에드나의 의식이 도우미의 의식과 결합되었던 것 같고, 그 도우미는 에드나가 죽은 후에도 두려워 어쩔 줄 모르는 것을 알았다.

이 이야기가 우리의 곤경에 대해 명확히 말해주는지 아닌지는 중요하지 않다. 중요한 것은 우리가 지금 살아 있는 동안 두려움을 다루고, 죽음은 자연히 해결되게 두는 것이다. 호스피스에서의 많은 경험에 따르면 삶과 죽음 사이에는 명백히 구분할 수 없는 연속성이 있다. 삶이 끊임없이 제공하는 도전을 잘 이용하면 죽음 후에도 더 성장할 수 있는 태도를 갖출 수 있다. 살아 있을 때나 죽을 때 모두 이용 가능해 보이는 공통 요인은 두려움을 다루어 성장할 수 있는 잠재력이다.

삶과 죽음의 진정한 신비는 인간의 마음이라는 수수께끼이다. 죽음은 우리가 평생 두려움과 집착을 통해 자신을 이루어 온 방식을 드러낸다. 자아 관념, 자아상, 동일시는 우리가 온전히 자연스러운 인간이 되는 위대한 도전에 직면하지 못하게 하는 일시적인 정체 상태일 뿐이다. 그것을 이해하면 자학을 다룰 수 있고 다른 사람과 자신을 용서하는 길을 모색할 수 있다.

 용서

어렸을 때 학대를 받은 경험이 있는 사람들이 많다. 학대가 너무 심해 트라우마에서 완전히 회복되지 못하기도 한다. '과거에 붙들린 내면의 아이'를 보살피려 여러 해 동안 노력하는 사람들을 보았다. 몇 년째 심리치료와 명상을 해도 두려움과 격분이 사라지지 않고 계속되기도 한다. 아동학대를 당했던 한 명상 지도자의 말대로 "그 일은 결코 완전히 잊을 수 없다."

아동 학대의 경험이 심리에 해로운 것만큼, 거기에 다른 학대가 더해질 때 해로움이 배가된다. 그것은 우리가 스스로 가하는 학대이다. 이런 학대는 매우 많이 일어나며, 여러 방식으로 대부분의 사람에게 영향을 미친다. 과거에 남이 우리에게 저지른 일이 자기 혐오와 자신이 하찮다는 생각을 형성한다. 자신에 대한 자비심 없이 어렸을 때의 깊은 슬픔을 더 심하게 한다. 어린 시절의 경험은 그때에 한정된 일이지만 우리는 끊임없이 내면의 학대자를 곁에 데리고 다닌다. 어쩔 수 없었던 환경을 자신의 탓으로 여기고 그 결과를 두고 여러 해 동안 자신을 학대하는 경우도 있다.

우리 호스피스의 애도 지원 그룹은 일반인에게도 개방되어 있다. 어느 날 저녁 호스피스 환자도 가족도 아닌 한 남성이 그룹의 첫 모임에 참석했다. 모임의 첫머리에 참가자들은 자신의 애도 경험을 돌아가며 이야기했다. 그 남성은 부인이 알츠하이머 병으로 5년 전에 숨졌다고 말했다. 그들이 결혼한 지 50년이 넘었을 때였다. 그런데 부인이 병에 걸리기 전에 두 사람은 무슨 일이 있어도 서로를 양로원에 보내지 않기로 맹세했다. 그런데 맹세한 지 얼마 안 되어 부인의 정신 상태가 나빠지기 시작했다. 부인은 가족을 알아보지 못했고 집 밖을 헤매다가 돌아오는 길도 잊어버렸다. 가스 버너를 끄지 않아 화재가 날 뻔한 일도 있었다. 다 자란 자녀들과 가족 주치의는 그에게 부인을 양로원에 보내라고 권했다. 그는 마지못해 동의하고 부인을 가장 좋은 양로원에 보냈다. 그리고 부인은 양로원으로 옮긴 지 2주 후에 숨졌다.

그는 여기까지 이야기하다가 주체하지 못하고 울음을 터뜨렸다.

지난 5년 간 하루도 빠짐없이 아내와의 맹세를 지키지 못한 죄책감에 시달렸다고 했다. 모임의 모든 사람들은 그가 한 일을 지지했다. 한 여성은 그가 약속을 어긴 행동에 죄책감을 느끼기보다 먼저 그런 약속을 한 것에 대해 자신을 용서하라고 제안했다. 하지만 그는 다른 사람들의 조언을 전혀 들으려 하지 않았고 "나는 여생 동안 약속을 어긴 죄책감을 안고 살아야 합니다."라고 말했다.

우리에게는 자신을 과거의 인질로 삼는 무한한 능력이 있는 것 같다. 과거는 고정되어 있으므로 용서는 있을 수 없다. 과거는 우리가 다르게 행동할 기회를 다시 주지 않는다. 우리가 저지른 잘못은 되돌릴 수 없다고 말한다. 그렇다면 우리는 되돌릴 수 없는 행위에 붙들린 포로이다. 하지만 일어난 사건 자체는 변할 수 없어도 그 사건에 대한 우리의 관점은 변할 수 있다.

과거부터 현재까지 고정된 자아상에 매달릴 때 죄책감이 생긴다. 죄책감에는 자기개선이나 성장의 여지가 없고 자신을 책망하는 마음만 가득하다. 우리는 어제나 작년에 어떤 일을 서투르게 했고, 과거의 행동 때문에 오늘 자신을 비난한다. 하지만 지금은 사정이 다르다. 똑같은 상황이 오늘 일어났다면 우리는 과거와 매우 다르게 반응할 것이다. 그런데 어째서 과거의 자신에 대한 죄책감에 매달리는가? 과거의 나는 죽었으므로 그 자아상을 놓아버리고 오늘 있는 그대로의 내가 됨으로써 용서를 경험할 수 있다.

죄책감을 이해하기 위해서는 죄책감을 무시하거나 억누르면 안

되고 죄책감에 관련된 일과 시간을 넘어 죄책감을 온전히 드러내야 한다. 과거의 행동은 바꿀 수 없으므로 잘못한 것을 자꾸 생각하면 변치 않는 시간 속에 갇히게 된다. 그런 식으로 싸우는 건 더 심하게 속박할 뿐이다. 이는 다른 형태의 자기학대이다. 불완전한 행동은 우리가 인간이라는 사실을 나타낸다. 우리가 하는 행동 중 완전히 순수한 태도와 반응은 매우 드물다. 인간으로서 우리가 대부분 불완전하고 부분적인 반응을 한다는 사실을 인정하는 것은 우리의 성장이 아직 끝나지 않았음을 받아들이는 것이다. 우리가 지구에 온 것은 순수하기 위해서가 아니라 어떤 제한도 없이 성장하기 위해서이다.

우리는 용서할 때 우리에게 어떤 잘못을 한 사람의 행위를 용서하려 한다. 하지만 잘못된 일은 결코 바르게 되돌릴 수 없다. 그러므로 용서는 그 잘못을 다루는 것만으로 이루어질 수 없다. 잘못을 저지른 사람의 인격을 용서할 때만 이루어질 수 있다. 인격이란 그 사람의 모든 행위의 합이다. 우리는 그 사람을 지금 그대로 용서한다. 그가 완전히 믿을 수는 없는 인간인 것을 용서한다. 우리가 자신의 인격의 결함을 받아들일 때 그런 용서가 일어날 수 있다.

장 폴 사르트르Jean Paul Sartre의 희극 〈닫힌 방No Exit〉에서는 죽어서 지옥에 간 세 사람이 나온다. 이 지옥은 신학에서 흔히 묘사하는 것처럼 끔찍한 고문을 당하는 곳이 아니라, 거기 있는 사람들이 서로를 용서하지 않는 태도를 가리킨다. 세 사람은 서로를 도저히 견딜 수 없지만 서로에게서 떨어질 수도 없다. 이 이야기는 우리가 제각기 마음속에 지옥을 만드는 걸 보여준다. 우리는 분노하고 용서하지 않는 신의 도움 없이도 지옥을 만들 수 있다. 우리가 어떤 죄도 허용할 수 없을 때 만들어내는 개개인의 지옥은 지상에서 서로에게 만드는 지옥으로 나타난다.

대개 우리는 자신을 용서할 수 없으며 자신이 잘못을 저지르기 쉬운 인간임을 인정하지 못한다. 이처럼 자신에게 가혹한 탓에 남도 잘 용서하지 못한다. 마음속에 자기 수용의 여지가 거의 없고, 남을 용서할 여지는 훨씬 더 적다. 도덕적으로 자신을 압박할수록 더 심하게 자책하게 된다. 우리가 더 순수해져야만 한다고 여길 때 초인이 되기를 바라는 그림자를 만든다. 하지만 그 결과 수치심, 죄책감, 가차 없는 마음이 생긴다.

종교적 도덕은 가슴에서 우러나지 않은 용서의 관념을 요구하므로 우리가 용서하도록 도와줄 수 없다. "하느님께서 원하시므로 당신을 용서합니다." 이는 하느님의 관대함이라는 기준에 따라 살려는 것이다. 그런 자세는 열린 가슴이 아니라 규정된 윤리 기준에서 비롯된다. 하지만 용서는 깊은 인간성에서만 나올 수 있다. 용서는 결코 신적인 것이 아니다. 언제나 용서는 누구나 잘못을 저지를 수 있음을 인정하는 순수한 가슴에서만 이루어졌다.

나는 갓 성인이 되었을 때 어머니가 돌아가신 일로 매우 괴로웠다. 당시 나는 오하이오 주에서 대학교를 다녔고 부모님은 조지아

주에 살았다. 휴일이나 주말에 가끔 부모님을 만나러 비행기를 타고 조지아로 갔다. 어느 날 부모님 집에 갔을 때 어머니는 몹시 아팠고 2주 동안 체온이 39도를 넘었다. 어머니는 일주일 전에 병원에 가서 독감 진단을 받았다고 했다. 2주 동안 고열에 시달린 후 어머니는 독감보다 위중한 병이 아닌지 염려되어 나더러 의사에게 전화해서 열이 내리지 않는다고 말해 달라고 했다. 당시 어머니와 관계가 좋지 않았던 나는 어머니에게 의사가 이미 독감이라고 진단하지 않았느냐고 말했다. 다시 의사를 번거롭게 하고 싶지 않았기 때문이다. 그런데 어머니는 재차 의사에게 전화를 걸어 달라고 했고 나는 마지못해 그러겠다고 했다. 나는 의사에게 전화해서 어머니가 지나치게 걱정하는 게 문제일 뿐이니 그냥 어머니의 병은 독감이라고 다시 한 번 말해주면 어머니가 수긍하고 안심할 거라고 말했다. 그래서 의사는 어머니에게 독감이라고 전해 달라고 했고 나는 그 말을 어머니에게 그대로 전했다. 그러자 어머니는 고열에 대한 걱정을 덜었다. 그 후 나는 오하이오 주로 돌아왔다. 그런데 내가 돌아온 지 이틀 만에 형이 전화를 해서 어머니가 폐렴으로 돌아가셨다고 했다.

어머니가 그렇게 돌아가셨는데 내가 어떻게 살아야 했을까? 내가 한 짓이 끊임없이 내 안에서 불처럼 타올라 괴로웠고, 나는 온갖 방법으로 보상하려 애쓰는 한편 그런 자신을 끔찍하게 책망했다. 하지만 여러 해 동안 잘못을 바로잡으려 애쓰고 나서야 그것이 불가능하다는 걸 알게 되었다. 내 행동을 합리화하거나 의사를 비난하는 것으로는 결코 나 자신을 용서할 수 없었다. 오직 시간의 지혜에 의해, 또 나의 행위를 지켜보고, 나의 의도를 이해하고, 불완전한 결과를 직시해야 자기 용서가 이루어질 수 있었다. 높은 이상에 매달리는 건 내면의 갈등을 더 악화시키는 것 같았다. 결코 내가 기대하는 대로 살 수 없었으므로 언제나 실수하고 그 실수에서 배우는 것 말고는 달리 할 수 있는 게 없었다.

실수에서 배우려 할 때 기꺼이 실수를 받아들이게 된다는 것을 알게 되었다. 그리고 나의 기분, 다른 사람들과의 혼란스러운 관계, 과거의 일 등을 고려할 때 대개 내가 최선을 다했다는 걸 알았다. 나는 그런 상황에서 행동했으며 종종 그 행위는 불충분했다. 그것으로부터 배우고 다시 시작하려 하는 것 말고 무엇을 더 할 수 있었겠는가.

우리는 모두 최선을 다한다. 다른 사람도 최선을 다하는 걸 볼 때 우리 가슴이 열린다. 자신이 최선을 다하는 걸 볼 때 용서하기 시작할 수 있다. 사실 우리는 자주 불충분하고 해로운 행동을 한다. 우리가 이기적 마음으로 헤맬지 모르지만 우리가 명확히 아는 것이 그것뿐인 경우가 많다. 그때 이해가 부족하여 다르게 행동할 수 없었던 것이다. 그 사실을 깨닫는 것은 단지 자기인식 과정의 시작에 불과하다.

시간이 지남에 따라 좀 더 자비심을 가지고 자신을 보기 시작한다. 먼저 더 관대해진다. 하지만 그건 많은 사람들에게 어려운 일이므로 우리는 자신의 편협함을 받아들이는 관대함을 기른다. 자신의 편견을 인정하는 것이다. "내가 이러면 안 되지."라고 말하는 건 단지 마음을 더 편협하게 할 뿐이다. 그 대신 마음의 가장 어두운 구석에 가슴을 열고 그림자에 의식의 빛을 비출 수 있다. 자신의 마음 상태를 알아차림 하는 것이 우리를 치유하는 빛이다. 알아차림은 우리가 무책임하게 행동하는 것을 막아준다.

"아, 나는 원래 그런 사람이야."라며 자신이 한 일을 변명하는 건 본래의 자신이어야 하는 책임을 방기하는 것이다. 자기 행동에 대해 변명하고 근거를 제시해 있는 그대로의 자신으로부터 벗어나려는 것이다. 반면에 본래 자신을 온전히 받아들이면 변명할 필요가 없다. 자신의 행위를 모두 인정하고 받아들인다. 본래 모습대로 살고 자신의 태도와 반응을 깊이 탐구한다. 성장하는 인간으로서 자신을 존중하고 자신의 인간성에 따라 행동하는 책임을 진다.

자연스럽게 사는 것에는 우리 자신과 다른 사람들의 부적절한 행위를 책임지는 것도 포함된다. 우리가 견뎌야 했던 많은 행위는 쉽게 용서할 수 없다. 우리가 용서하지 못한 것을 책임지고 다른 사람들에게 행동의 책임을 묻는다. 이는 그 사람을 전적으로 직면하는 것일 수도 있고, 회피하는 것일 수도 있다. 하지만 우리는 규정된 반응이 아니라 책임 있는 인간이 되는 데 기반해서 행동한다. 비난을 회피하거나 행위를 합리화하지 않고 온전히 책임질 때만 용서할 수 있다.

자연스러워지는 것은 제한 없는 용서이다. 내면의 모순이 없는 인간으로서 사는 것이다. 소박하고 가식이나 과장 없이 그저 있는 그대로의 자신으로 존재하는 것이다. 자학이 아니라 자기성장에 관심을 기울이므로 자책하지 않고 실수를 인정한다. 내면의 갈등이 일어나지 않으므로 용서가 자신으로부터 상대에게로 수월히 전해진다.

성찰과 연습

인간성을 지닌다

자연스럽다는 게 무엇을 의미하는지 성찰한다. 일부 사람은 자연스럽다는 걸 히피가 되거나 농사를 지어 자급자족해서 사는 것처럼 정형화된 의미로 여긴 다. 하지만 그런 것이 정말 자연스럽게 산다는 의미일까? 자신이 스스럼없고 속박되지 않을 수 없는 때가 있음을 알고 있는가? 본래의 자신으로 사는 게 어째서 그토록 어려운 것 같은가? 자발성이라는 말의 의미를 고려하고 내가 언제 어디서 자발적으로 사는지 살펴본다. 내가 자연스러워지는 능력에 남의 기대가 영향을 주는 것 같은가? 다른 사람과 함께 있는 게 가장 편안한 때를 생각해 본다. 그때 무엇 때문에 편안했는가?

직장 상사, 부모, 배우자, 연인, 친구 등 자신이 매일 맡는 역할 중 하나 를 선택한다. 그 역할을 수행할 때 남들이 자신에게 거는 기대를 살펴본 다. 또 스스로 부과하는 내면의 압박을 느껴본다. 그런 기대의 가치와 한 계를 경험한다. 남의 기대나 스스로 부과하는 압박 없이 그 역할에 대한 책임을 떠맡을 수 있는가? 이렇게 하면 그 역할에 대한 내면의 반응이

어떻게 변하는가? 그 역할을 수행하는 기능에 영향을 주는가?

상처 받기 쉬울 때나 아플 때처럼 내가 언제, 어떻게 본래 내가 아닌 다른 사람인 척하는지 성찰한다. 스스로 느끼는 것보다 더 강하고 자립적이려고 했는가? 반대로 실제 필요한 것보다 더 의존성과 무력감을 표출했는가? 내가 느끼고 있는 것보다 더 무력하거나 더 강한 척했을 때 얻는 이익이나 보상은 무엇인가?

다음에 상처 받기 쉬운 입장일 때 자신이 상황을 과장하는 걸 주의 깊게 지켜본다. 자연스러움이란 스스로 정직한 것임을 기억하고 아주 정직하게 이 연습을 한다. 곤경을 과장하여 자신의 드라마에 남을 끌어들이려 의도적으로 애쓰는가? 아니면 반대로 남의 도움을 꺼리는가? 느끼는 것보다 더 강하게 혹은 더 약하게 보이려 노력하는가? 그런 습성을 알아차릴 수 있는가? 기꺼이 그 경향을 놓아버리겠는가?

나는 어떤 것이 완전한 죽음이라고 생각하는지 성찰한다. 갑작스러운 죽음인가 아니면 서서히 죽어가는 것인가? 죽는 시간을 조절할 수 있다면 삶의 마지막 날에 죽어가는 환자로서 어떻게 행동하겠는가? 차분하고 침착하며, 찾아오는 사람들을 다정하게 맞겠는가? 이 세상을 어떻게 떠나고 싶은가? 누가 내 곁에 있기를 바라는가? 그들에게 무슨 말을 하고 싶은가? 그것은 내게 가능한 이상인가 혹은 심지어 이룰 수 있는 이상인가?

다음 번 아플 때 자신이 생각하는 이상적인 모습에 비해 실제 어떻게 행동하는지 본다. 몇 분 동안 병들어 죽는 연습을 한다. 그 짧은 시간만이라도 더 좋은 사람이 되려는 욕구를 놓아버린다. 허약한 몸에 내맡긴다. 침체된 마음을 지켜본다. 이렇게 하면 통제 불능이라고 여기는가? 임종 연습에서 어떤 감정이 일어나는가? 어떤 감정적·물리적 문제가 발생하든 아마도 임종을 직면할 때의 어려움에 비하면 그보다 미약해진다는 걸 인식한다.

> 자기용서를 성찰한다. 내가 과거에 지은 죄를 얼마나 용서하는가? 과거 행동 중 의식을 짓누르는 일을 떠올린다. 내가 한 일을 변명하거나 합리화하지 않는다. 전적으로 책임진다. 용서하고 전적으로 책임질 수 있는가? 내가 한 일을 비난하거나 변명하면 자기용서에 어떤 영향을 주는가? 그렇게 할 때의 나와 지금의 나는 어떻게 다른지 성찰한다.

어렸을 때의 가족 앨범을 펼쳐 본다. 사진 속 장면과 사건을 보고 당시 가족들이 겪은 감정과 어려움을 떠올린다. 그때 자신이 어땠는지 생각하고 친절하지 못했던 행동을 돌아본다. 그때 어떤 스트레스를 겪었고 무슨 문제에 직면했는지 생각한다. 이제 그 성장하는 어린이를 가슴속에 데려온다. 몸부림치는 아이가 잘못을 저지르기 쉬운 걸 인정한다. 그 아이는 살아남고자 할 수 있는 모든 걸 하고 있었던 것이다. 자신이 그렇게 행동한 까닭을 이해하고 지금은 그렇지 않은 자신을 용서한다.

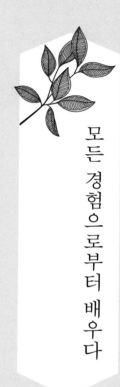

모든 경험으로부터 배우다

Learning

from Every Experience 6

우리는 일생을 살면서 해마다 일련의 지식을 축적한다. 노력하는 일을 성취하는 데 도움이 된다고 여겨지는 지식들이다. 학문적 성과에는 보답이 주어지고 사회에서 각광 받는 전문직에는 높은 학위가 필수적이다. 우리는 과도하게 지식에 의존하는 데 익숙해졌고 여러 방식으로 지식을 상품처럼 취급한다. 그래서 다른 많은 것들을 얻듯이 지식을 얻으려 한다. 하지만 죽어 가는 이들에게서 배울 때처럼 가장 귀중한 배움은 사실과 숫자를 외우는 게 아니다. 높은 시험 점수를 얻고 높은 학위를 따는 것이 아니다. 가장 귀중한 배움은 삶 자체를 배우는 것이고 그것은 가슴에 영향을 준다.

호스피스 환자인 내 친구 리암Liam은 죽어 가는 동안 받은 편지한 통에 감동 받았다. 그 편지에는 삶은 큰 죽음 이전의 작은 죽음들로 가득하다고 쓰여 있었다. 리암은 그 말을 곰곰이 생각하고 의미를 깊이 탐구했다. 그리고 마침내 삶이란 매 순간 세상이 죽게 놓아주는 것임을 이해하기 시작했다. 리암을 돌본 호스피스 간호사는 리암이 마지막 날들 동안 매우 열정적으로 삶에 대해 최대한 많이 배우려 했다고 말했다. 그의 탐구열은 간호사가 놀랄 정도였다. 숨을 거두기 전 며칠 동안 그는 편지에 담긴 말의 의미를 완전히 깨달은 것 같았다. 리암은 집에서 평화롭고 고요히 숨을 거두었다.

삶은 과정이지 결과가 아니다. 우리는 시작과 마무리의 끊임없는 연속인 삶을 만난다. 그런 삶의 변화를 경험할 때 우리는 큰 죽음 전에 수많은 작은 죽음들을 받아들이게 된다. 이 작은 죽음들로 인해 삶이란 물건을 소유하거나 명성을 얻는 게 아니라고 결론 내릴 수밖에 없다. 죽을 때는 업적, 부, 걱정, 계획, 기대, 후회, 지위, 특권이 모두 끝난다. 죽음과 변화는 필연적으로 삶에서 모든 것을 빼앗는다. 모든 것은 유한하므로 모든 것을 얻어도 지속적인 만족을 느낄 수 없다. 죽음은 모든 것을 빼앗고 우리가 잘못된 것에 집중했음을 드러낸다. 이런 죽음의 교훈을 이해하기 시작할 때 모든 경험을 다른 관점으로 보게 된다.

임종하는 이들이 이런 식으로 관점을 바꾸는 일이 흔하다. 피할 수 없는 죽음에 비추어 자신이 이룬 일을 곰곰이 생각하고 삶의 의미가 무엇인지 깊은 질문을 하기 시작한다. 내 친구 리암처럼 어떤 이들은 내면으로 눈을 돌려 덧없는 이득과 지위를 얻고자 애썼던 잃어버린 세월을 받아들이는 법을 배우려 한다. 그리고 놀랍게도 종종 이런 성찰을 한 다음 후회에 빠지는 게 아니라 이전보다 더 큰 기쁨과 온전한 참여감을 느낀다.

호스피스 환자였던 존John도 그런 변화를 경험했다. 그는 성공한 은행가였고 행복한 가정을 이루었으며 이웃과 친구들에게 존경 받았다. 그는 폐암 말기일 때 호스피스 간호를 받기 시작했다. 병세가 악화되어 죽음이 가까워졌음을 부인할 수 없게 되자 존은 깊은 절망에 빠졌다. 그는 사회복지사에게 몹시 우울하다고 이야기했다. 성공하고자 열심히 일했다고 말했다. 그런데 그런 성공이 무슨 의미가 있는지 알 수 없었다. 재산이 많아도 지금 어떤 도움을 줄 수 있는가? 그에게 임종이 힘겨웠던 까닭은 죽음으로 인해 인생을 전체적으로 보게 되었고 당연하게 여겼던 모든 것을 되돌아보게 되었기 때문이다. 그런데 그 다음 주에 사회복지사가 다시 왔을 때 존은 매우 낙관적으로 변해 있었다. 존은 과거를 후회하느라 인생을 낭비했다는 걸 깨닫고는 우울함을 "포기했다."고 말했다. 우울한 것은 비슷했지만, 달리 사는 법을 찾겠다고 결심했던 것이다.

존은 말기 암에 걸린 후에야 인생에서 당연히 여겼던 것들에 의문을 가질 수 있었다. 죽음을 직면하자 열정적으로 좇았던 '아메리칸 드림'은 악몽으로 바뀌었다. 과거 생활양식의 한계를 알고 나자 존은 극적으로 인생을 결과가 아니라 과정으로 볼 수 있었다. 은행

가인 그가 주식 시장에서 손실을 한탄해봐야 쓸데없다는 걸 잘 아
는 것처럼, 과거를 슬퍼하는 것은 소용없다는 사실을 깨달은 것 같
았다.

인생을 상품으로 이용하는 데는 한없는 미묘함이 있다. 삶을 소
유물처럼 여기는 경향은 사실상 우리의 모든 행동에 나타난다. 시
간을 '낭비'하거나 '절약'한다고 말하는 표현조차 더 많은 성과를 올
리려는 근거가 된다. 인생을 소유물로 간주해 붙잡고 놓지 않으려
는 태도는 눈에 보이는 물질세계에만 한정되지 않는다. 즉 즐거운
감정에 집착하고 불쾌한 느낌을 피하려 한다. 또 행복을 추구하고
고통을 꺼린다. 평화를 바라고 혼란을 싫어한다. 바른 태도로 살면
행복이 계속되고 불쾌한 기분을 완전히 피할 수 있다고 믿는다.

하지만 세상에서 만들어진 것은 반드시 썩는다. 무슨 수를 써도
어느 것 하나 죽지 않게 할 수 없다. 죽음은 우리가 한창 행복할 때
살그머니 다가오고, 마침내 합당한 인정을 받을 때 바로 거기 있으
며, 영원할 것처럼 우울하거나 우쭐할 때도 끊임없이 작용하고 있
다. 궁극적으로 물건을 얻는 것처럼 삶을 추구하면 만족을 얻을 수
없다. 필사적으로 뒤쫓는 즐거움은 결국 사라지고, 그렇지 않으면
우리가 먼저 죽기 때문이다.

이 과정을 통해 마침내 사물과 관념의 세계가 근본적으로 잘못되
었음을 경험하게 된다. 모든 것이 사라지고 죽는다면 인생이 무슨
소용인가? 이것을 알게 된 다음 어떤 이는 어떤 행복도 냉소적으로

대하게 되고, 어떤 이는 자신이 부족해서 잘못된 거라고 여겨 더 열심히 노력하겠다고 결심한다. 하지만 인생이 잘못된 것이 아니라 우리가 인생을 대하는 법에 결점이 있는 것이다. 무엇을 얻는 것으로는 결코 온전한 만족에 이를 수 없다. 이것이 죽어 가는 이들과 모든 존재의 무상함으로부터 배울 수 있는 위대한 교훈이다.

그렇다면 어떻게 해야 행복에 이를 수 있는가? 어떤 자세로 삶을 대해야 죽음의 영향에서 벗어날 수 있는가? 단지 형태만 다르고 무언가를 획득하려는 면은 똑같은 사고방식이 아닌 어떤 관점을 얻을 수 있는가? 삶을 축적하고 소유하지 않고 살아 있음에 집중하는 태도를 기를 수 있는가?

 삶을 통해 배운다

죽어 가는 이들은 소유물에서 만족을 얻을 수 없음을 가르쳐준다. 그들은 무엇을 얻으려는 욕구 너머에 있는 것, 덜 실체적이지만 궁극적으로 더 만족스러운 것을 말한다. 죽어 가는 이들은 우리더러 관계 속에서 삶의 이유를 찾으라고 권한다. 관계란 사람이 다른 사람을 걱정하는 것만이 아니다. 물론 분명히 그것도 중요하지만, 관계란 모든 것과 연관되고, 가슴을 활짝 열고, 어떤 상황과 환경에서도 배우고 성장하는 능력이다.

호스피스 환자 리암과 존이 평화로운 죽음에 이를 때까지 열정적으로 배웠던 것처럼, 죽어 가는 이들은 흔히 이 세상 너머로 가는 과정의 실마리를 찾고 있는 것 같다. 대화, 책, 깊은 내면 등 어디서나 그것을 찾는다. 결국 그것을 알아내는 이도 있고 그렇지 못한 사람도 있다. 그것을 알아낸 사람들은 삶의 표피를 꿰뚫어 보고 겉모습 안의 실체를 들여다보는 것 같다. 그들은 환경에 속박되어 있으려 하지 않고 상황의 요구에 따라 자유롭게 움직이는 데 관심을 기울였다.

엘레노어Eleanor는 역사 교사로 30년 동안 일하다가 암에 걸려 은퇴한 호스피스 환자였다. 그녀는 늘 세계 역사의 주제와 연결 지어 자신의 인생 이야기를 들려주어 방문한 호스피스 간호사를 즐겁게 해주었다. 처음에 그녀의 역사 이야기는 대개 한 가지 사건을 다루었고 익살스럽기도 했고 도덕적으로 유익했다. 그런데 엘레노어의 병세가 깊어지면서 호스피스 간호사는 그녀의 이야기가 이전과는 다른 색조를 띠는 걸 알게 되었다. 이야기는 전보다 절박했고 더 철학적이고 날카로운 교훈을 말했다. 그녀는 플라톤, 소크라테스, 그리스도교 성인들에게서 비유를 끌어오기 시작했다. 임종할 때 역사가 자신을 이끌어 줄 수 있고 도움이 되는 관점을 보여줄 것을 믿었다. 그녀는 역사 이야기를 할 때도 자신에게 공을 들여, 임종을 편히 받아들이고 쉴 수 있는 주제를 모색했다.

어느 날 호스피스 간호사가 방문하고 있을 때 엘레노어가 자신의 죽음에 대해 은유적으로 말하기 시작하다가 갑자기 멈추었다. 그녀의 눈이 밝게 빛나고 있었다. 그녀는 간호사를 바라보고 말했다. "갑자기 모든 게 이해가 돼요! 그건 바로 배움 자체인 거예요. 나는 줄곧 편안함을 주는 교훈을 찾고 싶었지만 배움이 바로 교훈인 거죠. … 이걸 절대 잊지 말아요." 그녀는 마치 자신에게 일깨우듯이 덧붙였다. "사는 건 곧 배우는 거예요."

엘레노어는 마치 새로운 것을 발견해 흥분한 어린아이 같았다고 간호사가 말했다. 자신이 알아낸 것이 삶의 심연을 꿰뚫어 보았다고 여겼다. 그때부터 엘레노어는 호스피스 간호사에게 역사 이야기를 하지 않았다. 마치 그녀가 결론을 얻은 후에는 역사 이야기들이 더 이상 필요 없는 것 같았다.

사람들은 한두 번쯤 이렇게 어린아이 같이 흥분한 일이 있다. 어릴 때 우리는 이해하고 성장하려는 열의가 있었다. 유아와 걸음마를 배우는 아기는 끊임없이 눈앞의 대상을 만지고 조작하고 자세히 보며 세상에 관여한다. 배움은 숨쉬기처럼 자연스럽고 발달 과정에 내재되어 있다. 아이들의 마음은 본능적으로 호기심이 많고 탐구심이 왕성하며 자기학습이 자연스럽게 일어난다.

유년기에는 큰 경이감을 느낀다. 세상의 신비가 드러나기 시작하고 더 많은 질문이 펼쳐지기 때문이다. 성장할 때는 주위 세상을 이해하려는 활기찬 욕구를 가지고 있다. 성장하면서 발견하는 것들은 큰 기쁨과 삶의 열정을 준다. 아이들은 전혀 싫증 내지 않고 새로운 대상을 발견하는 것 같다. 배움은 아이들의 마음에 생기를 불어넣는 것 같다. 아마도 아이들의 충만함과 에너지는 단지 젊음의 활기보다는 가슴을 열고 배우려는 마음을 가졌기 때문일 것이다.

그런데 사회생활에 적응하면서 배움 자체를 위한 배움이 점차 지식을 얻기 위한 배움으로 변한다. 배움이 목표에 얽매이게 되고, 사회에서 용인 받으려는 욕구와 자존감이 우리가 타고난 감탄하는 마음을 밀어낸다. 세계를 이해하려는 자연스러운 절박함을 대신해서 점차 교실에서의 경쟁이 우리를 몰아댄다.

배우는 것에 따르는 이득을 생각하고 지식에 대해 보상을 하면서 호기심이 주는 기쁨을 잃는다. 공부하는 첫째 목적이 배움이 아니라 정보를 얻는 것이 된다. 안전과 안도감을 얻고자 점점 더 지식에 의존할 때, 정보를 소유하는 기쁨에 의해 배움은 뒷전으로 밀려난다. 생기 충만한 자연스러운 배움의 과정을 잊어버리고 점점 더 무뎌진다.

많은 사람들은 획득한 지식을 이용해 하루 종일 결정을 내리고 행동 방침을 정한다. 유사한 문제에 대한 과거 경험을 살펴보고 과거의 청사진에 따라 행동한다. 반면에 아이들은 경험이 매우 적으므로 보다 자발적이고 자연스럽게 반응한다. 행동하면서 배우고, 지식보다 즉각적 상황에 적절해 보이는 것에 의존한다. 하지만 어른들은 하루 종일 경험을 짊어지고 다니며 경험에 과도하게 의존한다. 물론 대상의 세계에 익숙해지고 직장에서 일하고 사람을 알아보고 집으로 돌아가는 길을 찾으려면 지식과 정보가 반드시 필요하다. 인간으로 살려면 언제나 읽고 연구하고 지식을 축적해야 한다. 하지만 지식은 살아 있지 않다. 지식은 과거에 일어난 배움의 산물이므로 죽어 있다. 지식은 우리가 과거에 한 일을 지금 일어나는 것에 적용하므로 현재 우리가 반응하는 것을 방해할 수 있다. 결국 알고 있는 과거의 관점으로 알려지지 않은 현재를 보고 날카로운 신비와 경탄을 잃는다.

생생하고 활발한 경이감을 잃지 않으려면 결정을 내리기 위해서가 아니라 결정을 알리기 위해 지식을 사용할 것이다. 삶은 끊임없이 움직이고 있다. 근본적으로 생생함을 유지하려면 삶의 움직임에 따라 자발적으로 행동해야만 한다. 단지 지식에 의존하여 행동하면 자발적인 반응을 방해한다. 어떤 것이 더 좋을지 저울질하느라 시간을 보내면 그 순간에 깃든 기회는 금방 사라져 버린다. 순간적이고 즉각적인 삶의 생생한 흐름에서 동떨어져 있다고 느낀다. 의견, 사고, 추정 등 머릿속 생각의 추상적 세계에 가려져 우리의 가슴은 숨겨지게 된다.

나는 많은 사람들이 가슴을 희생해 지성을 개발하며 인생을 보내다가 숨지는 걸 보았다. 그들은 임종할 때 필요한 열린 가슴으로 죽음을 맞을 수 없다. 개념만으로는 아무것도 할 수 없으므로 그들은 죽음을 맞을 때 두렵고 우유부단하다. 우리는 일을 할 때 개념을 이용해야 하지만, 지성만으로 살아온 사람은 일생 동안 개발한 지식을 전부 잃는 감정적 충격을 감당할 수 없다. 그들은 가슴을 가리고 보지 않았기 때문에 죽음을 수행할 수 있는 삶의 유일한 표현인 배움의 태도를 질식시켰다.

나는 호스피스 사회복지사일 때 토마스Thomas와 함께했다. 그는 43세의 변호사였고 멋진 아내와 어린 자녀가 둘 있었다. 토마스는 육체적, 정신적으로 있는 힘을 다해 암과 싸웠다. 그는 부인과 의사가 재촉한 후에야 호스피스의 도움을 받았다. 그는 새로운 대체의학의 최신 지식을 얻는 데 몰두하느라 가족과 함께 지낼 시간이 거의 없었다. 가족들은 필사적으로 그와 함께 하기를 원했고 그의 관심을 필요로 했다. 토마스가 의학서적을 검토하며 대부분의 시간을 보내자 다섯 살 난 아들이 그 책을 의자 아래 숨길 정도였다. 한번은 그 책을 숨긴 후 침대 위로 기어 올라가 아버지가 자신을 돌아보기를 바랐다. 하지만 토마스는 너무 몰두해서 아들이 오는 걸 알아차리지 못했다. 그는 너무 피곤해지면 아내에게 의학 저널을 읽어달라고 했다. 토마스는 마지막까지 죽음과 싸우면서 몹시 불안해 하다가 숨졌고 가족들은 전혀 그의 병을 제대로 매듭지을 수 없었다.

토마스는 삶의 마지막 날들을 가족과 온전히 함께 지낼 기회를 잃었다. 지식을 얻으려는 과도한 욕망이 아내와 자녀를 절망시켰고 가슴이 주는 교훈을 자연스럽게 배울 수 있는 기회를 차단했다. 하지만 그가 의학서적에서 찾았던 귀중한 삶은 바로 가족이 주는 사랑 안에 있었다.

참된 배움은 늘 하나의 과정이지 상품처럼 살 수 있는 것이 아니다. 지적 추구와는 전혀 다른 생생히 살아 있기의 기술이다. 생기 있는 관계에 적극적으로 참여하는 것이다. 배움은 우리를 끊임없는 삶의 움직임에 연결하면서도 삶의 움직임과의 관계에 고착되게 하지 않는다. 배움에는 실수라는 게 없다. 성공이든 실패든 모두 배움의 양식이 되기 때문이다. 시험을 못 보든, 자존감을 잃든, 상사에게 비판을 받든, 결혼 생활에 실패하든, 모두 성장을 위한 양분이 된다. 배움은 제약이 없고 결코 끝나지 않는다. 성과를 수확하고 배움을 중단하려 하면 그동안 쌓은 지식이 남지만 가슴에서 단절될 것이다.

배움은 축적되지 않으며 다른 어떤 것을 얻는 것도 아니다. 배움은 지식처럼 모을 수 없다. 즉각적이고 찰나적이다. 배움은 우리의 마음뿐 아니라 우리 존재의 핵심에도 영향을 준다. 아무리 평범한 주제라도 모든 배움은 정신적인 것이다. 우리를 과거보다 더 나은 어떤 것으로 깊이 변화시키기 때문이다.

성장할 때는 어떻게 성장할지 보장할 수 없으므로 두려움이 따른다. 배움에는 안전함이 없다. 습성, 편견, 신앙 체계를 벗어나 성장할 수도 있지만, 어떻게 되는지 아무도 모른다. 우리의 성장을 미리 정해진 방향으로 몰고 가면, 즉 항상 통제를 유지하고 미리 정해진 계획에 따라 성장하면, 설령 열린 태도로 탐구하고 있다고 여길

지라도 신비를 없애고 결국 미래의 손익을 따지게 된다. 우리는 배울 때 신비가 되돌아오는 걸 환영한다. 그것은 신뢰할 만한 삶을 만나는 유일한 길이다.

　호스피스 목사가 말기 암으로 입원한 앨리스Alice를 돌보고 있었다. 앨리스가 분노와 적대감이 심해서 호스피스 종사자들은 그녀의 입원실에 들어가기를 꺼렸다. 앨리스는 편견에 치우쳐 행동했고 모든 사람을 비난했다. 언젠가 호스피스 목사가 방문했을 때 앨리스는 예수가 악마를 몰아내어 사람들을 치유하는 성경 구절에 대해 말했다. 그리고 목사에게 물었다. "내 안에 악마가 있다고 생각하세요?" 목사는 환자가 대답을 들을 마음의 준비가 되었다고 생각하고 대답했다. "예, 그렇게 생각합니다." 앨리스는 곧바로 자신 안에 어떤 악마가 있는지 물었다. 목사가 말했다. "당신에게 있는 악마는 분노, 편협성, 용서의 부재입니다." 목사는 앨리스의 대답을 듣고 놀랐다. "함께 기도해 주세요. 그런 악마를 지닌 채 죽기는 싫습니다." 목사는 앨리스가 숨지기 전 몇 주 동안 오랜 상처를 많이 치유한 것 같았다고 회상했다.

　앨리스는 임종을 맞아 자신을 직면하지 않을 수 없었다. 썩 내키지 않았지만 자신을 직면하여 새로운 동기를 얻었다. 그것은 배우고 자신 안의 악마로부터 벗어나는 것이었다. 그녀는 어떻게 성장할지 확실히 몰랐다. 단지 평생을 이어온 괴로운 감정을 더 이상 견딜 수 없다는 걸 알았다. 그래서 죽음이 가까워지자 적극적으로 스스로 얽매인 한계를 넘으려 했고 가슴의 직관이 이끄는 대로 따랐다.

아는 것과 미지의 것

우리 문화에서는 지식을 가진 사람에게 대단한 권력과 지위가 따른다. 흔히 지식은 힘이라고 말하고 중세 문화에서 대성당을 대하듯이 대학을 바라본다. 우리는 자연스러운 지혜보다 이미 가지고 있는 지식에 따라 사람을 예우한다. 자신이 쌓은 지식에 따라 행동하지 않으면 유리한 입장을 포기한다고 여긴다. 허약해 보이는 걸 두려워하고 의미 없어 보이는 것을 더 두려워한다. 자신의 지식을 토대로 자아정체성을 형성하고, 지식을 쉽게 얻을 수 있을 때 권력을 가지고 있다고 생각한다.

매우 완고한 사람은 흔히 심한 고립감과 단절감을 느낀다. 어떤 것에 대해 더 많이 알수록 가슴을 열고 순수한 마음으로 접근하지 못하며, 그것은 가슴에서 더 멀어지는 것 같다. 단절을 극복하고자 대상에 대해 더 많은 지식을 얻으려 하지만 대상으로부터 더 멀어질 뿐이다. 지식을 얻어 단절을 극복하려는 시도는 외로움의 고통으로 지칠 때까지 계속된다.

우리는 배울 때 가슴을 열고 의식으로 세계를 완전히 받아들이므로 삶의 충만한 영향을 느낀다. 대상과 떨어져 있지 않고, 평가하거나 과거의 경험과 비교하지 않고 온 경험을 스펀지처럼 흡수한다. 배움의 순간은 순수의 순간이다. 예수가 "어린아이와 같지 않으면 하느님나라에 들어갈 수 없다."고 말했을 때 아마도 이런 배움의 태도를 말하고 있었다.

33세의 아내이자 어린 두 자녀의 엄마인 린다_{Linda}는 죽음을 앞두고 있었다. 나는 린다의 사회복지사였는데, 그녀는 죽음이 가까워지자 집에서 죽음을 맞지 않으려고 입원을 요청했다. 우리 시설에 들어온 후 그녀는 빠른 속도로 죽기 시작했다. 호스피스 종사자 몇 명이 린다의 입원실에 모여 손에 손을 잡고 침대를 둘러쌌다. 죽어가는 환자들은 대개 혼수상태이거나 너무 쇠약해서 임종 과정을 말해줄 수 없다. 린다는 그렇지 않았다. 그녀는 죽어가는 경험을 말해주기 시작했다. 호스피스 종사자들의 꿈이 이루어지는 순간이었다. 호스피스에서 일하는 사람들은 대부분 임종 과정에 대한 환상과 호기심 때문에 그 직업을 선택했다. 그런데 마침내 여기서 죽음이 일어날 때 그 과정을 자세히 말해줄 수 있는 사람이 있었다. "더 이상 촉감을 느낄 수 없어요." 린다가 말했다. "볼 수도 없어요. 이제 아무것도 들리지 않아요. … 하느님 맙소사. 나는 이제 내 몸 속에 없어요." 그녀는 뭔가 더 말하려 했지만 그 순간 숨졌다.

나는 침대 곁에 서있는 동료들을 둘러보았다. 우리 모두는 날카롭게 집중해 몰두하고, 열중하고, 완전히 수용적이었다. 한 종사자가 나중에 말했다. "린다가 하는 말 한마디 한마디가 마치 북소리처럼 가슴속에 울렸어요. 마치 우주의 비밀이 밝혀지는 것 같았지요." 그 방에 있던 우리는 삶과 죽음에 대해 우리가 아는 것의 최첨단에 있었고 우리가 오랫동안 찾아온 단서를 린다가 속삭이고 있었다. 그 순간은 모두에게 깊은 감동을 주었다.

린다의 죽음 후에 나는 모든 순간마다 우주의 비밀에 가슴을 열 수 있는 기회가 얼마나 많은지 생각했다. 끊임없는 배움의 기반으로 이용하기만 하면 지식은 항상 큰 놀라움을 준다는 생각이 들었다. 지식은 우리의 의문을 인도하여 우리를 순수한 배움으로 돌아가게 한다. 단지 그 순간이 가르쳐 줄 수 있는 것보다 더 많이 알고 있다는 신념과 자만 탓에 우리는 오래 전 어린아이와 같은 순수한 배움에서 멀어진다. 언제부터인지 우리는 스스로 성장하는 어린이의 태도를 잃었고 어른이 되어 에고의 만족감으로 그것을 대체했다. 그런데 유감스럽게도 그것을 성숙해진 것이라고 여긴다.

대개 배우기보다 가르치려 하고 듣기보다 말하려고 한다. 자신의 지위를 확고히 하는 방편으로 가르치고 말하고 싶어 한다. 우리는 삶의 태도가 너무 적극적이고 단정적이어서 가슴을 열고 수용하는 것이 얼마나 귀중한지 잊어버린다. 물론 가르치고 말하면서도 배울 수 있지만, 그것은 자기인식과 상대의 반응에 열린 자세를 가져야만 가능하다. 배움을 방해하는 것은 어떤 행동 자체가 아니라 그런 행동을 할 때 순수하게 경청할 수 없기 때문이다. 우리는 스스로를 해방하여 순수하게 경청하게 될 때, 세상의 모든 것을 해방시켜 사물의 신비 안에서 제자리를 되찾게 한다.

　알지 못하는 것이 모든 배움의 원천이다. 우리는 배울 때 미지의 것에 직접 접촉하므로 배움은 그 자체로 하나의 죽음이다. 배움은 작은 죽음이며 삶 안에서의 죽음이다. 모든 죽음은 새로운 것으로의 탄생이며 모든 탄생은 익숙한 것의 죽음이다. 죽을 때 빈손으로 가듯이 배울 때 빈손으로 배운다. 남아 있는 지식을 가진 채 배우려 한다면, 그 순간의 죽음으로부터 자신을 지키려 애쓰는 것이다. 우리의 일부를 지니고 감으로써 반드시 모든 작은 죽음을 안전한 길로 만들려 한다. 지식을 가지고 있으면 죽음을 물리칠 수 있다고 여긴다. 지식이 미지의 것으로부터 지켜주는 보안 대책이 된다.

　우리는 내세에 대한 신앙에 의지하여 죽음을 아는 것으로 만들려 한다. 하지만 죽음이 아름다운(또는 공포스러운) 이유는 죽음이 여전히 알 수 없는 것이기 때문이다. 우리가 아는 모든 것은 죽음과 함께 끝나므로 우리는 죽음을 알 수 없다.

　따라서 질문해야 하는 것은 내세가 있는지 없는지가 아니라 우리가 미지의 것과 어떤 관계를 맺어야 하는가이다. 사후의 경험을 탐구하는 책이 많다. 죽음을 알 수 있고 안전한 주제로 삼고자 그런 믿음에 의지할 수 있지만, 그것은 죽음의 진정한 가르침에서 벗어난 것이다. 사후에 우리의 의식이 계속 이어지는 걸 증명하는 심령체험이나 임사체험을 한다 해도 그건 중요하지 않다. 우리는 이렇게 물어야 한다. 미지의 것에 아무것도 투사하지 않은 채 살 수 있는가?

내세가 있느냐는 이론적 질문을 받았을 때 붓다는 대답하지 않았다. 아마 붓다가 다른 경험을 명백히 말하면 사람들이 붓다의 가르침에서 벗어나 그것을 따르는 걸 염려했을 것이다. 지금 미지의 것에 대한 붓다의 가르침을 수행하면 육체의 죽음 너머에 있는 것은 자연히 해결된다고 말한 것 같다.

티모시Timothy라는 호스피스 환자는 자신의 삶을 고스란히 유지하는 데 집착했다. 남이 그의 물리적 환경을 조금이라도 방해하는 걸 싫어했고 업무 절차가 바뀌거나 예정된 일이 지연되면 화를 냈다. 그는 내세를 믿으며 죽음 자체는 두렵지 않다고 간호사에게 은밀히 말했다. 하지만 죽은 후에 지금과 똑같은 사람이 아니게 되는 것을 두려워했다. 티모시는 죽은 후에 판단 기준이 달라져 갈피를 못 잡고 혼란스러워질까봐 두렵다고 털어놓았다. 그에게는 천국조차 낯선 장소이므로 약간 불편했다.

티모시는 자신이 알고 있는 것을 잃는 게 두려웠고, 혼란스럽지 않게 죽음을 겪고 싶었다. 하지만 내세에 대한 이야기도 그의 두려움을 가라앉힐 수 없었다. 천국에 가도 전혀 새로운 운영 절차를 배울 수밖에 없었기 때문이다. 그는 내세에서도 현실과 똑같은 삶을 살기 원했다. 죽음에 더 가까워지고 육체의 힘과 정신의 예민함이 시들어갈수록 두려움이 더 커졌다. 티모시는 숨지기 전 몇 주 동안 큰 괴로움을 겪었는데 우리는 무력감을 느낄 수밖에 없었다.

죽음으로부터 배운다

한 수행 지도자는 지상에서 지내는 시간은 우리가 자신에 대해 배워야 하는 시간이라고 말했다. 하지만 우리는 인생을 배움의 터전이 아니라 경쟁의 장으로 여긴다고 했다. 우리는 잘 지낼 때는 행복하지만 잘 지내지 못하면 자신이 실패자라고 생각한다. 우리는 자아존중감이 투쟁의 결과에 달려 있다고 믿을 뿐 먼저 왜 투쟁해야 하는지 배우려 하지 않는다. 성공하거나 실패할 때마다 기뻐하거나 낙담하기보다 우리가 이용하는 삶의 전략이 자유와 기쁨을 제약하는 것을 배울 수 있다. 배움을 무엇보다 중시하면 모든 실수를 우리가 어떤 사람이라는 결론으로 여기지 않고 배움의 기회로 보게된다.

죽음과 임종은 삶의 전략을 깊이 살펴보는 기회이다. 죽음은 에고에게 거대한 위협이므로 의도, 혼란, 두려움 등 우리의 모든 관심을 거울처럼 비추어준다. 그러므로 죽음과 임종은 자신을 면밀히 보는 기회이며 우리가 무엇을 방어하는지를 드러낸다.

흔히 두려움을 회피하고자 마술 같이 생각하는 법을 이용한다. 죽음을 무시하면 죽어야 한다는 사실을 어떻게든 미룰 수 있다고 생각한다. 하지만 죽음을 의식에서 몰아내면 삶의 다른 부분에 죽음이 나타날 수밖에 없다는 것이 언젠가 분명해진다. 아마도 우리는 안전과 편안 혹은 젊음과 활기에 한층 더 관심을 가진다. 죽음에 대한 두려움을 억제하면 생존의 두려움이 우리를 괴롭히기 시작한다.

죽음에 대해 적극적으로 배우기를 강요할 수는 없다. 죽음을 회피하는 오랜 습성의 한계를 알게 되었을 때 자발적으로 배우게 된다. 죽음을 안전하고 먼 일로 남겨 두려는 적응 전략이 소용없어질 때 전혀 우리 마음대로 되지 않는다는 걸 비로소 알게 된다. 미지의 것을 방어하고 닿을 수 없는 곳으로 죽음을 물리칠 수 없는 것이다.

죽음과 임종을 접할 때 위대한 신비가 막 드러난다고 생각되므로 큰 관심과 흥분을 느끼게 된다. 많은 호스피스 자원봉사자들은 처음으로 죽음이라는 주제를 만날 때 기뻐한다. 그것은 우리의 가슴이 금지되었던 주제를 만날 때 생기는 기쁨이다. 한 봉사자는 "보다 생생히 살아 있고 새로운 발견에 참여하는 느낌이 있어요."라고 말했다.

하지만 죽어 가는 이들과 함께한다는 열광이 그 신비가 간직한 진리 속으로 희미해질 때, 그런 흥분은 절망과 슬픔으로 변할 수 있다. 배우기 원했지만 이런 걸 배우려고 한 건 아니다! 많은 호스피스 종사자들은 6개월 정도 일하면 슬픔이 쌓여온 것을 직면하게 된다. 이때가 처음에 죽어 가는 이들과 함께한다는 낭만적인 생각이 가라앉고 삶을 죽음에 활짝 열어야 하는 어려운 임무를 자각하게 되는 중대한 시기이다.

내가 호스피스 일을 한 지 6개월 정도 되었을 때는 12월 중순 휴가 철이었다. 당시 나의 내면은 갈등과 혼란이 가득했다. 내게 죽음과 임종은 비극이었다. 게다가 괴로움과 고통 속에 죽어가는 이들이 그토록 많은데 크리스마스 시즌이 되었다고 다른 사람들이 행복할 수 있다는 걸 도저히 이해할 수 없었다. 슬픔을 곱씹으며 라이스 대학 캠퍼스를 걸어가다가 한 아버지가 어린 아들에게 이리저리 공을 굴려주고 있는 모습을 보았다. 아들과 아버지는 웃고 떠들며 정말 재미있게 놀고 있었다. 나는 우울한 기분을 방해하는 모든 것에 경멸을 느끼고 있었지만 갑자기 어떤 것을 놓치고 있음을 깨달았다. 나는 죽음의 슬픔에 균형을 잡아주는 기쁨에 마음을 닫고 있었던 것이다. 스스로 만든 음울한 드라마에 사로잡혀 있었다. 죽음의 두려움과 부당함에 얽매여 삶과 죽음을 서로 적대적인 정반대로 여기고 있었다.

죽음을 단지 비극으로 보지 않고 죽음으로부터 배울 수 있을 때 훌쩍 성장하게 된다. 삶과 죽음 사이의 균열을 치유하는 것은 삶과 죽음이 서로 보완하여 온전한 화합에 이르는 길을 발견한다는 의미이다. 그건 결코 쉬운 일이 아니지만 불가능하지도 않다. 그리고 그런 치유가 일어나면 그에 따라 모든 게 변한다. 처음에 죽음이 비극이라고 믿었던 에고는 이제 죽음을 도구로 이용해 자신의 본성을 이해하게 된다. 그때부터 죽음은 더 미묘하게 삶에 영향을 주기 시작한다. 더 이상 적이 아니라 보다 깊은 지혜로 안내하는 친구가 된다.

이러한 새로운 이해를 가지고 삶의 모든 전제들에 의문을 제기하기 시작한다. 모든 것을 다시 조사하고 열린 태도로 탐구한다. 아무엇도 남이 말하는 대로 당연히 여기거나 사실로 추정할 수 없다. 우리는 혼자이고, 벌거벗었고, 다소 상처 받기 쉽다고 느낀다. 남들은 도무지 이해하지 못하는 것 같다. 확실히 의지할 수 있는 단 하나는 배우는 태도뿐이다. 죽음을 극구 부정하는 문화가 만물의 존재를 이해하는 방식에 영향을 준다. 그 거대한 은폐가 이제 드러났다.

성찰과 연습

미지의 것으로부터 배운다

내가 삶을 상품처럼 이용하는 것을 성찰한다. 무엇이든 물건을 사듯이 얻을 수 있다고 여기는 사고방식은 미묘하다. 거기에는 이익을 내고, 시간을 아끼고, 지식을 얻고, 깊은 인상을 주고, 자신을 미화하는 것 등이 포함된다. 나의 행위 이면에 있는 동기와 의도를 생각한다. 나의 행위 대부분은 오직 무엇을 얻거나 회피하려는 것인가? 대부분의 속임수는 이익을 얻으려는 의도에서 비롯된다. 내가 그런 방식으로 인생을 이용하는 것을 성찰한다. 나를 방해하는 다른 사람들에게 어떤 일이 일어나는가? 내가 이용하는 수단은 그것이 일으키는 고통만큼 가치가 있는가?

방해받지 않는 곳에 혼자 조용히 앉는다. 현재 순간에 감각을 연다. 조용히 앉아 있을 때 소리를 듣고, 대상을 보고, 냄새를 맡고, 내면에서 일어나는 것을 느낀다. 즉각적인 감각 경험에 기반해서 이 순간에 무엇을 얻을지 자신에게 묻는다. 이미 일어나고 있는 것을 개선하기 위해 무엇을 더하거나 제거할 수 있는가? 현재 순간을 바꾸고 싶어 하는 마음이 현재를 경험하는 능력을 방해하는가?

배움과 지식의 차이를 성찰한다. 나는 배움으로부터 영향 받고 변화되는가 아니면 배운 것을 단지 머리에 저장하고 정보로 이용할 뿐인가? 내 호기심의 이면에 있는 동기는 무엇인가? 어떤 경험 덕분에 내가 긍정적으로 변했던 때를 생각해 본다. 그때 무슨 일이 일어났는가? 나를 바꾼 것은 지식인가 배움인가?

다음번에 자신의 행동이나 성격을 비판받으면 어떤 식으로도 그것을 물리치거나 방어하려 하지 않는다. 비판받을 때 즉각 상대를 판단하거나 정보를 거부하지 않고 선뜻 가슴을 열기는 어렵다. 그 정보가 사실인지 사실이 아닌지 추정하지 말고 스스로 조사한다. 또 제삼자에게 피드백을 요청한다. 메시지가 일관되고 변화가 필요하다면 어떻게 바꾸기 시작할 것인가?

미지의 것과 나의 관계를 성찰한다. 어려서 미지의 순간을 마주한 때를 떠올린다. 어떻게 행동했는가? 그 순간이 편안했는가? 어렸을 때에 비해 어른이 되어서 미지의 것에 가슴을 더 많이 열었는가, 더 적게 열었는가? 현재 삶에서 익숙하지 않은 것을 경험할 때를 떠올린다. 나는 그 기회에 다가가는가 아니면 회피하는가? 무엇 때문에 주저하는가? 과거에 게으름과 두려움 탓에 배움의 기회를 잃은 적이 있는가?

20분쯤 시간을 내서 방해하는 것 없이 혼자 있는다. 자신이 죽고 있다고 상상한다. 그때 펼쳐질 장면을 본다. 숨질 시간이 다가오면 어떤 두려움이 일어나는가? 자신이 죽음을 지나 저세상에 있는 것으로 다가가는 걸 본다. 자신이 그 미지의 순간을 신념으로 채우는 경향을 지켜본다. 환생, 부활, 천국, 무無를 믿는가? 왜 죽음이라는 미지의 순간을 무엇으로든 채우려 하는가? 다시 한 번 그 장면을 상상하는데, 이번에는 미래에 아무것도 투사하지 않고 단지 알아차리고 죽는다. 자신이 죽는다. 그게 전부다. 첫째 죽음에 비해 둘째 죽음은 어떻게 다른가?

가
슴
으
로

들
다

Listening from the Heart 7

싯다르타는 들었다. 그는 지금 집중하고 완전히 몰두해서 듣고 있었다.
아주 빈 채로 모든 걸 받아들였다. 그는 이제 듣는 기술을
완전히 익혔다고 생각했다. 전에도 종종 이 모든 소리를,
강에서 수많은 목소리를 들었지만, 오늘은 전혀 다르게 들렸다.
더는 다른 목소리들을 구분할 수 없었다. … 그 소리들은 모두 서로에게 속했다.
그것은 그리워하는 자들의 슬픔, 현명한 이들의 웃음,
분노의 울부짖음, 그리고 죽어가는 이들의 신음이었다.

_헤르만 헤세Hermann Hesse, 〈싯다르타Siddhartha〉

지식을 쌓는 게 아니라 배움 그 자체에 전념할 때 모든 경험은 스승이 된다. 삶의 대부분을 다른 사람들과 함께 보내므로 대인관계에서의 배움이 가장 우선하게 된다. 사실 우리는 사람들과 함께 있든 혼자 있든 언제나 다른 사람들과 관계를 맺고 있다.

우리가 줄 수 있는 가장 큰 선물은 다른 사람을 이해하는 것이다. 누구나 가슴 깊이 이해 받기를 원한다. 이해 받는 것은 곧 사랑 받는 것이기 때문이다. 이해하려면 머리와 가슴으로 온전히 들어야 한다. 평가나 판단은 있을 수 없고 그저 배려하며 관심을 기울여 듣는다. 그러면 말하는 이는 가장 적절한 방식으로 자연스럽게 성장할 수 있다.

죽어 가는 이들과 함께하면 보다 효과적으로 듣는 법을 배울 수 있다. 흔히 사람들은 죽을 때 함께 여행할 사람을 찾는다. 사람들은 대개 혼자 있는 것보다 남과 함께 있고 싶어 한다. 고통스럽게 죽는 것보다 혼자 외롭게 죽은 것을 더 두려워한다. 죽어가는 이와 함께하려면 일반적인 의미보다 더 깊이 경청해야 한다. 즉 우리의 영역을 넘어 그의 영역으로 들어가 그의 고독 속에서 그의 곁에 있는 것이다. 그러기 위해서는 우리가 혼자 있으려는 저항을 돌파해야만 하므로 더 노력해야 한다.

태국어에서 '이해'에 해당하는 말을 글자 그대로 번역하면 '가슴속으로 들어가기'이다. 어떤 사람을 가슴속으로 들어오게 하는 것은 우리의 가슴이 이기심보다 더 많은 것을 담을 만큼 넓다는 의미이다. 어떤 대상을 이해할 때는 그것을 있는 그대로 둔다. 아무런 요구도 하지 않고 어떤 보답도 바라지 않는다. 경청에는 그런 노력이 필요하다. 그리고 우리의 가슴은 남의 고통에 상처 받기 쉬워진다. 우리는 말하는 이의 괴로움을 느끼고, 그의 고통은 우리에게 영향을 준다. 우리는 경청하고 있기에 말하는 이의 괴로움을 없애려 애쓰지 않으며 반응하지 않은 채 참여하고 있다.

우리가 듣는 것을 계속 방해하므로 경청하기는 매우 어렵다. 예를 들어 호스피스에서 죽어가는 환자가 약을 먹지 않으려 할 수 있다. 호스피스 팀원 모두는 환자가 몸이 편하기를 바라지만, 그가 약을 먹지 않으려는 이유를 이해하려 하지 않으면 아무리 애써도 환자가 더 완강히 버티는 일이 흔하다. 환자는 고통을 느낄 때 아직 살아 있음을 확인할 수 있어서 고통을 원하는지도 모른다. 혹은 평생 저지른 죄를 보상하고자 고통을 원할 수도 있다.

그런 경우 환자와 함께 앉아 신뢰 관계를 맺으면 그 문제를 탐구할 수 있다. 하지만 단지 죽어가는 이의 마음을 바꾸려는 의도로 문제에 접근하면 듣는 행위가 일종의 조작이 되어 버린다. 우리는 토의의 결과에 대해 중립적인 척하지만, 사실은 우리가 바라는 방식으로 환자가 죽기를 원하는 경우가 많다. 교묘하게 우리가 생각하는 대로 그를 구원하고 싶어 하는 것이다. 하지만 우리가 편견에 사로잡히지 않았는지 주의를 기울이면 경청을 다른 의도로 물들이거나 방해하지 않을 것이다.

우리는 대개 우리의 의제에 비추어 상대의 말을 듣는다. 어떤 경우든 우리의 의견에 비추어, 우리의 기준과 잣대로 상대의 말을 판단하고 평가한다. 우리의 의도라는 스크린을 통해 듣고 우리 의견을 주장하고자 상대가 말을 멈추기를 기다린다. 우리는 흔히 이해하기보다 설득하려 한다. 말하는 이를 반가운 친구가 아니라 적으로 여기는 일이 많다. 그러므로 우리는 상대의 말을 거의 듣지 않고 그나마 들어도 제대로 이해하지 못한다. 상대의 말을 물리치므로 그 사람 자체를 물리친다.

그런데 선입견을 피하기는 쉽지 않다. 우리의 의견이 미묘하게 듣는 태도에 영향을 준다. 편견이 있는데도 없다고 여기거나 초월한 척해도 여전히 편견이 드는 태도에 영향을 주므로 아무에게도 이롭지 못하다. 편견을 극복하는 유일한 길은 편견이 우리 의식의 일부임을 인정하는 것뿐이다. 외부 대상에 시선을 집중하고도 배경을 알 수 있는 것처럼 우리의 의견을 통해서도 경청하는 것이 가능하다.

죽음이 임박한 환자의 배우자 리사Lisa를 방문한 적이 있다. 리사는 통찰력과 이해심 있는 여성으로 매우 정직하고 자신의 감정에 솔직했다. 몇 차례 만날 때마다 리사는 몹시 슬퍼했다. 어느 날 방문했을 때 우리는 마주보고 앉아 있었고 대화를 시작할 때 나는 다리 위에 팔을 얹고 그녀에게로 몸을 기울였다. 나는 리사가 애도를 계속할 거라고 생각했다. 그런데 리사가 나를 바라보고 말했다. "있잖아요, 선생님이 그렇게 앉아 있으면 내가 슬퍼할 수밖에 없답니다. 하지만 오늘은 그리 슬프지 않아요. 다른 걸 말하고 싶군요." 그 순간 분명히 나는 리사와 함께 현존하고 있지 못했다. 과거에 리사를 방문했던 경험에 얽매여 그때 그녀에게 필요한 게 무엇인지 알아차리지 못했던 것이다. 나의 습관적 행동이 교묘하게 무의식적으로 상대에게 영향을 끼치고 설득하는 것을 깨닫고 깜짝 놀랐다.

투사

대개 현실이란 외부의 객관적 사실이라고 생각한다. 우리에게 현실인 것은 다른 사람들 모두에게도 똑같은 현실이라고 여기는 것이다. 바로 이것이 우리가 사건을 지각하는 방식이다. 자신의 지각이 왜곡된 것일지도 모른다고 여기는 사람은 거의 없다. 모든 사람이 똑같은 방식으로 듣고 본다고 믿는다. 바로 우리가 현실을 객관적으로 본다고 믿기 때문에 이런 편협한 현실관은 위험하다. 심지어 자신만의 프리즘을 통해 삶을 바라본다는 사실조차 알지 못한다.

실제로 우리의 지각은 자신의 경험, 의견, 역사, 가치로부터 영향 받는다. 이를테면 내가 죽어가는 환자의 집에 들어갈 때 그가 고통을 겪고 있는데, 나는 내 무릎에 멍들었던 일과 며칠 후 치과 치료를 받을 때 얼마나 아플지 염려하는 마음을 지니고 간다. 우리는 사물을 있는 그대로 명확히 보며 반응하지 않고 고통스러운 자신의 싸움에 따라 반응한다. 결국 우리의 마음이 보게 하는 것만 지각한다. 지각이 우리에게 오게 하는 게 아니라 우리가 가서 지각을 왜곡한다. 적극적으로 현실에 영향을 주어 우리의 선입견에 들어맞게 하고 나서 그렇게 꾸민 현실이 사실이라고 여긴다. 우리가 현실을 왜곡하고 편견을 가진 걸 인정할 때만 그 영향에서 벗어날 수 있다.

우리는 받아들이지 않는 것에 의해 지배 당한다. 많은 사람들은 자신의 어떤 면을 싫어한다. 어떤 이는 자신의 분노하는 성향을 싫어하고 어떤 이는 질투와 정욕을 싫어한다. 그런데 자신이 어떤 특성을 싫어하는지가 아니라 우리가 그것으로 무엇을 하느냐가 문제다. 좋아하지 않아도 그것은 없어지지 않으며 그 영향이 눈에 띄지 않을 뿐이다. 우리는 혐오하는 자신의 특성을 의식에서 몰아내려한다. 그것을 남에게 투사해서 자신에게 그 특성이 있음을 부정한다. 그 특성은 여전히 우리에게 있지만 그것을 다른 사람에게 투사해서 자신이 아니라 그 사람에게 반응하고 그를 싫어할 수 있다.

나는 호스피스 환자의 아들인 탐Tom과 함께했다. 처음에는 탐이 걱정이 많고 사랑스러운 간병인이라고 여겼다. 그는 죽어가는 엄마의 곁에 늘 있었고 엄마가 원하는 것은 무엇이든 가져다주었다. 그런데 탐을 잘 알게 되자 그렇게 변함없이 엄마를 돌보는 게 실은 지나치게 염려하는 것 같았다. 무언가 진실이 아닌 것처럼 보였다. 탐과 대화를 나누어 보니 사실 탐은 학대 받은 아이였으며 엄마에게 큰 적대감을 품고 있었다. 하지만 감당할 수 없을 만큼 큰 일이 벌어질까 두려워 자신의 분노를 결코 인정할 수 없었다. 또 탐은 다른 가족들이 엄마를 돌보는 데 많은 시간을 보내는 걸 의심스럽게 보았다. 다른 가족들이 자기처럼 엄마를 잘 돌보지 않는다고 생각했고 이따금 그들이 엄마를 홀대한다고 비난했다. 내가 보기에 탐은 자신의 분노를 인정하지 않고 다른 가족들에게 돌렸고 엄마를 지나치게 돌보는 행위로 엄마에 대한 분노를 과잉보상하고 있었다.

자신의 특성을 남에게 투사하는 한 우리는 그 힘에 얽매인다. 그 영향에서 벗어나려 싸우면서 자신의 특성이 내면에서 비롯되는 게 아니라 '외부에' 있다는 환상을 유지하느라 엄청난 에너지를 소비한다. 죽어가는 환자들을 대하는 것 같은 친절함으로 내면의 싫어하는 부분을 어루만지는 것이 거부된 부분을 회복하는 데 가장 중요한 첫 단계이다. 의식 안에서 그 특성을 보고 느끼게 되면, 그 특성이 있음을 받아들이고 다르게 행동할 자유를 얻는다. 그 특성을 의식하면 자칫 휩쓸려버릴까 두려워할 수 있다. 그러나 지금까지 보았듯이 그 특성을 인정하지 않으면 오히려 그 에너지에 얽매이게 된다. 반대로 그 특성을 알아차림하면 그 힘에서 벗어날 수 있고 온전해진다. 자신의 모든 부분을 인정했으므로 생각에 따라 반응하지 않고 가슴으로부터 경청할 수 있다.

최근 죽음과 임종에 관심이 있는 사람들을 대상으로 워크숍을 지도했다. 호스피스 간호사인 한 참가자가 날마다 환자들에게 현존할 수 없어 죄책감과 부끄러움을 느낀다고 말했다. 나는 그녀가 죽어 가는 환자들에게 친절하듯이 자신에게 친절하라고 제안했다. 그녀가 자신을 몰아붙이는 것처럼 가차 없는 태도로 죽어가는 이들을 대하면 어떻겠느냐고 물었다. 나중에 그녀가 쪽지를 보냈다. "저 자신을 호스피스 환자처럼 대하라고 조언해 주셔서 깊이 감사드립니다. 저는 직관적으로 너그러움과 푸근함으로 호스피스 환자들을 대했지만 저 자신에겐 그러지 못했어요. 사실 우리는 모두 임종에서 찰나만큼 떨어져 있을 뿐입니다. 그런데 왜 기다려야 할까요? 우리가 삶에 온전히 참여하고 있을 때 모든 사람과 우리 자신에게 똑같은 자비심을 허용하는 게 어떨까요? 맞습니다!"

임종하는 이들에게 귀 기울인다

죽어 가는 이들과 앉아 있을 때 눈앞에서 펼쳐지는 드라마에 휩쓸리지 않도록 각별히 주의해야 한다. 임종은 거의 모든 사람의 문제를 두드러지게 한다. 약한 감정이 금세 더 격하고 극단적이 되고 작은 일도 더 부풀려진다. 환자는 물론 가족과 친구, 간병인도 그렇다. 죽음은 해결되지 못한 문제를 겉으로 드러낸다. 죽음은 완전히 전면적인 삶의 종결이므로 죽어 가는 이들은 주로 두려움을 느낀다. 화해하지 못한 삶의 문제가 임종에 대한 심한 두려움과 뒤섞인다. 두려움과 해결되지 못한 문제가 복합되어 매우 예측 불가능한 상황을 초래한다.

호스피스 종사자가 그런 상황을 겪을 때 죽음에 대한 자신의 과거 문제를 다루어야 할 뿐만 아니라 시련을 겪는 환자와 가족을 차분히 안심시키는 임무까지 해야 한다. 경험이 많은 종사자는 이미 수백 명의 죽음을 겪어 그 과정에 익숙해졌지만, 또한 그 죽음들은 그들에게 쌓여온 슬픔에 해로움을 끼쳤다. 이런 내적, 외적 감정의 잔여물을 통해 호스피스 종사자의 업무는 새 호스피스 가족들과 함께할 때마다 새롭게 시작된다.

죽어 가는 이에게 귀 기울이기는 그의 말을 경청하면서 동시에 듣고 있는 우리의 반응에도 귀 기울이는 것이다. 이 둘을 혼동하기 쉽다. 상황이 심각해서 투사와 편견이 심해지기 때문이다. 죽음에 대한 두려움과 혐오와 부정이 현실을 덧칠하고 걸러서 나타낸다. 따라서 명확히 경청하려면 많은 함정을 피해야 하므로 우리의 욕구를 넘어 말하는 이와 연결되는 것은 놀라운 일이다.

엘리자베스 퀴블러 로스는 죽어가는 젊은 어머니의 이야기를 했다. 문병 오는 사람들은 모두 동정, 분노, 두려움과 슬픔 등 젊은 어머니의 죽음에 대한 반응과 감정을 품고 왔다. 그 젊은 여성은 모든 사람들이 문병 와서 미리 정해진 감정과 함께 있을 뿐이라고 불평했다. 문병을 와서 진실로 그녀와 함께 있는 사람은 거의 없었다.

어떤 사람들의 물리적, 심리적 특성이 우리의 반응을 불러일으키는 경우가 있다. 보기 흉한 화상 환자에게 반응이 생길 수도 있고, 분노에 사로잡힌 사람으로 인해 반응이 일어나기도 한다. 자신이 그 사람 같다는 생각으로 혐오감이 일어나므로 대개 그 사람을 외면한다. 우리는 외부에서 직면한 문제로 인해 내면의 가장 두려운 것에 노출되기 때문에 반응한다. 임종이 바로 그런 상황이다. 환자가 우리보다 훨씬 늙은 경우에는 함께 있는 걸 견딜 만하다. 나이 많은 환자와 달리 우리는 죽음과 상관없다고 확신할 수 있기 때문이다. 하지만 죽어가는 환자가 우리 나이 또래이고 처지가 비슷할 때는 어떤가? 그런 환자는 우리에게 가장 격심한 반응을 불러일으킬 때가 많다.

다른 환자들은 우리의 가족 문제를 촉발할 수 있다. 환자를 돌볼 때 우리의 염려를 해결하려는 함정에 빠지기 쉽다. 그런 식으로 환자를 돌보는 데 집착하면 객관성과 바른 관점을 잃는다. 필사적으로 환자를 도우려 하지만 사실은 그럼으로써 우리 안의 혼란을 해결하려는 것이다.

죽어가는 이들에게 귀 기울이면 우리에게 가장 예민한 두려움과 만난다. 다른 사람에게 가슴을 열 때 그들의 죽음에 우리 자신을 열게 되기 때문이다. 죽음은 그것에 저항하는 것과 같은 힘을 가지고 다가온다. 죽음을 직면할 때 느끼는 반응은 곧 죽음이 우리를 직면하는 반응이다. 안도감을 완전히 빼앗는 사건을 직면해서 안전에 집착할 때 저항이 일어난다. 죽음과 임종을 다룰 때 우리는 결코 심리적으로 안전한 기반 위에 있을 수 없다. 자기보존의 욕구 때문에 창조적인 반응에서 멀어질 수밖에 없다. 그래서 상투적으로 응답하거나 전혀 상관없는 말을 하게 된다.

죽어 가는 환자를 도우려는 참된 욕구를 가지고 다가가지만 우리가 매우 부족하다고 느낄 수 있다. 사실 말기 질환이 진행되는 걸 막을 수 없다. 그런데 해결책이 없는 문제에 억지로 해답을 내놓을 필요는 없다. 그토록 큰 고통을 직면해서 아무 말도 하지 않으면 불편하므로 흔해 빠진 응답이라도 해서 죽음을 구미에 맞게 만들려 애쓴다. 하지만 그것은 문제를 해결하기는커녕 더 어렵게 만들 때가 많다. "그건 하느님의 뜻입니다." "자신의 인생을 살아야 합니다." "이제 고인은 편히 쉬게 되었습니다." 이런 말은 죽어 가는 이들과 유족들에게 우리가 그들의 고통으로 불편하지만 그들 개개인에게 무관심하다는 걸 확실히 보여준다. 그런 말은 우리가 그들에게 귀 기울이지 않고 있음을 암시한다. 우리가 죽음을 피할 수 없다는 결핍감과 허약함에서 달아나려는 시도이다.

경청하려면 반드시 내면에서 항의하는 목소리를 알아차려야만 한다. 우리의 과거에 얽매이지 않을 때만 그 순간의 맥락에서 자발적으로 적절히 행동할 수 있다. 한 호스피스 간호사는 언젠가 간호학교에서 배운 방침을 어기고 환자의 침대에 올라가 환자에게 몸을 바싹 붙이고 있었던 적이 있다고 털어놓았다. 환자가 혼자 죽는 게 두렵다고 말했기에 그렇게 하는 게 적절한 반응이라고 느꼈다고 말했다. 그 환자는 간호사의 팔에 안긴 채 30분 후에 숨졌다.

우리의 반응을 마주할 때 가슴을 열고 정직할수록 환자가 실제 원하는 것을 알지 못한 채 상황을 고치려고 덤비는 일이 줄어든다. 우리 자신을 부드럽고 친절하게 대할수록 어려움을 겪고 있는 사람에게 더 도움이 되고 자비로워진다. 우리는 자신을 대접하는 대로 남을 대접한다. 인위적으로 부과한 것을 제외하고 내면의 심리 세계와 외부 환경 사이에는 아무 경계가 없다.

경청할 때 가장 어려운 일은 상대를 놓아두는 법을 배우는 것이다. 대개 문제를 해결하고자 모든 경우에 자신의 기준대로 하려 하지만 경청은 문제를 해결하려는 게 아니다. 상대에게 주의를 기울이는 선물이다. 경청은 각 개인의 독특함을 그에게 부여한다. 즉 우리의 욕구에 집착하지 않고 말하는 이를 인정함으로써 그의 가치를 온전히 받아들인다. 상대에게 무엇을 요구할 때 우리는 그가 변하고 바뀌기를 요구하는 것이다. 반면에 경청은 아무것도 요구하지 않고 모든 것을 있는 그대로 받아들인다. 듣는 사람의 의견으로 압박하지 않으면 말하는 이는 외부 기준에 따라 자신을 평가하지 않으므로 내면을 볼 수 있다. 그러므로 외부의 판단이 적을수록 자신이 내면을 판단하는 것도 줄어들고 그에 따라 자연스럽게 의식이 성장한다. 이렇게 자기 판단이 일시적으로 줄어들면 보살핌이 필요한 내면의 영역으로 들어갈 수 있다. 혐오나 비판을 하지 않고 단지 성장할 필요가 있는 곳에 주의를 기울이면 바로 거기에서 성장이 일어난다.

성장은 고유의 일정에 따라 일어난다. 환자의 자연스러운 성장 시기가 우리를 조바심 나게 할지 모르지만 그것은 환자의 문제가 아니다. 환자의 말을 듣는 이는 자신의 속도가 아니라 환자의 속도에 맞추어 움직여야 한다. 다른 사람이 경청해줄 때 우리는 자신의 성장 과정을 본질적으로 신뢰하게 된다. 비판받는 부담이 없으면 자연히 자신을 활짝 여는 쪽으로 성장한다. 성장 과정을 편히 받아들이게 되고 깊이 신뢰한다.

붓다는 바르게 말하기는 진실을 말하는 것만으로는 충분하지 못하다고 분명히 가르쳤다. 바르게 말하기에는 듣는 사람에게 유용한 것을 말하는 것도 필요하다. 그러므로 진실하며 동시에 유용한 것을 말해야 한다.

정직한 피드백이란 언뜻 생각하기에 단순히 진실을 말하는 것, 실제로 본 것을 될수록 솔직하고 확실히 전달하는 것이다. 하지만 이것은 정직한 피드백의 온전한 의미가 아니다. 정직한 말하기가 단지 사실을 말하는 것이라고 하면 사실의 영향력을 간과하는 것이다. 정직함은 적절한 시기로 조율할 필요가 있다. 상대에게 그가 어떤 면에서 무례하다고 말하는 것은 진실인지 몰라도, 그가 그렇게 노골적인 말을 들을 준비가 되지 않았다면 불친절한 행동이다. 배려가 없는 정직함은 상대를 공격하는 무기가 될 수 있다.

진실을 유용하게 말하려면 진심으로 듣는 이를 배려해야만 한다. 호스피스 환자가 결국 죽을 수밖에 없는지 물을 때 진실은 "예, 물론입니다. 그게 아니라면 왜 호스피스에 오셨습니까?"라고 말하는 것이다. 하지만 대개 이것은 지나치게 거친 대답이다. 더 적절한 대답은 "당신의 몸이 어떻게 느끼고 있나요?" 정도일 것이다. 그러면 환자는 몸으로 경험하는 것을 통해 스스로 진실에 이른다. 진실이 한 사람의 성장에 영향을 주려면 환자가 자신의 인식을 통해 진실을 들어야 한다. 이와 달리 진실을 말하는 시기가 적절하지 못하면 그 말을 듣는 환자의 인식이 흐려지고 진실을 전혀 다르게 왜곡할 수 있다. 진실이 유용하지 못하면 그릇된 인식으로 왜곡된다.

유용함은 정직의 자비로운 면이다. 진실은 참 선물이 될 수 있고 반대로 파괴하는 무기가 될 수도 있다. 자르고 벨 수도 있고 치유하고 고칠 수도 있다. 그것을 결정하는 요인은 말을 주고받는 맥락이다. 말에 있어서 맥락은 내용의 진실성만큼이나 중요하다. 맥락에는 말하는 시기와 말하는 방법이 있다. 정직하게 말하는 시기와 방법에 따라 듣는 이는 피드백을 받을 때 물러나지 않고 성장할 수 있다. 이것이 진실함의 기술이다.

진실함의 기술을 말에 적용할 수 있으려면 먼저 말하는 이가 외부 요인과 내면의 동기 등 모든 상황을 알아차리고 있어야 한다. 둘 중 하나라도 고려하지 못하면 원활한 의사소통이 일어날 수 없다. 자신의 동기를 잘 이해하고 응답하면 이기적 욕구에 따라 반응하지 않을 것이다. 외적, 내적인 신호를 온전히 알아차리면서 경청하면 자신의 문제를 투사하지 않고 상황 자체로부터 자연스럽게 응답한다. 더 폭넓게 주의를 기울일수록 더 많은 사랑으로 응답하게 된다. 모든 상황과 여건을 명확히 이해하고 말할 때 우리의 가슴에 의해 의사소통이 이루어진다. 주의력은 카메라 렌즈와 유사하다. 더 좁게 열릴수록 사건을 비추는 이해의 빛이 부족해지고, 더 크게 열릴수록 필요한 것을 더 잘 알게 된다.

이를테면 상대를 잘 이해하는 동시에 그에게 화를 내기는 불가능하다. 화가 날 때는 독선적으로 응답한다. 자신의 의견만으로 시야가 좁아지기 때문이다. 누군가를 이해하려면 자신의 관점에 얽매이지 않고 적극적으로 그의 말을 들어야 한다. 즉 상대의 견해까지 포함하도록 자신의 견해를 확장해야만 한다. 독선을 내려놓으면 분노가 계속될 수 없다.

내가 함께했던 엘렌Ellen은 죽음을 목전에 둔 환자의 부인이었는데 매우 적대적인 태도를 보였다. 그녀는 안도감을 얻기 위해 남편에게 깊이 의존했다. 정규교육을 얼마 받지 못했고 문맹인 엘렌은 사무 처리에 대한 책임을 모두 남편에게 맡겼다. 그러다 남편이 그 일을 엘렌에게 가르쳐 줄 새도 없이 갑자기 너무 쇠약해졌다. 자신의 부족한 점을 느끼게 된 엘렌은 남편에게 욕하고 내게 소리 질렀다. 나는 그 집을 방문할 때마다 어서 떠나고 싶었다. 그런데 내가 방문한 어느 날 엘렌은 우연히 남편의 오래된 사진을 보게 되었다. 두 사람이 건강하고 튼튼한 모습으로 함께 휴가를 즐기고 있는 장면이었다. 그녀는 두 사람이 예전에 함께 살았던 일을 말하기 시작했다. 그리고 눈빛이 누그러지더니 흐느끼기 시작했다. 엘렌은 남편에게로 가서 곁에 누워 그의 팔에 안겨 한참 울었다. 남편에 대한 사랑을 마주하자 엘렌은 계속 분노할 수 없었다.

친밀감

우리는 어떻게 죽어야 하는지 모른다. 죽는 걸 연습하거나 훈련할 수도 없다. 임종 과정에서 무슨 일이 일어날지 생각은 많아도 실제 경험은 없다. 그러므로 죽음에 대해 알고, 안내하고, 가르쳐주고, 안심시켜 줄 사람이 필요하다. 믿을 수 있고, 아무것도 감추지 않고, 죽음에 압도당하지 않는 사람이 곁에 있어야 한다. 죽어 가는 이들에게는 손쉬운 대답이나 기분 좋게 해주는 것보다 더 많은 것이 필요하다. 죽어 가는 이들은 가슴속에서 미지의 것을 열어줄 수 있는 사람, 두려움의 길을 함께 여행할 사람을 절실히 원한다. 그런 동료를 찾는 건 매우 드물고 귀중한 일이다.

임종은 우리가 서로 멀어지게 했던 모든 것을 없앤다. 죽음에 의해 취약함이 드러나고 고통을 나눌 때 숨을 여지가 없고 방어할 것도 없다. 이제까지 알았던 삶이 근본적으로 끝난다. 자신을 방어할 필요가 거의 없다. 밥 딜런Bob Dylan의 노래처럼 "가진 게 없으면 잃을 것도 없다." 그런 비어 있음으로부터 흔쾌히 자신을 남에게 드러낼 마음이 생긴다.

그때 주의를 기울이면 죽어 가는 사람들이 우호감과 친밀감을 느낄 수 있다. 친밀감이란 사람들의 가슴을 하나가 되게 하여 서로가 일시적으로 이기적 관심을 벗어나게 되는 것이다. 사람들은 혼자 살다가 숨질 때는 다른 사람들과 함께 있을 가능성이 많다. 우리는 시간이 다할 때까지 자신을 잘 방어하다가 고통스럽고 방어할 것이 없어지면 다른 이들에게 손을 내민다.

나는 호스피스에서 일하면서 환자의 가족들이 낯선 사람인 우리에게 깊은 친밀감을 보여 주어 항상 놀랐다. 거의 모든 가족이 우리를 환영했다. 그들은 아주 개인적이며 은밀하고 몹시 가슴 아픈 이야기를 했고 고통스러울 때 우리가 그들 곁에 있게 해주었다. 새로 알게 된 사람들 사이에 있을 법한 형식이 생략되기 때문에 환자의 가족과 우리 호스피스 종사자들의 관계가 더 깊고 가슴에 사무치는 것 같다. 이런 꾸밈없는 신뢰가 우리에게서 최선을 이끌어낸다. 영안실에서 밤을 샐 때나 장례식에서 가족 한 분이 길게 줄 선 친구나 친척을 지나쳐 호스피스 종사자에게 달려와 껴안고 감사를 표하는 일이 많다. 그 모습은 환자가 임종하는 동안 그들이 인간적으로 깊이 연결되었음을 상징적으로 보여준다.

대개 이렇게 깊은 친밀감은 단지 한두 번 경험했을 뿐이다. 첫사랑에 빠졌을 때나 어떤 이가 고통을 함께 나누어 주었을 때였을 것이다. 죽어 가는 이들과 함께할 때는 깊은 친밀감을 느끼는 경우가 많다. 나는 여러 해 동안 많은 호스피스 종사자들이 일하면서 받은 것에 대해 말하는 걸 들었다. 환자의 가족들이 삶을 개방하며 상처받기 쉽고 다 드러난 것 같다고 자주 말한다. 이런 말에서 부드러움이 전해지는데 그것은 호스피스 종사자들이 환자의 가족들과 매우 깊은 상호존중과 사랑을 나누었음을 보여준다.

자신이 취약도록 허용하는 것은 나약함이 아닌 용기, 친밀하게 다른 사람을 만날 수 있는 용기를 나타낸다. 인간의 가슴에 잠재되어 있는 치유력은 친밀감을 통해서만 발휘될 수 있다. 경청으로 손을 내밀고, 상대가 자신의 그림자와 가족의 그림자, 슬픔과 무력감, 분노와 두려움을 드러낼 수 있게 하는 것은 그 감정을 무디게 하거나 소멸시키는 게 아니다. 단지 인간적 상황을 경청하고 인정할 수 있는 공간을 제공하는 것이다. 어떤 이가 단지 있는 그대로의 자신으로서 인정받고 다른 사람 앞에 설 수 있을 때 인간의 가슴을 통해 삶과 삶이 만난다. 그러면 삶이 그 자체를 인식하고, 그런 만남으로부터 온화하고 기쁜 재결합이 일어난다.

친밀감이 생기려면 무한히 인내하고 시간의 속박에서 벗어나야 한다. 인간관계에는 목적이 없다. 목적이 있으면 늘 기대와 판단이 생긴다. 친밀감에 의해 말하는 이와 듣는 이가 어떤 관계가 될지 예상하지 않아도 인내할 수 있다. 인내란 안내자 없이 두 사람의 가슴속 깊이 여행하는 것이다.

나는 죽어 가는 환자들과 친밀한 대화에 몰두해 시간 가는 줄도 몰랐던 일이 몇 번 있었다. 우리가 얼마나 오랜 시간이 흘렀는지 알고 깜짝 놀란 일이 많았다. 그런 친밀감의 공간에서는 시간을 알 수 없었다. 우리는 아무데도 가지 않았기 때문이다. 거기서 나올 때의 느낌은 그 순간이 그 자체로 전부이고 완벽했다는 것이다. 그것은 나와 환자가 가슴속에 함께 머물렀던 결과였다.

기꺼이 친밀해지려 하면 모두가 귀중히 여기는 한 가지, 진정한 인간적 따스함을 나눌 수 있다. 나의 시간이 곧 그들의 시간이고, 우리는 영원에서 만난다. 말하는 이가 듣는 이를 받아들이고 듣는 이가 말하는 이를 받아들인다. 각자의 역할이 불분명해지고 누가 누구를 돕는지 명확하지 않게 된다.

한 스승이 말했다. "사랑은 우리를 쉬지 못하게 한다." 친밀감을 통해 경험하는 사랑의 순간은 계속 우리 자신에게 공을 들이게 하여 우리가 그 상태에 더 오래 머무를 수 있다. 적어도 처음에는 호스피스 종사자들이 죽어 가는 이들과 함께하는 일을 이런 깊고 진심 어린 접촉으로 여긴다. 죽음의 미지와 신비에 의해 우리는 주의 깊고 명확하고 가슴을 열어 죽어 가는 이들과 관계 맺을 수 있다. 하지만 슬프게도 우리는 모든 관계에서 그렇게 주의 깊은 태도를 가지지 않는다. 많은 사람들이 죽음과 연관될 때 살아 있음을 가장 생생히 느낀다. 그에 비해 다른 관계들은 활기 없어 보인다.

많은 호스피스 종사자들이 결국 이해하게 되듯이 우리가 가슴을 여는 이런 순간은 죽어 가는 이들에게 의존하지 않는다. 그것은 자신의 장벽을 허물고 두려움 없는 삶을 사는 능력과 관련이 있다. 호스피스 업무는 그런 잠재력에 접근하는 도구일 뿐이다. 그 잠재력은 모든 관계와 모든 순간 속에 있다. 죽어 가는 이들과 함께하는 호스피스 일을 보편적 친밀감으로 들어가는 문으로 이용할 수 있다. 사랑으로 가는 문턱을 넘으려면 단지 한 걸음만 떼면 된다.

성찰과 연습

듣고 말한다

누군가를 이해한다는 것이 무슨 의미인지 성찰한다. 다른 사람과 친밀한 대화를 나누었던 시간을 생각해 본다. 그때 가슴이 활짝 열리고 깊은 애정으로 서로 경청했다. 어떻게 상대를 이해하게 되었는가? 이해와 친밀감은 어떤 관계인가? 이해와 애정은 어떤 관계인가?

다음에 화가 나면 자신이 어떻게 상대의 관점을 듣고 있는지 알아차린다. 화가 났을 때 정말 상대의 이야기에 귀 기울이는가? 이제 화난 채 주의 깊게 들으려 노력하고 경청이 분노에 어떤 영향을 주는지 본다. 이것이 듣기와 개인적 의견에 대해 무엇을 가르쳐 주는가?

나에게 의미 깊고 애정 있는 관계를 떠올려 본다. 지금보다 더 그 사람에게 귀 기울이는 걸 가로막는 게 무엇인가? 왜 나는 부분적으로만 듣는가? 내가 온전히 친밀하게 경청하지 못하게 가로막는 게 무엇인지 성찰한다.

가까운 친구나 사랑하는 사람이 말할 때 아무 반응도 하지 않고 경청하는 연습을 한다. 조언도 하지 않고 의견이나 해결책도 말하지 않는다. 그 사람도 그의 말도 판단하거나 비판하지 않는다. 자신이 온전히 경청하기보다 어떻게 대답할까 궁리하는 성향을 지켜본다. 동의하며 고개를 끄덕이는 걸 알아차린다. 내면의 온갖 소음을 꿰뚫고 상대의 말과 그것이 주는 영향에 귀 기울인다. 상대의 고통과 기쁨에 자신을 연결한다. 당신의 가슴이 상대의 감정 변화에 어떻게 반응하는가?

내가 어디에 편견을 가지고 있는지 성찰한다. 아직 편견이 가슴 속에 숨어 있는가? 편협함이 있는데도 관용하는 체하는가? 나의 편견은 어떤 모습으로 나타나는가? 편견이 나의 자아상에 어울리지 않을 때는 편견을 인정하기 어렵다. 그 편견을 가지고 있어서 나의 자아상의 어느 부분에서 배신감을 느끼는가?

이 연습은 힘들다. 이 연습을 할 때 고려하는 질문은 "편견을 지닌 채 죽기를 바라는가 아니면 살아 있을 때 편견을 이해하고 싶은가?"이다. 단지 생각하는 것만으로는 충분하지 못하다. 편견이 활발할 때 그것에 연결되어야 한다. 자신의 편견과 그것을 일으키는 두려움을 알아차릴 수 있으면, 편견이 왜 생기고 어떻게 작동하는지 상당히 많이 이해하게 될 것이다. 자신이 편견을 품고 있는 사람과 함께 앉아 진심으로 대화한다. 자신의 생각이 그 사람을 이미 정해진 모습으로 고정하고 유지하고 싶어하는 것을 지켜본다. 그렇게 투사하면서 경청할 수 있는가? 아니면 그가 어떤 사람이라는 낡은 생각을 끊임없이 주장하는가? 그때 그의 인간성과 연결될 수 있는가? 그의 고통에 다가갈 수 있는가? 자신이 그에게 투사하는 분노를 인정할 수 있는가? 편견은 그 자체로 진실이 아니라 자신에게서 비롯되었음을 받아들인다. 자신의 편견을 인정하는 것이 치유의 첫 걸음이다.

> 매우 아프거나 죽어 가는 이를 방문해 아무것도 바꿀 수 없어 무력감을 느꼈던 일을 떠올린다. 나는 헛된 희망이라도 그를 위로하려 했는가? 혹은 어떤 의미 있는 대화도 피하려 했는가? 무슨 말을 해야 할지 몰라 그런 상황을 회피하는가? 무엇이 그런 반응을 일으키는가? 죽어가는 사람을 볼 때 어떤 두려움이 일어나는가?

또 하나의 힘든 연습이 있다. 허약하거나 병에 걸려 불안감을 주는 사람과 함께 있는 기회를 일부러 마련한다. 병에 대한 자신의 반응을 느끼며 그 사람과 함께 있을 수 있는가? 허약함은 있는 그대로 놓아둔 채 그 사람과 연결하려 한다. 그 사람도 자신의 반응도 바꾸려 하지 말고 그대로 놓아두려 노력한다. 자신의 반응에 따라 행동하지 않고 반응을 통해 귀 기울일 수 있는가? 말하는 이에게 귀 기울이는 만큼 자신의 두려움에 귀 기울이려 노력한다.

> 내가 진실을 말하지만 남에게 상처를 주는 때를 생각해 본다. 진실을 말하는 더

좋은 방식이 있는가? 달리 어떻게 말하면 상대가 유용한 비판을 들을 수 있는가? 단지 진실만 말하는 것은 어떤 한계가 있는가? 나의 말이 유용한지 고려하지 않을 때 어떤 일이 일어나는지 주목한다. 그때 나의 가슴에 닿아 있는가? 상대가 어떻게 반응하는가?

상대가 들을 준비가 되었는지 고려하지 않고 사실을 말할 때 기여하기보다 해를 줄지도 모른다. 상대의 감정을 고려해 반응할 때만 피드백하는 연습을 한다. 참된 보살핌과 배려하는 마음이 있을 때만 피드백한다. 그것이 상대가 듣는 능력에 어떤 영향을 주는가?

의미를 찾다

Searching for Meaning 8

모든 사람이 찾고 있는 것은 삶의 의미라고들 말한다.
하지만 나는 우리가 의미를 찾고 있다고 생각하지 않는다.
내 생각에 우리가 찾고 있는 것은 살아 있다는 경험이다.
그 결과 순전히 물리적 평면에서 일어나는 삶의 경험이 가장 깊은 내면의 존재와
실재 안에서 공명하고, 우리는 살아 있음의 환희를 실제로 느낀다.

_조셉 캠벨Joseph Campbell

죽어 가는 이들로부터 끊임없이 배우는 교훈은 우리가 자신에게 최악의 비평가라는 사실이다. 죽어 가는 이들은 죽음이 다가옴에 따라 삶을 돌아볼 때, 자신의 삶을 가치 있게 살지 못했으면 가슴에 사무치는 슬픔과 회한을 느끼는 일이 많다. 반면에 자신의 삶의 의미가 존중받는 인생을 산 사람들은 대개 평화로운 죽음을 맞는다. 어떤 이들은 죽어가는 동안 삶의 목적을 발견한다. 우리는 삶의 목적을 모색하고 알아차림 속에서 성장할 때 자신의 언어로 의미를 찾는다. 우리에게 활기를 주는 것은 삶에서 소중히 여기는 것이다. 그리고 죽어 가는 이들을 볼 때마다 거듭해서 진실한 것과 자신의 가치대로 사는 것이 얼마나 중요한지 절실해진다.

우리는 매년 자원봉사자 훈련의 한 세션에서 자원봉사자들이 자신의 죽음을 앞두고 얼마나 많은 시간이 남아 있기를 원하는지 선택하게 한다. 세 가지 경우 중 하나를 선택하고 그 이유를 설명하는 것이다. 첫째는 경고도 없고 예상도 못한 갑작스러운 죽음, 둘째는 며칠밖에 남지 않은 죽음, 셋째는 3개월 내지 6개월 후의 죽음이다. 흥미롭게도 세 가지 경우를 선택하는 사람들의 숫자는 대개 비슷하다. 각 경우를 선택한 이유는 대개 다음과 같다. 갑작스런 죽음을 선택한 사람은 "내가 죽고 있다는 걸 아는 괴로움을 겪고 싶지 않아요."라고 말했다. 며칠 후의 죽음을 선택한 사람은 "며칠만 있으면 하고 싶은 일을 하고 작별인사도 할 수 있을 겁니다."라고 대답했고, 몇 달 남은 죽음을 선택한 사람은 "남은 일을 정리할 시간이 필요합니다." 혹은 "몇 달이 남아 있으면 미진한 일을 마무리할 수 있고 가족과 더 친밀하게 될 수 있겠지요."라고 말했다.

모든 사람은 죽기 전의 시간에 의미와 가치를 부여한다. 어떤 이에게는 죽기 전에 자신이 죽고 있음을 아는 시간이 항상 너무 길다. 죽음을 앞두고 있다는 사실이 가족에게 부담되고 자신에게도 감정적으로 힘든 일로 여겨지기 때문이다. 이렇게 볼 때 임종은 가족들을 지치게 하고 자제력과 안정감을 잃게 한다. 이때 임종은 가능하면 빨리 지나가야 하는 일로 여겨진다.

반면에 어떤 이에게 임종은 그야말로 일생에 단 한 번밖에 없는 기회이다. 그 기회를 이용할 가능성은 오직 죽어 가는 이가 정신적으로 얼마나 예민한가에 달렸다. 이런 관점에서 임종은 관련된 이들 모두를 풍요롭게 할 수 있는 경험이다. 임종의 어려움은 익히 알고 있지만 임종을 통해 가족 모두가 성장하고 친밀감을 기를 수 있는 측면을 보게 된다.

사람들은 대개 이 두 극단 사이의 어느 지점에 이른 후 죽는다. 죽음이 몹시 괴로울 거라고 염려하는 사람들은 죽음의 경험에서 흔히 두려울 것이라고 상상했던 것보다 의미 있는 무엇을 발견한다. 반면에 기회는 얼마든지 있다고 믿는 사람들은 종종 매우 힘든 시간을 보내게 된다. 가장 확고한 마음을 가진 사람에게조차 죽음은 파괴적인 경험일 수 있기 때문이다.

우리가 죽음과 임종에 부여하는 의미는 삶을 대하는 심리적 입장을 나타낸다. 그것은 이 세상에서 사는 목적이라고 여기는 것, 살아 있음을 중요하고 소중하게 여기는 것에서 비롯된다. 죽음을 직면할 때 우리는 인생을 되돌아보고 삶에 부여한 의미에 따라 삶을 평가한다. 대개 그 의미를 얼마나 지지했는지에 따라 자신의 가치를 판단한다. 그리고 그 판단의 결과에 따라 얼마나 만족스럽게 죽을 수 있는지가 나타난다.

내가 승려일 때 동료였던 짐Jim은 한국전쟁 때 오스트레일리아군의 전투기 조종사였다. 그는 278일 후에 환속하기로 결심하고 승려가 되었다. 그리고 승려 생활을 마치기를 기다리며 달력에서 하루씩 지워나갔다. 짐이 승복을 벗기를 간절히 원했으므로, 나는 그에게 애초에 승려가 되기로 결심한 이유가 무엇인지 물었다. 그는 전쟁에서 겪은 이야기를 들려주었다.

한국전쟁 중에 피난선 한 척이 북한을 떠나 남한으로 향했다. 남한의 군함이 피난선에 다가와 피난민을 옮겨 태우려고 했다. 그때 사실 군사적 유인책이었던 그 피난선이 갑자기 폭발하면서 가까이 있던 남한의 군함을 침몰시켰다. 2주 후에 또 피난민들이 타고 있다고 주장하는 다른 배가 북한을 떠나 남한으로 향했다. 하지만 이번에는 남한 당국이 다시 그 배가 폭발해서 부근의 다른 군함에 피해를 끼치기 전에 그 배를 침몰시키기로 결정했다. 남한 당국은 그 상공을 비행하는 전투기를 조종하고 있던 짐에게 그 배를 파괴하라고 명령했다. 짐은 그 배를 공격했다. 그런데 그 배는 위장이 아니라 진짜 피난선이었음이 밝혀졌고, 결국 278명의 무고한 피난민이 숨졌다.

처음에 짐은 전쟁은 전쟁일 뿐이라고 생각하고 대학살을 잊으려 했다. 그런데 나이를 먹으면서 그의 가치가 변했다. 승려가 되기로 결심하기 전에는 죄책감이 심해서 자존심을 유지하며 하루도 더 살 수 없었다. 그래서 당시 숨진 사람들에게 속죄하려 승려가 되었다. 짐은 그 사건이 양심에 걸린 채 죽는 두려움에 시달린다고 말했다.

우리의 행위가 인생의 의미와 목적에 반하면 우리는 나이가 들면서 그 행위에 사로잡힐 수 있다. 우리는 삶의 의미에 대한 관점에서 비롯되는 가치를 지닌 내면의 규범을 세운다. 그리고 삶의 경험을 통해 스스로 그 목적을 보존하고 견지하는 책임을 진다. 그런데 나이가 들면서 삶의 의미가 변할 수 있고, 과거에 받아들일 만했던 행위도 용납할 수 없는 행위가 될 수 있다. 그러면 최근에 정립한 규범에 의해 전 인생을 판단하게 된다.

모든 사람과 모든 시대에 옳은 단 하나의 의미는 없다. 삶에 내재하는 고상한 목적과 절대적 의미도 없다. 인생은 우리가 선택하는 의미를 쓰는 빈 종이와 같다. 삶에서 일어나는 모든 경험을 해석함으로써 그 의미를 세운다. 버지니아 울프가 말했다. "인생의 의미는 무엇인가? … 위대한 계시는… 결코 오지 않았다. 대신 매일 만나는 작은 기적, 눈부심, 기대하지 않았을 때 어둠 속에서 밝혀진 성냥불이 있었다."

 희망

인생의 가치와 목적을 물을 때 우리가 누구인지, 어디를 향하고 있는지 평가하기 시작한다. 그것이 성장을 열망하는 가슴에서 먼저 움트는 것이다. 대개 위기에 처했을 때 그 질문을 하기 시작한다. 사랑하는 이를 잃거나 죽음이 닥칠 때 우리는 물러나서 성찰하고 그 문제를 이해할 수 있는 맥락을 주는 답을 찾는다.

지금껏 나는 누구였는가? 어떻게 이 세상에서의 시간을 가장 잘 실현해야 하는가? 대개 이것은 우리의 낡은 태도의 종말을 목격했을 때, 과거에 소중히 여겼던 가치가 죽음의 상실이 남긴 폐허에 답하기에 충분하지 못할 때 일어나는 정신적 질문이다. 개인적 괴로움 너머의 것을 찾을 때, 자기 자신보다 더 큰 의미를 찾을 때, 평범하고 한정된 것을 초월할 수 있게 하는 목적을 탐구할 때 그런 질문이 생긴다. 그런 목적을 찾을 수 있으면 개인적 괴로움이 고귀해진다.

죽어 가는 환자들은 대개 인생의 가치와 죽음이 갖는 의미를 탐구한다. 임박한 역경에 직면하여 그들은 가슴속 깊이 뛰어들어 자존감에 의문을 제기한다. 그래서 많은 사람들이 얼마 동안 무의미함, 체념, 절망을 겪는다. 일부는 자살을 심각하게 고려하고 몇몇은 실제 자살한다. 그 어둠으로부터 많은 환자들은 인생의 새로운 의미와 목적에 이른다. 여러 해 동안 잃었던 가치를 재정립기도 하고 잔해만 남은 상황에서 새로운 가치를 창조하기도 한다.

호스피스 환자 로버트Robert는 자유로운 영혼을 가진, 텍사스의 트럭 운전사였다. 30년 동안 트랙터 트레일러를 운전하면서 미 대륙을 셀 수 없이 횡단했다. 로버트는 은퇴 후 지난 몇 년 동안 픽업트럭에 의지해 길에서의 자유를 되찾았다. 그는 시간이 나면 운전을 했다. 아무 때나 아무 데로나 갔고 사방으로 열린 길이 주는 느낌을 사랑했다. 그는 트럭을 운전하면서 머리를 정리한다고 말했다.

로버트는 암을 치료하러 병원에 다니는 동안 팔에 항암제를 투여하는 수액줄을 단 채로 몇 시간씩 운전했다. 그런데 이제 너무 쇠약해졌으므로 운전하는 것이 자신과 다른 사람들에게 위험하다는 것이 분명해졌다. 그래서 호스피스 간호사가 그에게 자동차 열쇠를 달라고 했다. 로버트는 차를 운전지 못하는 것이 가장 견디기 어려운 일이라고 말했다. 그 후 몇 주 동안 그는 낙심하고 절망했다. 멈춰 있는 트럭의 운전석에 매일 여러 시간 앉아 있었다. 그리고 운전석에 있을 때 성경을 읽기 시작했다. 시간이 지나면서 차츰 그는 트럭에 가지 않고 그저 성경을 안고 침대에 누워 있었다. 호스피스 목사가 그가 숨질 때까지 함께했다. 로버트는 "하느님의 말씀 안에서" 새 희망을 발견했다고 말했다. 그는 성경을 곁에 두고 트럭이 내다보이는 창문을 향한 채 숨졌다.

시간이 지남에 따라 로버트가 주목하는 희망과 의미가 조금씩 변했다. 자신의 트럭이 상징하는 것을 전부 놓아버리지 못했지만 하느님에게로 가는 여정에 새로운 의미와 기쁨을 더할 수 있었다. 성경에서 새로운 가치를 발견하여 운전하지 못하는 상실감을 덜 수 있었다. 단지 트럭을 볼 수 있고 성경을 손에 들고 있는 것이 그의 영혼에 새 희망을 불어넣어 준 것 같았다. 아마도 그는 결국 계속 여행할 수 있었을 것이고, 마음껏 그 새로운 여행을 시작할 수 있다고 느꼈을 것이다.

호스피스에 종사하는 우리는 죽어 가는 이들의 희망이 처음엔 생명을 연장하고 싶은 것이었다가 점차 귀중한 시간을 가지려는 희망으로 변한다고 말한다. 이런 변화에 따라 희망은 환자들이 삶과 깊이 연결되는 과정이 된다. 그들은 몇 년 후의 미래에 살아 있기를 바라는 것보다 지금 살아 있음을 살기 시작한다. 또 희망을 나중으로 미루지 않고 삶의 목적과 의미를 적극적으로 표현함으로써 희망을 실제로 살기 시작한다. 그 절박함으로 인해 자신의 가치를 직면하게 된다. 그래서 많은 환자들이 자신도 모르게 더 즉시, 더 개인적으로, 더 열린 태도로 행동한다. 미리 계획하거나 주저하지 않는다. 죽어 가는 이들은 삶의 의미를 발견한 후 그것을 곰곰이 생각하기보다 실제로 살기 시작한다.

호스피스 환자들이 귀중한 시간의 희망에 다가가는 한 방식은 관대함을 표현하고 세상에 돌려주는 것이다. 죽어 가는 환자들은 자신의 모습을 녹화해서 사랑하는 사람에게 남기는 일이 많다. 이별 선물로 열심히 퀼트를 짜거나 그림을 그리기도 한다. 일부는 질병 연구에 참여하기로 결심하여 자신의 병에 의미를 부여한다. 관대함을 나타내는 소소한 행동은 죽음 너머로 그들의 존재를 확장한다. 그리하여 그들은 개인적 곤경을 넘어 모든 사람이 공유하는 인간성의 공통된 기반에 이른다.

엘리자베스 퀴블러 로스가 '성장의 마지막 단계'라고 말한 결정적 시기가 바로 이때다. 환자들이 어떤 선택을 하든 호스피스 종사자들은 그 시간을 유용하고 풍요롭게 이용하려고 노력한다. 죽어가는 환자들은 매우 민감하다. 보다 세심하게 경험의 세계를 받아들이기 시작한다. 환자들은 건강할 때 삶에서 무시했던 부분을 알아차리기 시작한다. 그것은 매우 미묘한 미적 감각과 음미 등이다. 어떤 환자는 일출과 일몰의 복잡미묘함을 말한다. 새 먹이통을 매달거나 꽃으로 집을 꾸미기도 한다. 그런 경험이 중요하다는 걸 생전 처음 알게 되었을지도 모른다. 그런 기쁨과 충만감은 호스피스 환자에게 의미와 희망을 품고 이별한다는 느낌을 주는 귀중한 시간의 표현이다.

어떤 환자는 단지 가족과 더 많은 시간을 보내고 싶어 한다. 그들에게 귀중한 시간이란 오래된 마음의 상처를 치유하고 인간관계에 깃든 사랑을 음미하는 것이다. 그들은 얼마 남지 않은 시간에 참으로 많은 사랑을 표현할 수 있다. 환자와 배우자들은 새로운 절실한 애정으로 그들의 관계의 본래 의미를 되찾는다. 어떤 이들은 숨지기 직전에 결혼 서약을 다시 한다. 그들은 마치 완전히 새로 사랑에 빠진 것 같다.

60년 넘게 함께 살아온 부부와 함께한 적이 있다. 죽음이 가까운 리처드Richard는 휠체어 없이 움직이지 못했다. 그는 남편인 자신의 죽음을 고통스럽게 직면해야 하는 아내 페그Peg를 보호하려 했다. 그래서 아내에게 자신의 병에 대해 말하지 않으려 했다. 하지만 페그는 리처드가 입을 닫고 있는 것을 불평했다. 그녀는 남편의 마지막 여정을 함께 하기를 바랄 뿐이었다. 어느 날 나와 이야기를 나누던 리처드는 자신이 숨질 때 페그가 곁에 있으면 좋겠다고 말했다.

나는 페그에게 그런 말을 했느냐고 그에게 물었다. 그는 말하지 않았다고 했다. 지금 페그에게 그 말을 하고 싶은지 묻자, 그가 고개를 끄덕였다. 그래서 나는 휠체어를 밀어 페그가 앉아 있는 곳으로 갔다. 그는 잠시 동안 말을 더듬거리다가 마침내 그가 세상을 하직할 때 그녀가 곁에 있기를 바란다고 말했다. 그러자 그 부부는 그 일에 대한 말문이 한꺼번에 터졌다. 며칠 후 내가 다시 방문했을 때 그들은 여전히 깊은 대화를 나누고 있었다. 두 사람은 빛이 나고 행복감에 들떠 있었다. 리처드는 나를 곁으로 부르더니 로맨스를 되찾아 주어 고맙다고 말했다.

사랑의 동기는 위장되고 잠재의식적인 경우가 많지만, 많은 사람들이 사랑이 삶에 의미를 주는 토대임을 깨닫게 된다. 장시간의 업무와 자녀 양육 그리고 싸움조차 결국 사랑의 공통분모가 된다. 리처드와 페그 같이 얼마 남지 않은 시간의 압박에 몰린 사람들도 사랑이라는 공동 목적으로 재결합할 수 있고 늘 중요했던 것을 재발견할 수 있다.

사랑의 진정한 의미를 발견하든 못하든 거의 모든 사람은 계속해서 목적을 찾는다. 모든 사람은 자신의 가치를 입증할 맥락을 찾는다. 그것을 발견하면 자신의 에너지와 자원을 사용할 수 있고, 그러면 우리가 하는 모든 일에 그것이 전해진다.

최근에 라디오에서 대단히 맛있는 바베큐 갈비를 만드는 걸로 유명한 요리사의 인터뷰를 들었다. 진행자가 요리를 특히 맛있게 만드는 어떤 요인이 있는지 물었다. 그는 양념과 바베큐 화덕이 중요하다고 말했다. 이어서 잠시 주저하다가 그런 재료들로 요리할 때 자녀들을 머릿속에 떠올린다고 덧붙였다. 그것이 그의 요리 비법이었다. 그에게 목적의식을 주는 것은 사랑이었다. 그는 요리할 때마다 자녀들에 대한 사랑이라는 특별 양념을 넣었던 것이다.

의미는 오직 행동에서, 자신의 가치를 실행하는 능력에서 실현된다. 대개 믿음을 통해서 의미가 행동으로 옮겨진다. 그것은 우리가 생각하고 그 후에 행동하는 것이다. 그런데 우리는 행동이 자연히 일어날 만큼 충분히 통합하지 않았다. 목적에 부합하려 하지만, 항상 너무 큰 옷을 입어보는 것처럼 좀 가식적이라고 느낀다. 그런데 임종할 때는 그 옷을 치워버릴지 모른다. 이 옷 저 옷 입어볼 시간이 없고 곧장 살아 있음의 절박함으로 뛰어든다. 과거에 충분히 오래 그런 가치에 대해 숙고하고 노력했다면, 삶이 그 가치에 의존하게 될 때 자연스럽게 그것에 다가가기가 더 수월하다.

최근 몇 개월 동안 계획한 호스피스 관리자 회의에 참여했다. 준비할 때 모든 참석자들에게 편한 날짜를 정하기가 참 어려웠는데, 여러 도시에서 많은 참석자들이 도착하고 있었다. 그런데 회의 도중에 호스피스 간호사에게서 전화가 왔다. 우리 호스피스에서 돌보고 있는 내 친구가 막 죽어가고 있는데 나를 만나고 싶어 한다는 것이었다. 나는 회의에 참석하고 있는 상사에게 달려가서 내가 당장 떠나야 한다고 말했다. 그는 나를 붙잡으려고 애썼다. 하지만 직장을 잃지 않는 것보다 친구가 숨질 때 곁에 있는 게 훨씬 더 중요했기 때문에 나는 그의 말을 듣지도 않았다. 잠시도 망설이지 않았다. 선택의 여지가 없었기 때문이다. 나는 일어나서, 사과를 하고, 그 자리를 떠났다.

그런 명백함의 순간 동안 의미는 끝난다. 의미는 행위 속으로 녹아들고 더 이상 결정에 영향을 주는 요인이 아니다. 그런 순간은 우리가 의미와 완전히 일치되었음을 가리키고, 이제 의미는 우리의 반응을 선별하는 윤리적 기준이 아니다. 우리는 어떤 신비로운 방식으로 신중함을 온전히 통합된 행위로 변형시킨 것이다.

환자들이 귀중한 시간에 대한 희망을 표현하는 다른 길은 임종을 대하는 태도이다. 그가 어떻게 죽음을 마주하는가? 임종 상황에 의미를 부여하고자 무엇에 의존하는가? 나는 여러 해 동안 호스피스 일을 하면서 정말 많은 환자들이 그 문제와 씨름하는 걸 보았다.

많은 환자들은 그 문제를 받아들이려 애쓰는 가운데 '인생 되돌아보기'라는 과정을 겪는다. 죽어가는 이들은 흔히 삶에서 감정적으로 힘겹고 모호한 부분을 정리하고 싶어 한다. 얽매이거나 교착되었다고 느끼는 부분에 대해 끝까지 이야기를 나누고 재연하기 원한다. 내면에서 어떤 해결점과 최종적인 가치에 이르기를 바라는 것이다. 환자가 임종을 맞는 태도는 어느 정도 이 과정의 결과에 따라 정해진다.

환자는 대개 자신의 인생 되돌아보기에 호스피스 종사자를 참여시킨다. 이때 호스피스 종사자는 환자가 무슨 말을 하든 판단 받는다는 느낌이 들지 않도록 분위기를 조성하는 것 말고는 할 일이 거의 없다. 다음 이야기가 보여주듯이 이 과정은 말하는 환자뿐만 아니라 듣는 이에게도 매우 힘겨울 수 있다.

제니스Janice는 집중적인 인생 되돌아보기를 한 후 자신의 죄를 보상해야 한다고 결론 내렸다. 호스피스 사회복지사는 호스피스 목사에게 제니스가 그 과정을 해낼 수 있게 도와 달라고 요청했다. 제니스는 진통제를 먹지 않기 시작했다. 육체의 고통을 겪으면 영혼을 정화하고 신의 뜻을 따를 수 있다고 믿었다. 자신의 고통에 의해 그리스도의 고통을 잘 알게 되므로 그리스도에게 더 가까워질 수 있다고 말했다. 목사는 깜짝 놀랐다. 그가 보기에 제니스의 인생에는 결정적인 문제가 없었다. 그녀는 지극히 인간적인 삶을 살았고 평범한 문제와 실망을 겪었을 뿐이다. 목사가 설득해 보았지만 제니스는 진통제를 완강히 거부했다. 통증이 상당히 심해졌다. 한 번은 목사가 제니스에게 충분한 고통을 겪었는지 어떻게 아느냐고 물었다. 환자는 이렇게 대답했다. "내가 죽으면 충분히 고통을 겪은 것이겠지요."

제니스의 경우는 호스피스 종사자들이 자주 겪는 곤혹스러움을 잘 보여준다. 우리가 하는 일은 환자들이 삶의 의미, 삶의 질, 그리고 궁극적으로 자유를 찾도록 돕는 것이다. 그것은 사건과 절차에 대한 우리의 권위를 놓아버림을 의미한다. 우리는 틀림없이 환자가 명확한 이해에 따라 결심하도록 부지런히 일하지만, 궁극적으로 무엇을 선택할지 결정하는 건 환자와 가족이다. 따라서 호스피스 종사자는 개입하지 않은 채 제니스가 고통을 겪으며 죽는 걸 지켜볼 수밖에 없었다.

제니스는 고통 받으면 죄를 면하고 용서 받을 수 있다고 믿었으므로 억지로 고통을 받기로 결심했다. 고통 속에서 정신적 가치를 찾은 것이다. 그것을 지켜보는 우리는 힘겨웠지만, 환자는 확신대로 실행함으로써 자신을 입증했다고 느꼈고 인생의 목적과 의미에 부합한다고 생각했다. 제니스에게는 자신이 믿는 방식으로 정신적 가치를 실행하는 것이 희망이었다.

역경 속에서도 삶의 목적을 견지하고 개인적 의미를 잃지 않을 때 희망이 성취된다. 치료될 가망이 없을 때 우리는 의미 있는 죽음, 좋은 죽음을 죽기를 바라게 된다. 죽어 가는 많은 환자들은 인생이 만족스럽지 않아 의미를 찾으려 분투한다. 평온히 숨지는 사람들은 대개 삶이 순조롭고 만족스럽다. 삶과 가치 사이에 괴리를 겪지 않는다. 매일 삶의 의미를 실현하며 살고 있으므로 새삼 의미를 찾으려 애쓰지 않는다. 죽어가는 이들에게 희망을 주고 도움이 되려면 그들이 자신의 의미 체계 안에서 자신의 죽음을 죽을 수 있게 해야 한다. 많은 사람들이 그것을 좋은 죽음이라 여긴다.

의미의 상대성

우리가 행동에 부여하는 의미와 인생에 부여하는 가치는 세상에서 우리가 있는 곳을 어떻게 이해하느냐에 따라 정해진다. 그 이해는 환경에 따라 순간마다 끊임없이 변한다. 예를 들어 우리는 아내로서 자신의 가치를 인식하고 또 엄마나 직장의 관리자로서 자신의 가치를 인식한다. 또한 자신의 가치에 대한 인식은 자신의 소명, 느끼는 감정, 환경에 따라 오르내린다. 우리는 한때 자신에게 만족을 느끼다가 다음 순간 자신을 비판적으로 바라보게 되는 데 익숙하다. 이렇게 자신에 대한 인식이 바뀔 때 우리가 알아차리지 못하는 것은 우리의 세계관도 바뀐다는 것이다. 자기이해가 변할 때 우리가 세계에 부여하는 의미와 가치도 변한다. 인생이 우리에게 주는 의미는 지금 이 순간 우리가 자신을 어떻게 생각하느냐에 달려 있다.

자기이해와 삶의 의미는 변하지 않고 동떨어진 인식이 아니며 복잡하게 서로 얽혀 있다. 우리는 자신의 심리 상태가 변함없이 일관된다고 여기고 싶지만 사실은 그렇지 않다. 면밀히 살펴보면 자기 자신에 대한 인식이 환경과 상황에 따라 변하는 걸 알 수 있다. 예를 들어 우리가 보다 수동적일 때는 위축되고 고립되고 자기폐쇄적인 것을 느끼지만, 자연 속에 있을 때처럼 다른 상황에서는 드넓은 내면의 공간과 자유를 느낄 수 있다. 우리는 하루 종일 이렇게 큰 자아감과 왜소한 자아감 사이의 연속선을 이리저리 오간다.

그런데 이따금 흔치 않은 사건이 일어나면 그런 연속선에서 벗어나 자신을 되돌아볼 수밖에 없게 된다. 죽음을 맞닥뜨리거나 사랑하는 사람을 잃거나 극심한 트라우마를 겪으면 자기인식이 심하게 흔들릴 수 있다. 대개 방어기제가 한없는 광대한 의식에 압도당하는 느낌으로부터 우리를 보호해주지만, 그런 사건은 방어기제를 무너뜨릴 수 있다. 그런 사건은 세상의 질서에 대한 평범한 이해를 뒤흔들 수 있고, 우리보다 더 큰 어떤 것의 현존으로 우리를 깨어나게 한다. 이런 관점을 알게 되면, 우리가 삶에 부여하는 의미와 세상에서 행위하는 목적이 전혀 다르게 바뀔 수 있다.

내 형은 거의 20년 동안 마약중독자였다. 그때 시카고에서 상당히 비참하게 살았다. 어느 날 밤 분명히 술 취한 사람이 형의 아파트에 침입해 들어와서 마약을 내놓으라고 협박했다. 그는 형이 평소에 마약을 가지고 있는 걸 알고 있었다. 그런데 그때는 형의 아파트에 마약이 없었다. 하지만 침입자는 형의 말을 믿지 않고 총구를 형의 머리에 대고 어서 마약을 만들라고 윽박질렀다. 형이 거듭해서 지금은 약이 없다고 하자 침입자가 방아쇠를 당겼다. 그런데 총이 불발되었다. 그는 총에다 욕을 하고, 다시 형의 머리에 대고 방아쇠를 당겼지만, 이번에도 총은 발사되지 않았다. 크게 낙담한 그는 형의 아파트를 떠났다. 형이 창문 밖을 내다보았다. 그 사람이 길을 걸어가면서 총을 하늘로 들고 방아쇠를 당겼다. 이번에는 총이 발사되었다.

형은 바로 그 순간 자신이 변했다고 말했다. 즉시 마약을 끊고 열렬한 그리스도인이 되었다. 그 사건으로 인해 세상에 대한 인식과 자신이 세상의 어느 곳에 있는가에 대한 생각이 달라졌다고 말했다. 세상과 자아감이 뒤섞여 훨씬 더 큰 어떤 것이 되었다. 자신은 늘 세상에서 동떨어진 혼자라고 믿었는데, 그 사건이 일어난 순간 결코 혼자였던 적이 없었다는 걸 알게 되었다. 그는 모든 생명이 하나인 것이 분명하다고 말했다. 그때부터 형은 가장 우선해야 하는 일을 전혀 다르게 선택했고 새롭게 세상과 연결되어 있음을 느끼며 살았다.

형이 겪은 일 같은 경험은 자아감을 변형시키고 확장해 세상을 더 넓게 보게 한다. 그때 우리는 단지 몸과 마음에 국한된 존재가 아니라 우주와 조화를 이루는 존재라고 느낀다. 하지만 그런 변화는 영원하지 않다. 생명의 본성은 변화이므로 환경이 달라지면 우리는 다시 두려움과 수동성을 일으킨다. 세계관이 협소해지고 자아와 타자라는 관점으로 삶을 볼 때 다시 자기보존에 매달리게 된다.

광대하고 포괄적인 세계 인식은 가설이 아니다. 우리가 현재 참여하고 있는 세계관보다 덜 객관적이거나 관찰하기 어렵지 않다. 우리는 늘 이런 저런 관점에서 세상을 보고, 모든 관점에는 그 나름의 진실이 있다. 하지만 자기보존에 집착할 때는 보다 포용적인 수준의 진실에 이를 수 없다.

가장 제한된 수준에서 자아란 마음의 내용으로 규정된다. 대개 자아라는 것을 굳게 믿는다. 즉 자아란 사건을 통제하는 고정되고 변함없는 실체라고 여긴다. 따라서 마음 외부의 모든 것과 심지어 마음속의 그림자조차 자아라는 유기체에 잠재적인 위협이 된다. 이런 관점을 가진 사람의 시각은 유신론적일 수도 있고 무신론적일 수도 있다. 둘 중 어느 쪽이든 세계를 매우 직선적으로 보고 자기방어와 축적을 하려는 관점에서 세계를 묘사하고 이해한다. 사람과 사건을 자기에게 유리한지 불리한지에 따라 인식하고, 대개 즐거움과 고통에 반응해서 행동한다. 세상이 자기와 분리되어 동떨어져 있는 대상이라고 여기므로 끊임없이 대상을 자신의 영향권으로 가져오는 데 관심을 가진다. 또 위협이라고 여기는 것을 피하려고 강한 방어기제에 의존하기도 한다. 이익과 손실에 따라 인생의 성공과 실패를 판단한다. 죽음을 삶의 정반대로 여긴다. 즉 삶은 얻어야 하는 보물인 반면에 죽음은 결정적 손실이다.

이런 관점과 반대로 자아가 모든 걸 포용한다는 관점으로 세상을 이해할 수도 있다. 대상이 행복을 방해한다고 여기지 않으므로 큰 기쁨이 일어날 수 있다. 이득을 얻거나 상황을 회피해서 만족을 얻는 게 아니라 있는 그대로 삶을 살 때 만족을 느낀다. 또 그런 만족을 가로막는 것을 안전에 대한 위협이 아니라 성장의 기회로 받아들인다. 삶과 죽음 사이에 단절이 생기지 않는다. '나'라는 인식이 피부와 개인의 마음이라는 경계 너머로 확장된다. 모든 것이 자신의 일부가 된다. 광대한 공간감을 느끼고, 남에게 많은 애정을 느끼고, 자신이 하는 일을 방어할 필요가 없다고 여긴다. 행위를 통해 가슴의 의도에 다시 부합하는 길을 모색한다. 관대한 정신성에 기반한 자비로운 행위로 세상에 봉사한다. 고갈되거나 탈진하지 않고 기쁘게 봉사한다.

모든 사람은 삶에서 그렇게 모든 걸 감싸 안는 포용을 경험했다. 특히 어릴 때 광대한 일치의 기쁨을 느낀 사람이 많다. 반면에 모든 사람은 또한 자신의 고통과 이기적 관심에 사로잡혀 가슴속에 다른 사람을 생각할 여지조차 없었던 때를 기억한다. 한순간 중요했던 것이 다음 순간 전혀 다른 것으로 변한다. 이렇게 우리는 가슴을 활짝 여는 사랑과 마음이 꼭 닫힌 자기보존이라는 양 극단 사이를 오간다. 하지만 대개 자신의 자아상이 양 극단 사이의 연속선 위의 어느 지점에 있다고 여기고, 자신이 보다 확장되거나 위축되는 순간을 무시한다. 자신이 실제로 유동적인데 고정되어 있다고 믿는다. "나는 이런 사람이야. 바로 이게 나야." 실제의 자신이 아니라 자신이 어떤 사람이라고 믿고 싶은 대로 계속 자신을 자리매김한다.

60년대에 환각제가 많이 유행할 때 많은 사람들이 환각제를 사용하여 자기인식의 습성을 누그러뜨릴 수 있었다. 하지만 약효가 떨어지면 다시 예전의 의미와 관점으로 돌아왔다. 그들은 환각제의 효과를 경험하는 상태의 상대성을 인식하지 못했고, 계속 그 경험으로 되돌아가려 했다. 하지만 우리가 거의 알지 못해도 우리의 이해는 평생 변화한다. 어떤 변화는 자아상을 완전히 뒤흔들어버리므로 우리는 의식적으로 그런 변화를 억제한다. 하지만 대부분의 경우 그런 변화가 타당하지 않다고 여겨 무시한다.

내 친구 아트Art는 에이즈로 죽어가고 있었다. 그는 보기 드문 열정과 지혜로 충만한 사람인데, 그것이 자기인식하는 삶과 말기 질환 덕분이라고 말한다. 그는 자신의 병에 대한 이야기와 임박한 죽음에서 얻은 진실에 대한 책을 썼다. 나는 아트가 가르치는 자리에 참석해 왔는데, 그는 늘 대단한 깊이와 명확함을 가지고 말한다. 일상 대화를 할 때도 관점과 인식에서 자신 너머까지 가는 일이 많다. 아트의 행동과 말에는 보편적 이해와 광대함이 배어 있다.

얼마 전에 아트에게 전화해서 잘 지내는지 물었다. 그는 체온이 40도를 넘어 입원했다가 막 퇴원한 상태였다. 그는 비참했고 자기방어를 하는 기분이었다. 아무도 만나지 않고 혼자 있으려 했다. 꼬박 1년 동안 저자 강연회도 가르치는 일도 거절했다. 아트는 내향적이었고 가장 가까운 친구들만 만나려 했다. 나와 이야기할 때 그는 약간 화나고 성마른 것 같았다.

나는 그런 변화에 대해 그에게 물었다. 그런데 아트는 자신의 두 가지 대조적인 심리 상태가 모순이라고 생각하지 않았다. 이따금 에이즈가 깊은 두려움을 불러일으킬 때는 그저 피하고만 싶다고 말했다. 그때는 병을 앓는 데서 아무 가치를 찾을 수 없었고 병을 없앨 수 있다면 무엇이든 하려 했다. 하지만 다른 때에는 병에게 친구처럼 말을 걸고, 이름도 지어주고, 자신의 일부로 대한다고 말했다. 병과 협상하고, 속이고, 함께 노는 친구로 삼았다. 그런 때는 이따금 병에 걸린 사실조차 잊었다. 단지 삶의 다른 순간처럼 죽음을 맞으려 했다.

한 관점을 버리고 다른 관점과 동일시하지 않았기 때문에 아트에게는 모순이 없었다. 보다 광대한 인식으로 돌아가려 하거나 두려움을 물리치려 싸우지 않았다. 늘 두려움과 기쁨을 모두 받아들였다. 그의 의미와 목적은 관점에 따라 변했고, 그는 그 순간마다 진실 같아 보이는 것에 따라 행동하려 했다. 만일 그것이 예정된 저자 강연회를 취소해야 한다는 의미라면, 그래야 했다. 그에게 중요한 것은 일관된 자아상에 매달리는 것이 아니라 그 순간을 이해하는 것이었다.

이기심부터 만물의 일치까지 모든 관점은 상대적이다. 그것은 전체의 일부일 뿐이다. 진정한 자유는 한 관점에만 있는 게 아니다. 보다 광대한 관점을 가지면 내면의 자유가 증가하고 개인적 고통이 줄어들지만, 그것도 상대적인 관점일 뿐이다. 한 관점이 다른 관점보다 뛰어나다고 믿으면 그 관점에 연관된 괴로움을 겪는다. 모든 관점으로부터 많은 것을 배울 수 있으므로 자신의 정체성과 현실을 결정하는 데 하나의 관점에만 의존하지 않는 게 좋을 것이다. 그때 삶이 제공하는 많은 의미들 가운데서 자유로이 춤출 수 있다.

성찰과 연습

의미를 찾는다

내가 죽을 때까지 남은 시간을 몇 가지 경우로 생각한다. 즉각적인 죽음, 며칠이 남은 죽음, 3개월에서 6개월 후의 죽음을 고려한다. 세 가지 시나리오마다 내가 그 속에 있다고 상상한다. 각각의 장점과 단점은 무엇인가? 내가 숨지기 전 시간의 가치를 성찰한다. 그 시간을 의미 있게 만들려면 무엇을 해야 하는가? 그 시간을 의미 있게 보내기 어려운 이유는 무엇인가?

자신이 죽는 세 가지 시기 중 하나를 선택한다. 자신이 얼마나 더 오래 살지 안다고 가정한다. 자신이 죽을 때를 알고서 하루를 사는 연습을 한다. 죽을 시기를 염두에 두고 모든 행동을 한다. 남은 시간을 어떻게 보내고 있는가? 지금까지와 다르게 행동하는가? 그렇게 하루를 산 후에 자신이 가장 소중히 여기는 것을 희생하면서 살고 있을지 모른다는 것을 알아차린다.

무엇이 나의 삶에 의미를 주는지 성찰한다. 어려움을 당했을 때 무엇이 나를 지

탱할 힘을 주는가? 내가 죽을 시간이 왔을 때 무엇이 내게 힘을 주는가? 그것

은 어떤 사람인가, 어떤 가치인가, 자존감인가? 내가 죽는다는 것을 잊을 때 그

것들은 어떻게 되는가?

현재 자신이 가장 중요하게 여기는 것들을 떠올리고 하나씩 자세히 살펴본다. 죽음에 가까워져 인생을 돌아볼 때 어떤 가치가 중요하다고 여길지 생각한다. 임종에서 자신이 중요시하는 것들이 평생 간직한 가치와 일치하는가 아니면 불화를 겪는가? 일주일 동안 자신의 행위를 관찰하고, 자신이 하루하루 삶을 사는 방식이 오래 간직한 가치와 부합하는지본다.

내 인생의 의미가 가진 상대성을 성찰한다. 평생 나 자신보다 더 큰 것의 존재

를 느낀 순간이 있었는가? 그 순간을 어떻게 이해했는가? 흥미, 두려움, 무관

심을 느꼈는가? 그 경험 후에 내가 인생에 부여하는 의미가 변했는가? 어떤 식

으로 얼마나 오랫동안 변했는가?

자신이 스스로 어떤 존재라고 여기는 태도는 소중하고 의미 있게 여기는 것에 어떤 영향을 주는가? 우리가 하루 동안 여러 사건과 상황에 반응하며 가치를 재정립하는 걸 알아차린다. 배고프거나 분노할 때 자신이 중시하는 가치가 어떻게 변하는가? 기분에 따라 목적이 바뀌는가? 아니면 근본적이라고 여기는 핵심가치를 견지하는가? 아침에 그날 자신에게 의

미 있는 것을 결정한다. 그리고 저녁에 그 의미가 유지되었는지 아니면
바뀌었는지 본다.

괴로움을 이해하다

Understanding Our Suffering 9

여러분은 오랫동안 아버지, 어머니, 아들과 딸,
형제자매의 죽음으로 괴로움을 겪었고,
그렇게 괴로울 때 온 세상의 바닷물보다 더 많은 눈물을 흘렸다.
그렇게 오래 여러분은 괴로움을 겪었고… 묘지를 가득 채웠다.

_붓다 Buddha

진심으로 삶을 배우면 자신이 하는 행동의 동기에 점점 더 민감
해진다. 갈등과 반응이 일어날 때 자신의 역할에 대해 책임을 받아
들이기 시작한다. 괴로움을 이해하고 초월하는 것이 정신적 여행
을 하는 목적이다. 우리는 매우 오랫동안 고통을 회피하려 애썼기
때문에 괴로움이 주는 교훈을 알아보지 못한다. 관계의 종말, 퇴색
하는 꿈, 좌절된 희망, 매일 겪는 실망 등 삶에 영향을 주는 작은 죽
음들은 정신적 괴로움을 일으킨다. 이런 작은 신호들은 주의를 기
울이라고 촉구하는 것이다. 그러면 육체의 죽음이 닥칠 때 죽음과
의 관계를 온전히 탐구할 수 있는 준비태세를 갖추고 있을 것이다.

싯다르타 왕자는 젊을 때 어떤 괴로움도 경험할 수 없도록 보호

했던 안전한 성벽 밖으로 나가 생전 처음으로 노인과 병자, 죽은 사람을 목격했다. 그는 다른 사람들이 괴로움을 겪는 모습에 충격을 받아 존재의 슬픔을 중단시키는 길을 반드시 찾겠다고 맹세했다. 치열한 탐구를 통해 그는 붓다가 되었고, 그의 말을 들으려는 사람들에게 괴로움에서 벗어나는 길을 알려주었다.

서양에서 사람들이 '젊음의 샘'을 찾으려 했던 것은 싯다르타와 똑같은 소망이었다. 늙음과 죽음의 괴로움을 끝내려는 시도였다. 그런데 젊음의 샘을 찾는 이들은 영원히 젊음을 유지하고 싶어 했지만 붓다는 사람들이 왜 그리고 어떻게 괴로움을 겪는지 이해하고자 했다.

사람들이 늙으면 반드시 일어나는 괴로움을 막고자 과학자들은 노화 작용의 유전적 수수께끼를 풀려고 노력하고 있다. 많은 사람들은 이것이 인류가 직면한 가장 큰 문제라고 믿는다. 노화 문제를 해결할 수 있으면 세계를 유토피아로 만드는 데 한 걸음 가까워질 수 있다고 기대한다.

하지만 과연 그럴까? 젊음의 샘에서 물을 마시려는 사람이 얼마나 될까? 죽음이 없다면 세상은 어떤 모습이 될까? 한 선사가 말했듯이 "우리는 죽는다는 것을 기뻐해야 한다. 우리가 영원히 산다면 정말 심각한 문제가 일어날 것이다." 어떤 관점에서 죽음은 문제이며 동시에 해결책이다. 우리는 죽음과 함께 살 수 없고 죽음 없이도 살 수 없기 때문이다. 하지만 다른 관점에서 늙음, 병, 죽음은 결코 문제가 아니다. 문제는 무엇이 우리에게 괴로움을 주느냐가 아니라 왜 우리가 괴로운가이다.

세상에는 괴로움이 헤아릴 수 없이 많다. 전쟁, 기아, 역병 등 명백한 불행으로부터 자신이 하찮다는 느낌, 자신을 용서하지 못하는 것, 외로움 등 스스로 일으키는 미세한 고통까지 다양하고 숨겨진 괴로움을 헤아리자면 방대하고 끝이 없는 것 같다. 한 사람의 평생 동안 일어나는 고통과 비극의 순간을 생각해 보라. 버림받은 마음, 부러진 뼈, 충격적인 상실, 실망 등을 숙고해 보라. 이제 그 고통의 수에 지구에 사는 사람들의 숫자를 곱한다 해도 인류의 한없는 슬픔을 단지 겉으로만 헤아린 것이다.

이렇게 괴로움이 만연하지만 모든 사람은 괴로움을 각자 다양한 방식으로 뼈저리게 느낀다. 나는 예전에 승려일 때 태국 해안에서 멀리 떨어진 섬의 작은 절에서 몇 달 동안 살았다. 아침마다 해안가를 따라 걸어서 작은 마을에 탁발하러 갔다. 그때 일출의 아름다움이 굉장했고 나는 그 길을 혼자 걷는 걸 좋아했다. 어느 날 아침 멀리 떨어진 해변에 무언지 알 수 없는 것이 보였다. 그 옆에는 마을의 어부가 서 있었다. 가까이 가서 보니 그것은 바닷물 속에 너무 오래 있어서 머리를 제외하면 사람의 몸인지 알 수 없을 정도로 손상된 시체였다. 그 어부의 짐작으로는 베트남 난민보트에서 바다에 빠져 죽은 사람이 해변으로 떠내려 온 것 같았다. 아마도 난민보트가 당시 태국 연안에 자주 출몰하는 해적들에게 공격받았을 거라고 추측했다.

여기서 한순간 아침의 일출을 만끽하고 있던 나는 다음 순간 갑자기 마주친 비극에 큰 충격을 받았다. 철저히 단순한 승려 생활과 해변에 밀려 온 그 시체 사이의 극명한 대조가 지금까지 내 마음속을 떠나지 않는다. 그 초현실적 이미지가 온갖 형태의 괴로움이 얼마나 광대한지 보여주었다.

괴로움은 삶의 유일한 요소가 아니지만 언제든 갑자기 우리가 경험하는 모든 것에 끼어들 수 있다. 괴로움은 예측 불가능하다. 모든 것이 괜찮을 때도 괴로움은 우리를 조심하게 하고 의심하게 한다. 우리는 계속 뒤를 돌아보고 매사를 확인하고 싶어 한다. "정말 이렇게 행복할 수 있을까?" 하지만 상황은 불가피하게 변하고 다시 우리는 두려운 고통의 현실로 돌아간다.

우리는 괴로울 때 통제력을 잃는다고 여긴다. 대양에 떠 있는 작은 배처럼 도저히 어쩔 수 없이 환경의 지배를 받는다. 날씨가 수시로 변하고 갑자기 폭풍이 몰아친다. 높은 파도 꼭대기까지 밀려 올라가면 올바른 관점을 잃는다. 폭풍은 절대 그칠 것 같지 않다. 다시 행복해지기 위해 할 수 있는 게 아무것도 없어 보인다. 그렇게 통제력을 잃으면 삶을 신뢰하기 어렵다.

괴로움은 삶의 의미와 희망을 뺏을 수 있다. 괴로움으로 인해 세상이 변덕스러워 보이고 자존감이 무너지는 절망의 나락에 떨어질 수 있다. 괴로움은 아무리 막으려 애써도 소용없고 우리를 파멸시킨다. 가끔씩이라도 즐거움이 있어야 괴로움을 좀 견딜 수 있지만, 고통이 너무 심하고 끊이지 않으면 도저히 삶의 가치를 찾을 수 없다.

많은 호스피스 환자의 가족들은 환자가 숨졌을 때, 사랑하는 사람이 더 고통 받지 않으므로 환자가 숨진 것이 기쁘다고 말하며 스스로 위로한다. 죽음이 원만하게 지나가고 많은 비통함이 따르지 않는 경우도 많은데, 가족들이 환자의 고통이 심하다고 생각할 때는 그를 떠나보내기가 훨씬 더 수월하다. 심한 고통을 겪는 사람의 인생은 살 만한 가치가 없는 것이 틀림없다고 여기기 때문이다. 환자의 고통을 걱정하는 가족들은 대개 "아프지만 않게 해주세요."라고 말한다.

하지만 우리는 괴로움과 동일시하도록 속을 수 있고, 그래서 자신도 모르게 괴로움이 계속되기를 바란다. 우울함에 너무 익숙해지면 매일 밤 집에 가서 블라인드를 내리고 슬픈 노래를 틀어 놓고 침울한 기분에 잠긴다. 우울에 익숙해져 우울한 게 편하다. 무거운 분위기에 굴복해도 그리 놀랍지 않다. 괴로움이 너무 일상적이어서 괴롭지 않은 자신을 기억하지도 못한다.

이때 질문해야 한다. 기꺼이 괴로움을 놓아버릴 것인가? 그 대신 행복해진다는 보장 없이도 기꺼이 괴로움을 완전히 포기할 것인가? 적극적으로 괴로움으로부터 배우려 하지 않으면 괴로움에 얽매인 상태에서 벗어날 길을 찾을 수 없는 것 같다. 고통으로부터 배우기 원하면서 동시에 고통이 지속되기를 바라는 것은 모순이다.

젊은 싯다르타는 위험을 무릅쓰고 안전한 요새 같은 성을 떠났을 때 괴로움이 가득한 삶을 끝내는 데 무엇이 필요한지 말했다. 우리가 바라는 안도감과 풍족한 삶보다 더 심오한 것이 있다고 했다. 우리는 행복하기를 바라기 때문에 오직 즐거움만 찾고 고통을 피하려 한다. 하지만 괴로움의 영향을 느끼고 원인을 탐구하지 않으면 괴로움을 온전히 이해할 수 없다. 우리가 기대하는 풍족한 삶을 잃을 위험을 감수하지 않으면 붓다의 가르침은 숨겨진 채 밝혀지지 않는다.

괴로움을 이해한다

배움의 열망은 우리를 보다 깊은 내면으로 이끈다. 그래서 점차 우리가 하는 일을 왜 하는지 그 까닭을 들을 수 있게 된다. 그런데 너무 오래 괴로움을 무시했기에 고통이 줄 수 있는 가르침을 거의 알아보지 못한다. 해답을 얻으려면 큰 어려움을 겪어야만 하는 경우도 있다. 자동차 계기판의 경고등처럼 정신의 동요, 두려움, 불안은 마음 깊은 곳에 있는 문제를 일깨워준다. 그런 정신적 반응을 이용해 고통의 원인을 밝힐 수 있지만 먼저 그 반응을 제대로 해석해야 한다. 정신적 반응의 암호를 꿰뚫어 보고 해독해서 알아볼 수 있게 만들어야만 한다. 하지만 우리는 고통을 너무 싫어하므로 어떻게든 삶에서 고통을 몰아내려 한다. 고통을 이해하지 않고 제거하려 할 뿐이다.

우리는 자신의 입장을 강화하고자 미숙하게 고통을 이용하기도 한다. "그녀가 나를 싫어할 게 뻔해." "말해 볼 필요도 없어. 나는 할 수 없다고." 이것은 과거의 고통에서 비롯되는 많은 자기패배적인 표현 두 가지이다. 미래가 과거처럼 잔인할 거라고 생각하므로 새로운 것이 다가오면 무조건 피해버린다. 과거의 고통스러운 자아상에 갇힌 채 자신이 가치 없는 사람이라서 괴로움을 겪는 것이라고 믿는다. 고통을 이용하여 자신이 가치 없고 매력 없고 다른 면에서도 부족하다는 걸 증명한다.

우리는 고통에 담긴 보편적인 교훈을 보지 못하고 고통을 우주가 강요하는 개인적 부담으로 여기는 일이 많다. 고통은 개개인을 초월하는 진실이므로 보편적이다. 모든 사람은 같은 이유로 괴로움을 겪는다. 괴로움의 내용은 각 사람마다 다르지만 고통의 근본 원인은 모든 사람에게 공통된다. 우리 자신과 비난하는 경향 사이에 작은 공간을 만들 수 있으면 괴로움의 본성에 대한 보편적인 메시지를 볼 수 있을 것이다. 자신은 고통 받을 만한 이유가 있다고 주장할 때 고통의 공통된 맥락을 놓치기 쉽다.

우리가 괴로움을 어떻게 말하는지 보면 우리가 세계를 어떻게 이해하는지 알 수 있다. 생명이 위태로운 병에 걸리면 평소처럼 고통을 말하는 것으로는 부족하므로 고통을 보다 민감하게 이해하게 된다. 죽음의 현실을 다른 사람 탓으로 돌리기는 어렵다. 죽음은 우리가 집단적 유산을 비난하는 것을 넘어서게 한다.

내 친구의 어머니는 교통사고를 당해 몇 주 동안 위독한 상태였다. 그 친구는 어머니와 함께 그 불행에서 일어난 심한 괴로움을 탐구하는 데 깊은 관심을 가졌다. 그는 어머니와 함께 앉아서 명상했고 어머니의 마음과 몸의 관계를 깊이 살펴보았다. 그는 어머니와 자신이 매우 깊은 곳까지 들어갔다고 말했다. 그의 어머니는 명상을 마칠 때 고통의 비개인적 본성을 명확히 이해했다. 괴로움을 겪고 있는 모든 사람들과 연결되어 있음을 느낀다고 말했다. 그녀는 모든 인간이 공유하는 고통을 공감하기 시작했다.

몇 주 뒤에 그녀는 위독한 상태를 벗어났고 몸의 고통도 많이 줄었다. 그런데 몸이 회복되기 시작하자 그녀는 자아발견에 관심을 잃었고 이제는 아들과 "뉴에이지 따위"를 말하지 않으려 했다. 자아탐구의 동기가 되었던 힘이 사라지자 예전의 습성이 되살아난 것이다. 그녀는 교통사고를 일으킨 운전자에게 분노가 일었고 소송을 준비했다.

일반적인 수준에서 고통을 이해할 때는 고통의 원인을 외부에서 찾는다. 역경에 책임을 지지 않으려고 남을 비난한다. 괴로움에 대한 책임을 피하려고 "너 때문에 화가 났어." 같이 말한다. 우리는 자기방어를 하고 초점을 자신에게서 다른 데로 돌리려고 한다.

이와 반대로 자신을 비난하는 것도 이치에 맞지 않는다. 실수하는 것은 살아 있음의 일부이다. 우리는 운명의 지배자가 아니고 삶을 모두 마음대로 통제할 수도 없다. 그래도 우리는 더 노력했거나 조금만 다르게 행동했으면 문제가 일어나지 않았을 거라고 생각한다. 언제나 뒤돌아보고 불확실한 우주의 혼돈과 변화가 자신의 책임이라고 여긴다.

자신에게 잘못이 없음을 주장하려 애쓰는 방법 중 하나는 사건, 사람, 상황 등 삶의 내용이 괴로움을 일으켰다고 비난하는 것이다. 그런 환경이 우리가 분노를 쏟는 표적이 된다. "오늘 비만 오지 않았어도….""집이 더 크기만 하면….""다른 직장만 구하면…." 하지만 실제로 삶의 내용은 불안의 원인과 아무 상관없다. 대개 우리가 어쩔 수 없는 사건들이 펼쳐지는 것일 뿐이다. 그 사건들은 기쁜 것도 있고 불쾌한 것도 있다.

괴로움을 자신의 탓으로 여기거나 삶의 내용 탓으로 여길 때 요점을 놓치게 된다. 우리는 개인적 비난으로 받아들이지 않고 괴로움을 일으킨 책임을 질 수 있다. 그것은 우리가 괴로움의 원인으로 여기는 것과 우리의 관계를 살펴보는 것부터 시작한다. 우리는 병, 부러진 다리, 연인의 죽음 따위 문제와 어떤 관련이 있는가? 그런 관계에 책임질 때 우리가 영향을 줄 수 있는 삶의 한 요소인 우리의 반응에 대한 책임을 맡는다. 고통과 고통에 대한 두려움이나 혐오 사이를 중재함으로써 보다 원만한 삶을 살게 된다.

1980년대에 하버드 대학에서는 명상하는 학생들에 대한 연구를 했다. 장기간 침묵 명상을 수행하는 학생들에게 고통이 어떤 영향을 주는지 알아보는 연구였다. 그 명상법은 순간순간마다 마음과 몸의 과정을 알아차리기를 개발하는 데 중점을 두었다. 참가자들은 얼음물 속에 몇 분 동안 손을 담갔다가 육체의 통증과 정신적 괴로움이 어느 정도인지 말했다. 이어서 3개월간 집중수련을 한 후에 같은 실험을 다시 했다. 수련 전과 후의 결과는 상당한 차이가 있었다. 수련 전후에 육체적 통증의 수치는 거의 같았지만 통증에 대한 정신적 반응은 크게 감소했다. 다시 말해 명상 수행을 한 사람들은 육체적 통증은 똑같이 느꼈지만 그에 따른 괴로움은 덜 느꼈다.

모든 사람은 언젠가 육체적 고통을 느낀다. 마음이 그 고통에 어떻게 관련되느냐에 따라 괴로움의 크기가 정해진다. 스트레스, 긴장, 두려움, 흥분으로 반응하면 괴로움이 심해진다. 반면에 장기간 명상한 사람들은 심한 반응 없이 고통을 수용할 수 있는 심리적 공간을 얻었다. 그들은 명상을 수행하여 자신의 반응을 이해하고 수용하는 법을 배웠다. 두려움을 직면할 때 고통과 불안 사이의 연결을 약화시켰고, 그에 따라 정신적 괴로움을 상당히 감소시켰다.

대니얼_{Daniel}은 전립선암이 척수로 전이된 노인이었다. 그가 의식을 흐리게 하거나 진정효과가 있는 약물을 거부했기 때문에 호스피스에서는 그의 격심한 고통을 줄여줄 수 없었다. 진통제를 줄 수 없어서 안타까웠던 호스피스 간호사는 명상 교사를 초청하여 대니얼이 고통에 연관된 불안과 두려움을 가라앉히는 법을 상담 받게 했다. 명상 교사는 대니얼이 혐오나 두려움으로 물러나지 않고 고통의 감각을 알아차리게 했다. 그저 고통이 어떻게 느껴지는지 알아차리고 의식 안에 존재하게 놓아두라고 했다. 그렇게 몇 차례 연습한 후에 대니얼은 통증 자체는 감소하지 않았다고 말했지만 통증이 일어나도 눈에 띄게 긴장을 풀고 편안해졌다.

삶의 다른 측면에도 같은 법칙이 적용된다. 배우자를 잃거나 병에 걸리거나 집에 화재가 일어나는 것은 늘 변하는 삶의 내용의 일부이다. 우리가 무엇을 하든 삶의 내용에 별다른 영향을 줄 수 없다. 반면에 우리의 정신적 반응에 따라 삶의 내용에 대한 우리의 관계가 달라지는 것을 이해하면 괴로움의 정도에 큰 영향을 줄 수 있다. 우리가 조절할 수 있는 건 오직 우리의 반응뿐이며, 바로 그것이 괴로움을 적게 받으며 살기 위해 필요한 모든 것이다.

 ## 현실에 맞설 때

괴로움은 주의를 기울이라는 외침이다. 괴로움은 내 안에서 조화를 이루지 못한 곳, 조정이 필요한 심리 작용을 알려준다. 내 마음은 이리로 가고 싶은데 삶이 다른 길로 갈 때, 또 나는 이렇게 되기를 바라지만 현실은 저럴 때, 괴로움이 일어난다. 강한 욕구가 일어나는 것과 현재의 곤경에 관련된 두려움이 생기는 것은 대개 괴롭다는 걸 의미한다. 나는 지금의 불쾌한 상황을 없애고 현실을 내 마음대로 바꾸고 싶어 한다. 현실을 희생하여 내 마음대로 정신적 허구를 만들고 그 환상 속에 산다.

하지만 내 머릿속의 욕구는 바람일 뿐이고, 그 바람이 현실에서 일어나는 일과 대립할 때 나는 괴로움을 겪는다. 머리가 꾸며낸 것에 강하게 집착하면 현실은 뒷전으로 밀리고 내가 원하는 것이 더 중요해진다. 마치 내가 신처럼 행동해 나만의 세계관을 창조하는 것 같다. 하지만 현실에 의해 나만의 관점이 무너지면 그때서야 삶이 왜 그렇게 비극적인지 의아스러워 한다. 사실 삶은 언제나 지금 그대로의 모습이다. 현실의 진실을 부정하고 머릿속에서 눈앞의 사실을 바꾸어 현실을 마음대로 하려 할 때 비극이 일어난다.

결국 바라는 것과 현실의 갈등이 더 이상 견딜 수 없게 되고, 계속 환상을 살기에는 괴로움이 너무 커진다. 계속 욕구를 따르려 해도 어느 시점에서는 더 이상 현실을 희생해서 살 수 없다. 그러면 처음에는 삶의 내용을 향상시켜 욕구를 채우려 한다. 생활환경을 개선하고 새로운 짝을 찾고 직업을 바꾼다. 하지만 욕구는 끝이 없고 결국 삶에서 일어나는 모든 일은 우리가 원치 않는 것으로 변하므로, 이 전략은 실패한 것으로 판명된다.

다음에는 자신을 갈고닦으려 한다. 스트레스, 불안과 더불어 편안히 살기 위해 온갖 자기개발에 진력한다. 하지만 괴로움은 그치지 않는다. 자기개발의 노력은 대개 또 다른 욕구, 즉 본래 자신이 아닌 다른 사람이 되려는 욕구에서 비롯되기 때문이다. 그것은 다시 내가 현실에 맞서게 하고, 문제는 계속된다.

하지만 결국 우리는 갇혀 있음을 알게 된다. 삶의 내용을 바꾸거나 우리 자신을 바꾸어도 괴로움을 없앨 수 없다. 현실이 제공하는 대로 순종할 수밖에 없다. 이 과정에 따라 우리는 상실의 단계를 지난다. 가질 수 없는 삶을 슬퍼한다. 그 슬픔은 천천히 우리의 마음을 부정에서 받아들임으로 변화시킨다. 우리는 저항을 포기하고 마침내 비극이든 희극이든 삶이 어떤 모습으로 나타나도 모두 받아들인다.

모든 사람에게는 괴로움을 놓아버릴 수 없는 부분이 있다. 어떤 이는 육체에서 가장 큰 괴로움을 겪고, 어떤 이에게는 감정이 가장 심한 고통을 준다. 우리는 매 순간 괴로움을 받아들이는 정도가 바뀐다. 불평하고 남을 손가락질하는가 하면 때로는 집중하고 고통으로부터 열심히 배운다.

그리스도는 십자가에 매달려 죽을 때 이렇게 소리쳤다고 한다. "어찌하여 나를 버리십니까?" 그 말은 호스피스 환자가 이렇게 묻는 것과 전혀 다르지 않을 것이다. "신이 내게 왜 이러지요?" 온갖 다양한 마음이 이해의 범주에 들어올 수 있는 것 같다. 모든 마음이 집착과 놓아버리기 사이를 오가는 것 같다.

내가 바라는 것과 반대로 삶이 실제로 제공하는 것과 조화를 이룰 때 괴로움의 의미가 변화하기 시작한다. 많은 호스피스 환자들이 자기 자신을 처벌하다가 괴로움의 비개인적 원인을 이해하도록 변화하는 것을 보면, 그것은 분명하다. 죽음이 그들에게 타협을 허용하지 않으므로, 많은 호스피스 환자들은 매우 짧은 기간 동안 이 모든 과정에 대해 대단히 많은 것을 배운다. 죽음에서 벗어나려 흥정할 수 없기 때문에 괴로움을 이해할 수밖에 없다. 오랫동안 다른 주제로 벗어날 수 없다. 단지 아무 데도 갈 데가 없는 것이다.

우리 호스피스 팀은 간암으로 죽어가고 있는 52세의 알마Alma와 함께했다. 알마는 고된 삶을 살았고 많은 것을 후회했다. 자녀들을 방치했던 과거에 죄책감을 느꼈다. 그녀가 심리적인 고통을 받아들이려 애쓸 때, 처음에는 오랫동안 자녀들을 돌보지 않았던 자신을 벌하고자 육체의 괴로움을 감수하려 했다. 그렇게 극기하며 괴로움을 겪고 있음을 부정했다. 이따금 알마가 통증이 너무 심해서 울음이 터질까 두려워 말도 하지 못하는 것 같다고 간호사가 말했다. 사회복지사가 알마와 몇 차례에 만나 일부러 괴로움을 겪으려는 욕구에 대해 이야기를 나누었다. 알마가 약물치료에 동의하지 않아 가족들이 더 스트레스를 겪고 있으며, 따라서 알마가 위로하려 애쓰는 바로 그 사람들에게 오히려 상처를 주고 있다는 것을 알려주었다. 알마는 그 사실을 깨닫고 나서 약을 먹기 시작했다.

사회복지사와 호스피스 목사가 몇 주 더 알마와 함께하며 자신을 용서하는 걸 도왔다. 목사는 알마처럼 진정으로 배우고 자신을 용서하려는 사람은 처음 만났다고 말했다. 알마는 진심으로 자기비난을 받아들이려 애쓰는 것 같았다. 생의 마지막 주에 그녀의 마음은 모든 걸 포용할 만큼 광대해 보였다. 자기학대의 모습을 보이지 않았고 다른 사람에 대한 애정으로 충만한 것 같았다. 그녀의 가족은 알마가 자신을 용서한 것만큼 알마를 용서할 수 없었지만, 그녀는 그것도 이해하는 것 같았다.

숨질 때 긍정적이든 부정적이든 모든 자아상을 포기할 기회가 생긴다. 자존감이 낮은 사람은 자신의 긍정적 자질보다 부정적 자질을 더 굳게 믿는 탓에 부정적 자질이 더 오래 지속될 수 있다. 자신이 나쁜 사람이라고 여겨 괴로움을 당할 만하다고 믿는 사람이 많다. 심지어 행복하면 죄책감을 느끼기도 한다. 자신이 가치 없다는 생각이 얼마나 끈질긴지 이해하면, 알마처럼 부정적 자아상을 극복하고 명확한 이해를 얻고 나서 숨지는 경우는 정말 놀라운 일이다.

육체가 죽음에 가까울 때는 명성이나 자아상을 방어할 필요가 없다. 그러므로 변화의 위험을 감수할 수 있다. 과거의 대본에 얽매이지 않고 자신에게 좀 더 편해질 수 있다. 이렇게 긴장이 감소하면 자신을 보다 객관적으로 대하고 덜 엄격해진다. 알마만큼 치유되는 경우는 드물지만 모든 사람은 평생 그렇게 성장할 잠재력이 있다.

정해진 자아상과 인생 대본에서 벗어나면 삶의 내용에 덜 얽매이게 된다. 판단과 비판을 좀 내려놓고 사물을 바라보기 시작한다. 자신에게 신경 쓰기보다 남들에게 더 많은 애정을 느낀다. 유동적이고 변하는 삶의 본성에 대한 인식이 자주 일어난다. 감정적, 물리적 환경에 의존하지 않는 안정적인 만족감이 발달한다.

진정한 만족감은 기쁨과 행복 혹은 분노와 슬픔 같은 마음 상태를 부정하지 않는다. 또 그 마음 상태가 그 자체로 완벽한 것이라고 여기고 의존하지도 않는다. 모든 마음 상태는 그 본성에 따라 틀림없이 죽는데, 어떻게 그런 마음 상태에 의존하여 성취감을 느낄 수 있겠는가? 기쁨과 행복감은 지속되지 않는다. 죽음은 실재가 아닌 것을 모두 제거하므로 진정한 만족이 무엇인지 보여준다. 죽음 후에 남는 것이 진실한 것이다.

괴로움은 우리가 반드시 죽는 것에 얽매여 있음을 나타낸다. 우리는 잠시 동안 변화의 파도를 탈 수 있지만 결국 파도는 해변에서 부서진다. 그리스도가 "보물을 좀먹고 녹슬 곳이나 도둑이 침입할 곳에 두지 마라."고 말한 것은 괴로움에 대해 이런 점을 의미한 것 같다.

죽음은 진정한 만족과 일시적 행복을 구별하는 걸 가르쳐 줄 수 있다. 죽음은 이 세상의 모든 것이 끊임없이 새로운 모양과 형태로 변하며 늘 변화하는 본성을 주목하게 한다. 일시적이고 유한한 것은 시간이 흐르면 지속될 수 없으므로 결국 틀림없이 실망과 고통을 초래한다. 우리가 사랑했던 것은 시들고 죽으며 한때 유쾌했던 것은 이제 공허하고 무미건조하다. 모든 것은 과거와 다른 것으로 변한다. 기쁨은 고통이 되고 슬픔만 남는다.

죽음이 제기하는 의문은 이것이다. 죽음 너머에 무엇이 있는가? 괴로움 너머에 무엇이 있는가? 변화 너머에 무엇이 있는가? 불안정한 조건에 의존하지 않고 만족할 수 있는 진실이 있는가? 죽음을 직면하여 배움을 추구하면 이 물음들을 충족시키고 죽음 너머로 이끄는 대답을 만날 수 있다.

성찰과 연습

고통을 친구 삼는다

나의 삶에서 개인적 고통을 성찰한다. 정신적, 육체적으로 명백한 괴로움뿐 아니라 미세한 괴로움도 살펴본다. 힘겨운 감정과 자기비난도 살펴본다. 괴로움을 일으키는 상황과 환경을 생각해 본다. 나는 얼마나 많은 괴로움을 자신에게 가하는가? 그리고 남을 탓하는 경우는 얼마나 많은가? 자신을 괴롭게 하는 상황을 억제하려 하는 것을 성찰한다. 그 중 내가 어느 것을 통제할 수 있고, 전혀 억제할 수 없는 것은 얼마나 많은가?

한 주 동안 일어나는 다양한 괴로움을 알아차린다. 하루 동안 일어나는 거친 고통과 미세한 고통에 집중하기를 일주일간 계속한다. 고통이 일어날 때마다 자신에게 질문한다. 이 고통은 누구 때문인가? 당신이 고통의 원인을 외부로 돌려 남을 탓하는 경향을 지켜본다. 행복을 통제하려는 자신의 욕구를 알아차리고, 괴로움이 그 계획을 방해하는 것 같은 걸 본다. 분명히 전혀 통제할 수 없는 상황을 경험한다. 어떤 느낌이 생기는가? 괴로움과 통제하려는 마음은 어떤 관계인가?

고통과 괴로움의 차이를 성찰한다. 고통과 괴로움은 대개 얽혀 있고 뚜렷이 구별되지 않을 수 있다. 몸의 고통과 그에 대한 반응, 힘겨운 감정과 그에 대한 불쾌함, 고통의 감각과 그에 대한 반응인 괴로움이 있다. 고통 자체의 불쾌함과 대조적으로 고통에 대한 반응으로서 괴로움이 얼마나 많이 일어나는지 성찰한다.

다음번에는 고통스러운 감각과 괴로움을 두 개의 분리된 사건으로 경험해 본다. 불쾌한 감각에 대한 반응이 괴로움이다. 불쾌한 감각을 괴로움과 분리한다. 이를테면 무릎을 다치거나 손가락을 데었다고 가정해 보자. 육체의 고통을 불쾌한 감각으로 경험한다. 그 통증에 반응해서 두려움, 책망, 분노가 일어나는 걸 알아차린다. 그 반응 탓에 통제 불능 상태가 되지 않은 채 그 반응을 수용할 수 있는가? 반응하는 성향을 내려놓을 때 고통이 더 심해지는가, 약해지는가?

고통의 비개인적 성질을 성찰한다. 한두 번 고통을 경험하지 않은 사람이 있는가? 삶에서 어느 정도의 고통은 피할 수 없다는 것을 고려할 때 나는 고통을 어떻게 다루는가? 내 몫의 고통을 책임질 수 있는가? 보편적 고통 중 내 몫에 대해 얼마나 비통함을 느끼는가?

다음에 고통을 겪을 때 고통을 감각으로만 경험해 본다. 자신의 고통이 아니라 아무의 것도 아닌 감각으로만 본다. 고통을 두려워하거나 자신의 고통으로 여기지 않고도 고통을 적절히 대할 수 있다. 고통의 감각, 고통과의 동일시, 자신의 고통이라는 생각이 어떻게 연결되는지 주목한다. 마음이 고통의 감각을 자세히 말해서 고통을 실제보다 더 심하게 만드는 걸 지켜본다. 이를테면 단순한 화상에서 시작해, 정말 큰 손상을 입은 것인가 하는 두려움이 일어나고, 감염과 흉터에 대한 염려로 이어진다. 이렇게 두려움은 고통을 확대하여 합리적 한계를 넘어 정신적 동요까지 일으킨다.

> 욕구와 두려움의 본성을 성찰한다. 욕구와 두려움은 그 실재를 어떻게 투사하는가? 욕구가 무엇인지 생각한다. 욕구에는 무엇을 바라는 생각이 아닌 다른 실재가 있는가? 나는 현실을 있는 그대로 받아들이지 않고 바람을 이루려고만 하는 행동을 얼마나 많이 하는가?

어떤 것을 가지고 싶거나 어떤 일이 일어나기 바라는 상황에 집중하여, 욕구와 괴로움의 관계를 경험한다. 그 욕구가 막 일어날 때 지금 그대로의 상황에 머무를 수 있는가, 아니면 마음이 바라는 대로 행동할 수밖에 없는가? 눈앞에 놓인 선택을 본다. 현실이 제공하는 걸 받아들일 수도 있고 상상하는 것을 추구할 수도 있다. 욕구와 놀이하며 때로는 빠져들고 때로는 물러나라. 마음을 현실로부터 멀어지게 하고 가상의 미래에 빠지게 하는 욕구의 본성에 대해 배운다.

가
슴
을
열
다

Opening Our Hearts 10

모든 것을 수용하는 사랑에 의해
모든 경험이 우리에게 들어오고 우리를 감동시킨다.
그것으로 인해 우리는 바람과 태양, 다른 사람들, 우리 자신의 모든 부분들,
나무, 새, 그리고 자연의 모든 것으로부터 감동받는다.
그것은 모든 생명에게 친밀감을 느끼는 수행이다.

_조셉 골드스타인 Joseph Goldstein

자신의 괴로움을 이해하기 시작하면 다른 사람들이 얼마나 괴로
운지 더 잘 알아차리게 된다. 그러면 가슴에 자비심과 사랑이 일어
난다. 진정으로 남의 안녕을 염려하기 시작한다. 그것은 피상적이
고 자기 이익을 차리는 사랑이 아니다. 우리가 남들과 연결되어 있
음을 체험할 때 가슴으로부터 흘러나오는 사랑이다.

많은 사람들이 사랑을 오해한다. 사람들이 사랑보다 더 주목하
고 열광하는 건 없다. 사랑을 노래하고, 사랑 때문에 싸우고, 사랑
을 얻으려 애쓰고, 사랑으로 인해 괴로워하고, 사랑 때문에 죽는
다. 사랑은 우리를 가장 숭고한 인간의 노력까지 고양시킬 수 있
고, 반대로 짐승 같은 분노의 구렁에 빠뜨릴 수도 있다. 사랑은 우

리를 부추겨 전쟁을 일으킬 수도 있고, 우리의 가슴을 어루만져 친절함이라는 고결한 행동을 하게 할 수도 있다.

거의 모든 사람이 한 번쯤 사랑에 빠진다. 사랑은 너무나 강한 감정이어서 사랑에 빠지면 자제력을 잃고, 무방비 상태가 되고, 상처받기 쉽다고 느끼는 일이 많다. 우리 자신이 아니라 사랑의 감정이 우리를 지배한다. 우리는 뒷전으로 밀려나고 애정의 대상이 가장 중요해진다. 사랑은 우리 가슴에서 비롯된다. 하지만 사랑이 너무나 매혹적이고 매력적이어서 우리는 사랑이 외부의 특별한 사람에게서 온다고 믿는다. 자기비하로 인해 사랑이 우리 안에 있음을 인정하지 못하고 외부에 있다고 여긴다. 사랑하는 사람이 특별한 존재가 되는 까닭은 우리가 그 사람을 사랑으로 물들이기 때문이다.

사랑의 대상이 없어지면 우리는 방황하고 외로움을 느낀다. 도무지 어찌할 줄 모를 만큼 외로움에 빠지기도 한다. 사랑 덕분에 잠깐 동안이라도 고립을 깨고 누군가와 함께 있는 것이 정말 어떤 것인지 알게 되었으므로, 이별의 아픔이 더 두드러진다. 우리는 외로움의 슬픔을 느끼고, 사랑과 함께 상실한 것 때문에 외로움은 더 절실한 것 같다. 마치 나 자신을 넘어선 것, 이기심보다 훨씬 더 매혹적인 것을 맛보는 것 같았기 때문이다. 그 맛은 우리의 관심을 불러일으키고 우리는 더 많이 맛보기를 원한다.

그래서 우리는 곧 욕구를 만족시킬 다른 대상을 좇는다. 사랑의 상태 그 자체에 머물기보다 사랑의 감정을 기울일 다른 대상을 찾는 것이다. 숲을 보지 못하고 나무만 보는 것과 마찬가지다. 사랑한다는 이유로 다시 새로운 사람에게 집착하려 한다. 하지만 환경이 변하고 마법의 주문이 풀리면 다시 슬픔만 남는다. 그리고 모든 게 다시 시작된다. 새로운 사랑을 할 때마다 오직 새로운 사람으로부터 사랑이 비롯된다고 생각한다.

　내가 젊을 때 만난 사랑은 대단한 에너지와 감정의 변동을 일으켰다. 그래서 나는 극단적으로 좋은 기분과 침체 사이를 오갔다. 당시의 걱정, 미숙함, 괴로운 자기회의가 지금도 선명하다. 생전 처음 나의 세계의 중심이 나 아닌 다른 사람으로 바뀌었다. 다른 사람에게로 관심이 확장되는 건 대단한 기쁨이었다. 그리고 그녀가 떠났을 때 나의 세계가 내면에서 파열된 것이 아직도 생생히 떠오른다. 다시는 발견할 수 없는 보물을 잃어버린 것 같았다. 슬픔은 지독했다. … 다른 여자가 내 눈을 사로잡기 전까지 말이다.

　많은 이들이 이 과정을 수없이 겪으면서도 모든 사람을 보편적으로 사랑할 수 있음을 깨닫지 못하는 것은 역설적이다. 정해진 대상만을 사랑해야 할 필요가 없다. 특정한 국가, 사상, 종교 혹은 한 사람만 선택해서 배타적으로 애정을 기울여야 하는 게 아니다. 사랑을 특정한 대상에 얽매지 않고 제한 없이 자유롭게 흐르게 하면 우리도 사랑이 이끄는 대로 어디로든 움직일 수 있는 힘이 생긴다. 이런 더 성숙한 사랑은 차별 없이 모든 생명을 감싸기 시작한다. 모든 것이 우리의 가슴과 공명하고 감동을 준다. 그때는 일부러 친절

하려 해서가 아니라 친절 자체의 근원으로부터 우리의 행동이 우러
나온다.

보편적 사랑의 색조는 낭만적 사랑과 다르며 더 안정적이고 한결
같다. 보편적 사랑은 감정적 울림이라기보다 인식과 이해에 가깝
다. 특정한 사람과 대상이 있든 없든 상관없다. 감정적 반응을 일
으켜 우리가 남을 해치게 하지 않는다. 한쪽으로 치우쳐 편견에 빠
지거나 성급히 판단하지 않는다. 모든 사람은 이런 포용적인 보편
적 사랑을 할 수 있다. 그것은 우리의 살아 있음에 본래 있기 때문
이다. 우리는 그 사랑을 잃을 수 없지만 너무 쉽게 잊는다.

많은 호스피스 환자들이 편안히 죽음을 맞으며 마음을 누그러뜨
린다. 개인적 사랑에서 시작해 모든 사람에 대한 근본적인 인간적
따스함으로 넓어진다. 마치 싸움이 모두 끝나고 사랑해야 하는 시
간이 된 듯하다. 한 환자는 인생이 너무 덧없이 지나가버려 그녀에
게 남은 시간에 할 수 있는 건 약간의 사랑을 주는 것뿐이라고 말했
다. 그녀는 죽어가고 있으므로 활동을 덜 하고 사랑을 퍼뜨리는 시
간을 가졌다. 이것이 사랑하기의 비밀일 것이다. 그것을 알아차릴
시간이 필요하다.

우리 모두는 삶을 전적으로 사랑할 능력이 있지만 사랑하는 것들
속을 지나치게 빨리 움직이느라 우리의 가슴을 제한한다. 많은 사
람들은 충분한 시간을 가지고 사랑으로 이어줄 관계를 맺으려 하지
않는다. 다른 사람의 고통에 마음을 열고, 산들바람이 뺨을 스치는

걸 느끼고, 황홀한 일출을 보고, 치자꽃의 향기를 맡으면 우리 마음은 늘 가까이 있는 사랑을 만날 수 있다. 그러므로 죽을 때까지 사랑하며 살지 못하는 사람이 있는 것은 역설적이다.

 ## 애정을 발견한다

27세인 쥬디Judy는 여러 해 동안 백혈병을 앓았는데 드디어 골수 이식을 하기로 결심했다. 나는 그녀가 골수이식을 받으려 입원했을 때 만났다. 쥬디는 골수이식 과정에 대해 많은 걸 알아보았고 누구보다도 그 과정을 잘 준비했다. 먼저 온몸에 방사선 치료를 받았다. 이어서 자신의 골수를 제거하기 위해 고용량의 화학요법제를 투여 받았다. 그러자 머리카락이 빠지고 심한 구역질과 구토가 일어났다. 이어서 공여자의 골수를 이식받은 후, 동반되는 부작용을 억제하기 위해 스테로이드를 주입 받았다. 스테로이드로 인해 부종이 생겨 그녀의 몸이 흉해졌다. 수여받은 골수가 성공적으로 이식되면 환자의 몸이 공여된 골수의 침입을 거부하는 이식대숙주반응이 일어날 것이다. 이 거부 반응으로 환자가 숨질 수도 있다. 그렇지 않으면 환자의 몸이 이식 골수와 끊임없이 싸우므로, 환자는 남은 삶을 잠재적으로 매우 심각한 면역 반응을 지닌 채 살아야 할지도 모른다. 환자의 나이, 병세, 공여자 적합성 등에 따라 골수이식 과정을 견디고 5년 동안 생존할 확률은 대략 50퍼센트이다.

　나중에 쥬디는 다른 골수이식 수여자들을 아무리 많이 연구하고 그들과 말을 나누었어도 실제로 자신이 골수이식을 받을 때 겪은 일을 결코 미리 대비할 수 없었을 것이라고 말했다. 처음에 그녀의 몸은 이식된 골수를 받아들이지 않았고, 쥬디는 골수이식을 다시 받기로 결심했다. 골수이식을 한 번 하는 치료비는 수십만 달러다. 쥬디는 거의 60일을 입원해야 했고, 이어서 40일을 병원 가까이서 산 다음에야 집으로 돌아갈 수 있었다.

　쥬디는 공격적인 치료를 받기로 결심했을 때 자신의 전 인생을 앞두고 있었다. 그녀는 젊고 생기 있고 활달했다. 그녀의 잠재력과 희망은 무한했다. 쥬디는 자신이 신경 쓰는 건 오직 사는 것뿐이라고 말했다. 삶을 의학과 파괴적 질병 사이의 경쟁으로 여겼다. 그녀는 계속 존재하려는 투쟁에 뛰어들었다. 그것은 치료 결과에 상관없이 삶을 추구하는 결정이었다. 나이에 따라 대다수 사람들도 쥬디와 같은 결심을 했을 것이다.

　이런 일은 우리가 살아남기 위해 기꺼이 인내해야만 했던 극단적인 예이다. 우리가 살고 사람들을 살리려는 욕구는 놀라울 정도이다. 어떤 대가를 치르더라도 살아야 한다고 믿는다. 그 목표가 온 마음을 차지해 병을 치료하는 것 말고는 삶의 의미가 없어진다. 주의력이 매우 무뎌지고 한쪽으로 치우쳐 바른 관점을 잃어버린다. 병원에서 검사 결과를 들을 때마다 감정이 롤러코스터를 타듯이 출렁인다. 우리는 몸의 상태에 몰두하고 있어서 다른 사람들이 다가오기 어려워 보일 수 있다. 이렇게 어떤 대가를 치르든 생명을 유지하는 전략은 바로 그것, 사랑을 희생해서 얻은 삶을 줄 수 있다. 그러면 우리는 결국 〈오즈의 마법사〉에 나오는 양철 사나이처럼 잃어버린 심장을 찾아 길을 떠나야만 하게 될 것이다.

모든 사람이 자신의 곤경을 이 시나리오에 넣어 볼 수 있다. 암 치료에 매달릴 때만 가슴의 연결을 잃는 건 아니다. 우리는 직장에서 프로젝트를 완수하거나, 독서에 전념하거나, 집을 청소하는 데 집중하거나, 대화에 몰두하기로 결심할 수 있다. 그건 모두 같은 해결책이다. 목표에 집중하고 완수하는 것에 비해 가슴은 부차적인 것이 될 수 있다. 삶에서 만나는 사람들을 우리가 추구하는 목적에 장애물인가 아니면 도움이 되는가로 판단하게 된다. 그러면 인간관계가 욕구 충족을 위한 수단이 되어 조작해서 이용하게 된다.

그러다 갑자기 싸움이 끝난다. 더 이상 치료할 수 없을 만큼 암이 악화되어 호전 가능성이 없다. 지금 당장 가진 것만이 앞으로 가질 수 있는 전부라는 생각이 든다. 지금 이 순간을 더 연장할 수 없고 추상적 미래에서 살 수 없다. 점점 더 바로 지금 살아 있음에 주목하게 된다. 내일이 올지 확신할 수 없으므로 미래나 과거보다 현재를 더 신뢰하기 시작한다. 지금 이 순간에서 벗어날 수 있는 다리가 모두 불타버렸으므로 지금 살아 있음으로 뛰어든다.

물론 지금 이 순간만이 삶이 일어나는 유일한 장소이다. 하지만 우리의 마음이 과거와 미래의 꿈 같은 현실에 몰두하는 탓에 그 사실을 인정하지 못할 때가 있다. 반면에 우리가 시간과 장소에 꼭 들어맞으면 가슴이 뛰기 시작한다. 우리에겐 민감해질 수 있는 시간이 있다. 자신과 자신의 인간관계를 보고 조사할 수도 있고, 이전에 너무 바빠서 할 수 없었던 방식으로 삶을 음미할 수도 있다.

누군가 호스피스에 들어올 때 대개 의사, 환자, 가족은 적극적으로 치료해도 완치를 보장하지 못한다는 것을 인정한다. 환자에게는 온 세상이 부서지고 혼란에 빠진 것 같이 보일 수 있다. 이런 깊은 절망 속에서도 일부 환자들은 가슴을 따르기 시작하고 변화된 태도로 임종한다.

그레고리Gregory는 59세의 화가로 췌장암에 걸린 호스피스 환자였다. 그는 27세의 파트너와 함께 살고 있었다. 그레고리가 깊은 냉소주의와 분노에 빠져 있어 그를 돌보는 사람들은 대부분 그를 멀리했다. 요리를 잘했던 그는 특히 호스피스에서 제공하는 음식이 못마땅했다. 그가 보기에는 호스피스든 집이든 무엇 하나 제대로 하는 사람이 없었다. 아주 사소한 것까지 모두 그의 방식대로 되어야만 했다.

척수 종양이 압박을 가해서 그레고리는 생의 마지막 몇 달 동안 침대에서 내려올 수 없었다. 활동하지 못하고 침대에만 머물게 되자 그의 내면에서 변화가 일어났다. 거의 하룻밤 사이에 그는 진정 따뜻하고 가까이하기 쉬운 사람이 되었다. 그의 파트너가 보기에 그레고리는 어른이 되어 처음으로 행복했다. 호스피스 종사자들에게 갑자기 변한 그레고리는 마치 〈크리스마스 캐롤〉의 스크루지 영감 같았다. 어리둥절한 호스피스 간호사가 그에게 어떻게 갑자기 변했는지 말해줄 수 있느냐고 물었다. "인생은 아름답지 않소." 이것이 그가 말할 수 있는 전부였다.

그레고리는 자신의 큰 변화를 세세히 설명하지 못했지만 곧 모든 사람이 좋아하는 환자가 되었다. 심지어 여러 가지 요리를 즐기기 시작했다. 그의 파트너는 그레고리가 숨지기 전 마지막 몇 달 동안 따뜻한 마음을 보여줄 수 있었던 것은 그레고리가 삶의 속도를 늦출 수밖에 없었고 그 덕에 주변 사람들을 알아차렸기 때문이라고 믿었다. 그녀는 이렇게 말했다. "침대에만 있게 되면서 그 사람은 안정되었어요. 그게 그이에게 가장 좋은 일이었지요."

한 제자가 선사에게 가장 잘 죽는 법을 알려달라고 했다. 선사는 간단히 대답했다. "조용히 죽어라." 이 복잡하지 않은 말 속에 평화롭고 애정 어린 죽음을 맞을 수 있는 모든 청사진이 담겨 있다. 그레고리가 발견한 것처럼, 고요함과 단순함이 있을 때 애정과 따스함을 발휘할 수 있다. 정신적 동요는 사랑을 흐리게 한다. 그레고리는 침대에 머물게 되어 속도를 늦추자 가슴을 열 수 있었다. 그레고리처럼 알아차리고 세상과 연결하는 능력을 키우고 싶으면 내면에서 더 고요하기만 하면 된다. 그런 고요함에 이르기 위해 반드시 침대에 매여 있어야만 하는 건 아니다.

임종할 때 대개 삶이 더 단순해진다. 책임이 줄어 부담이 적어진다. 다른 사람의 말을 경청할 시간이 많아질 가능성이 있다. 임종에 의해 우리는 안정될 수밖에 없고, 더 수월한 삶을 살고, 가슴을 꽃피운다. 가정 방문 호스피스 도우미 한 사람이 임종은 특권이라고 생각한다고 말했다. 그녀가 물었다. 임종 아닌 다른 때에 사랑이 스스로 표현되게 할 시간이 있나요? 아마도 사랑으로 옮겨 가는 것은 우리 중 소수의 고요한 사람에게만 허용된 특권일 것이다.

돌보는 마음

우리 호스피스 자원봉사자 교육 프로그램의 대변인은 자신의 임사 체험을 글로 써서 유명해진 여성이었다. 그녀는 젊었을 때 쇼핑을 마치고 상점 밖에서 갑자기 의식을 잃고 호흡이 정지되었다. 그녀는 죽고 있다고 느꼈고 자신이 몸 밖에 있는 걸 알았다. 그런데 이상하게도 가까이 있는 사람들의 생각을 들을 수 있었다. 그 시련을 겪는 동안 그녀는 완전히 침착하고 평온했다. 그리고 보편적 물음에 대한 해답이 쉽게 머릿속에 떠올랐다. 그녀는 죽은 상태가 완전히 만족스러웠는데, 낯선 사람이 그녀에게 몸을 숙이고 필사적으로 심폐소생술을 시행했을 때 그의 생각을 알게 되었다. 그녀는 자기가 결국 세상으로 돌아온 것은 심폐소생술을 했기 때문이 아니라 그의 자비심 덕분이었다고 말했다. 그녀는 그의 사랑과 염려를 느낄 수 있었기에, 그의 자비심으로 인해 자신의 몸으로 다시 들어갈 수밖에 없었다.

남의 괴로움을 알아차릴 때 자비심이 일어난다. 자비심은 다른 사람의 고통을 절실히 느낄 때 가슴에서 일어나는 자연스러운 반응이다. 자비심은 언제나 사랑으로 다른 사람을 대한다. 남을 우리에게서 분리하지 않고 결코 남의 행동을 판단하지 않는다. 사람들의 고통을 느끼고, 무엇이든 도우려고 심리적으로 그들의 세상으로 들어간다. 그들의 세상에 있는 사람들과 함께 하려면 결코 주저 없이 기꺼이 그들의 고통을 온전히 경험해야만 한다.

우리는 자신의 고통을 대할 때와 똑같이 다른 사람의 고통에 반응한다. 그러므로 내면에서 일어나는 불쾌한 상황을 회피하거나 물리치는 사람은 곤란에 빠져 도움이 필요한 다른 사람을 위해 현존할 수 없다. 고통이 불쾌하기 때문에 대개 우리는 고통에 저항한다. 하지만 자비심에는 보통 우리가 괴로움과 관계 맺는 것보다 더 많은 것이 필요하다. 자비심에 의해 우리는 물러나거나 외면하지 않고 고통에 가슴을 열고 다른 사람의 마음속 지옥을 여행한다. 우리 가슴이 남을 향해 열리면 등불처럼 빛나고 그가 자신을 사랑하게 할 수 있다.

우리 호스피스의 목사가 팀Tim이라는 환자를 1년 넘게 돌보았다. 팀은 공장 기술자였다. 호스피스에 있을 때 팀은 거의 침대를 벗어나지 못했고 남의 도움 없이는 움직일 수도 없었다. 호스피스 목사는 매주 개인 시간을 팀과 함께 보냈다. 팀은 목사와 잘 지냈고 이야기 나누는 걸 고마워했다. 팀은 호스피스 목사의 도움으로 그가 죽은 후에 아내와 딸이 읽어주기를 바라는 애정 어린 편지를 썼다. 목사는 매주 팀의 생각을 기록하고, 정리하고, 그렇게 쓰인 편지에 환자가 서명을 하게 하는 과정을 통해 팀의 세계에 깊이 들어갔다. 그것은 고통과 고독의 세계였다. 팀과 목사는 그 고통을 함께 나누었다.

어느 날 편지를 새로 한 통 쓴 후 팀은 병에 걸린 덕분에 사랑에 대해 많은 것을 배웠다고 말했다. 호스피스 목사가 무슨 말이냐고 묻자 팀이 말했다. "목사님은 제가 사랑받을 만한 사람이라는 걸 알려주었습니다. 전에는 그걸 전혀 몰랐어요. 인생에서 그걸 너무 늦게 배운 게 너무 안타깝습니다. 하지만 병에 걸리지 않았으면 아예 배우지도 못했을 겁니다." 팀은 오랫동안 가치 없는 존재라는 느낌으로 괴로웠다. 그런데 이제 자기가 남의 사랑을 받을 자격이 있다고 생각하자 자신의 사랑을 표현할 수 있었다. 그는 살아 온 것보다 훨씬 더 행복하게 숨졌다.

호스피스 목사의 보살핌에 담긴 힘 덕분에 팀은 가슴과 연결되어 자신과 남을 사랑할 수 있는 능력을 증명했다. 우리의 사랑은 다른 사람이 뒤따르는 길이 된다. 콩 심은 데 콩 나고 팥 심은 데 팥 난다. 다른 사람이 나를 보살피고 염려하는 걸 느낄 때 나도 남에게 똑같이 하게 된다. 내가 부드러워지면 상대는 나의 애정을 감지하고 나에게 가슴을 더 열어준다. 이 과정이 계속되고 깊어져 친밀감이 형성되면 두 가슴이 하나로 합쳐진다. 그런데 그 친밀감이 너무 강렬해서 위협으로 느껴질 수 있다. 둘 중 한 사람이 깊은 관계에 놀라 물러나서 외롭지만 더 안전해 보이는 세계로 도망가기도 한다.

나는 호스피스 프로그램에서 사회복지사로 일할 때 글래디스 Gladys 와 함께했다. 중년 여성인 그녀는 병이 나자 딸의 집으로 이사했다. 글래디스를 처음 만난 날 침대 곁에서 오랜 시간 그녀와 함께 있었다. 그녀는 누군가 자신의 경험을 들어 주기를 간절히 원했다. 가족은 그녀와 함께 귀중한 시간을 보내는 일이 거의 없었다. 그녀는 나를 만나자마자 소개할 틈도 없이 자신의 이야기를 쏟아내기 시작했다. 이따금 내가 고개를 끄덕이거나 질문을 하기도 했지만 우리의 대화는 그녀의 독백이나 다름없었다. 그녀는 그칠 줄 모르고 계속 말했다. 나는 될수록 관심을 기울이고 그녀의 말을 들으려 했다. 첫 만남에서 글래디스의 인상은 억눌린 스프링 같았다. 그녀가 원하는 것은 오직 자신의 말을 경청해 주는 귀와 열린 마음을 가진 사람이었다.

다음 주에 다시 방문 약속을 잡으려 전화를 했다. 글래디스의 딸이 전화를 받았다. 그녀는 수화기를 들고 어머니에게 내가 오기를 원하는지 물었다. 몇 분 동안 두 사람이 의논하는 소리가 들렸다. 마침내 딸이 다시 수화기에 대고 주저하며 글래디스는 내가 다시 방문하는 걸 원치 않는다고 말했다. 그 이유를 묻자 글래디스는 내가 말이 너무 많다고 생각한다는 것이었다.

그 대답을 듣고 처음에는 화가 났고 다른 한편 내가 못할 말을 했는지 의아했다. 첫 만남을 되돌아보니 대화는 친밀했고 꽤 길었다. 대화하는 동안 우리는 서로 애정을 나누고 있음을 알아차렸다. 그런 따스함과 그녀가 마무리 하지 못한 일에 대해 다른 사람과 연결하려는 욕구에 의해 금세 우리는 상처 입기 쉬운 주제에 이르렀다. 그런 면이 노출되자 그녀는 속마음을 털어놓았다. 그런데 내가 돌아간 후에 틀림없이 그녀는 우리의 대화를 돌아보고 자신을 너무 많이 드러냈다고 생각했을 것이다. 글래디스는 평상시의 방어 없이 속내를 말한 것이 두려워졌고 자신만의 안전한 세계로 물러났다. 나는 그녀를 다시 만날 수 없었다.

보살피는 마음은 자체의 힘이 있고 강하다. 가식이나 방어 없이 사물을 화합하게 한다. 상대가 애정을 주면 우리는 자신을 바라볼 용기를 얻는다. 가슴의 치유력을 과소평가하는 사람들이 많다. 치유가 어떻게 일어난다는 자신의 생각에 따라 바른 물리적 환경을 만드는 데만 집중하느라 단순한 소통, 상냥한 인사, 따뜻한 포옹의 미세한 효과를 놓칠지 모른다. 우리는 무균적 환경에 의해서뿐만 아니라 만질 수 없는 것에 의해서도 치유되는 것 같다.

우리가 상황을 바꾸는 능력을 지나치게 걱정하면 가슴의 영향력을 놓치기 쉽다. 보살핌이 호스피스 업무의 규칙에 비해 부차적인 것이 될 수 있다. 사실에 근거한 치료, 경과기록을 꼼꼼히 작성하기, 제 시간에 투약하기를 보살핌보다 더 중요하게 여긴다. 책임과 역할이 생길 때마다 거기 매달리느라 진정한 인간적 접촉에서 멀어질 수 있다. 결국 직업이라는 베일을 사이에 두고 환자를 만날 뿐이고 따뜻한 마음의 치유력을 놓친다.

내 친구인 간호사 두 사람은 기질과 스타일이 매우 다르다. 낸시Nancy는 일할 때 빈틈없이 정확하다. 체계적이고 신속하게 일한다고 평가받는다. 그녀는 업무를 철저히 처리하지만 따뜻함이나 배려가 느껴지지는 않는다. 반면에 이블린Evelyn은 정반대 성향이다. 늘 서류 작업을 늦게 하는데 그나마 엉성하고 약속 시간도 잘 지키지 않는다. 하지만 그녀는 정말 따뜻한 마음을 지녔다. 이블린은 낸시가 정말 훌륭한 간호사라고 칭찬했다. 속으로 자기도 낸시처럼 일할 수 있기를 바란다고 말했다. 그 말을 듣고 나는 깜짝 놀라 그녀를 다시 쳐다보았다. 이블린이 단지 업무 수행을 잘하려고 자신의 비범한 마음을 사소하게 여긴다는 걸 믿을 수 없었다.

따뜻한 마음이 치유 과정에 어떤 영향을 주는지는 객관적으로 입증하기 어렵다. 우리 호스피스 종사자들은 전문가로서 효율적으로 일하고 있다는 것을 증명하고자 우리가 사용하는 형식과 방법을 정당화하고 싶어 한다. 우리의 에고는 우리의 역량에 대해서는 분명한 입장을 취할 수 있지만 마음에 대해서는 어떤 입장인지 단언하지 못한다. 우리는 기술을 적용할 기회를 찾지만 결국 영향을 주고 변화를 일으키는 것은 사랑이라는 것을 배운다. 그래서 우리가 별로 하는 일이 없는 것 같이 여겨진다. 사랑은 노력하는 것이 아니므로 실제로 우리는 많은 걸 하지 않는다. 사랑할 때는 궤변이나 철학이 아니라 단지 인간성과 상처받기 쉬운 상태가 필요할 뿐이다.

호스피스 멘토인 친한 친구가 호스피스 환자 로이Roy의 이야기를 해주었다. 로이는 상당한 기품이 있는 55세 남성이었다. 키가 크고 잘 생겼으며 주로 그런 외모에 자부심을 가지고 있었다. 그런데 병세가 깊어져 외모가 나빠지자 가장 소중히 여기는 것을 상실한 로이는 어찌해야 할지 몰랐다. 사회복지사가 로이와 함께 몸이 수척해져도 자신에게서 변함없는 면을 발견할 수 있는지 살펴보았다. 그녀는 로이에게 변화의 영향을 받지 않아 그의 기품이 손상되지 않는 것을 내면에서 찾을 수 있는지 물었다. 두 사람은 그 물음을 깊이 탐구했다.

그렇게 탐구하는 동안 로이는 가족에게 이것저것 지시하고 알려주느라 가족과의 관계가 매우 힘들었다. 사회복지사는 로이에게 그런 모습으로 아내와 자녀들에게 기억되고 싶은지 물었다. 그것이 로이가 사후에 가족에게 남기고 싶은 기억이었을까?

또 로이는 죽음을 몹시 불안해하고 두려워했다. 사회복지사는 지시적 심상 요법guided imagery과 심리 완화 기법relaxation technique을 몇 차례 실시했다. 로이는 자신의 태도와 반응을 바꾸려 많이 애썼다. 가족들도 몇 차례 상담에서 사회복지사에게 잘 협조했다. 사회복지사는 자신이 제공한 기법으로 그들에게 도움을 주어서 기뻤다. 그녀는 로이와 가족들에게 자신이 알고 있는 모든 기법을 이용했다고 말했다.

로이가 죽음에 더 가까워진 어느 날 사회복지사는 자신이 제공한 것들 중에 무엇이 가장 도움이 되었는지 로이에게 물었다. 로이는 그녀를 바라보고 말했다. "가장 도움이 된 것은 선생님이 나를 배려한다는 사실을 알게 된 것입니다. 선생님은 많은 환자들을 돌보면서도 내가 특별한 사람이라고 느끼게 해주었어요. 내가 가족에게 힘을 줄 수 있었던 것은 선생님이 내게 준 힘 덕분입니다."

사회복지사는 처음에는 지시적 심상 요법과 심리 완화 기법 등 그녀가 이용한 기법이 효과적이었다는 걸 로이가 입증해 주기를 기대했다. 나중에 그녀는 항상 알고는 있었지만 확인하지 못했던 것, 치유하는 것은 바로 관계의 힘이라는 것을 로이가 확증해 주었다고 말했다. 그녀는 배려하기를 대체할 수 있는 건 없다고 말했다. 모든 심리기법은 밑바탕에 배려하는 마음이 있어야 효과가 있다. 우리는 치유자의 사고방식과 매너리즘에 빠질 수 있지만 마주하는 사람을 애정으로 대하지 않으면 좋은 결과가 일어날 수 없다.

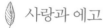 사랑과 에고

　남을 돌보는 직업에서 배우는 모든 활동은 오직 치유 과정을 도우려는 것이다. 그런데 호스피스의 재정 형편이 좋지 않으면 예산이 깎이고, 생산성이 강조되며, 기능을 축소시킨다. 돌봄 노동자들은 환자와의 관계에 쏟을 시간이 줄어들고 보살필 시간이 부족해진다. '미세한 점'은 측량할 수 없으므로 생략된다. 환자에게 주는 약은 셀 수 있지만 환자에게 주는 사랑의 효과는 측정할 수 없다. 그래서 사랑은 삭감되고 약은 남지만, 환자에게는 둘 모두 필요하다.

　우리는 눈에 보이는 것만 중요하게 여긴다. 우리의 활동, 생각, 완수하는 업무는 우리의 의지와 통제에 의해 이루어지는 기능이다. 우리는 의도와 목적을 가지고 의식적으로 그런 일을 한다. 그것들은 명확히 눈에 보인다. 반면에 사랑처럼 눈에 보이지 않는 것은 보다 깊고 근본적인 근원이 있다. 그것은 에고에서 비롯되지 않는다. 목적도 없고 의도적이지도 않다. 보편적 사랑은 의지에 의해 일어날 수 없다. 에고에 의해 행동할 때 우리는 대개 의도적으로 사랑하며, 그런 행위는 사랑을 질식시킨다.

　우리는 사랑보다 에고를 더 믿는다. 그래서 사랑은 우리가 수행하는 기능에 비해 부차적인 것이 된다. 이것은 역설적이다. 사랑은 이면에서 보살핌이 잘 이루어지게 하는 진정한 힘이지만 좀처럼 인정받지 못하기 때문이다. 에고는 계속 사랑을 찾지만 사랑의 대상만 발견할 뿐이다. 에고는 음악, 시, 사람, 사상을 움켜쥔다. 에고는 사랑의 표현에 집착하느라 사랑에는 본질적으로 형태가 없다는 걸 받아들이지 않는다. 사랑의 진정한 힘은 특정한 어느 곳에 머물지 않는다는 것이다. 사랑은 붙잡을 수 없고, 파악할 수 없고, 소유할 수 없고, 발견할 수도 없다. 그러므로 누구나 사랑을 누릴 수 있다.

에고는 사랑으로 무엇을 하고 싶어 한다. 우리는 사랑을 이용하고 싶어 한다. 사랑 자체보다는 사랑의 이름을 내건 노래, 시, 회화, 기념비에 더 관심을 가진다. 사랑의 이름으로 많은 것을 만들어낼수록 사랑을 더 구체적으로 나타낼 수 있다. 사랑을 눈에 띄게 만들수록 사랑을 더 소유할 수 있고 우리의 영향력 아래 둘 수 있다. 그러면 에고는 그렇게 만들어진 것을 자신의 사랑의 능력을 보여주는 불후의 증거로 여긴다.

하지만 사랑을 소유하는 건 공기를 소유하려는 것과 같다. 사랑은 무한하므로 어디에도 담아둘 수 없다. 사랑은 모든 사람이 똑같이 누릴 수 있다. 어떤 이는 남보다 사랑을 더 많이 가진 것 같지만, 그것은 단지 그들이 사랑을 특정한 사물과 사람에게만 치중해서 사랑의 빛을 흐리지 않기 때문이다. 그런 사람을 만나면 그의 자유로운 가슴이 우리 가슴을 풀어주고 그들과 함께 있는 게 기분 좋다. 그런데 우리는 이미 우리 안에 있는 것에만 열린다는 것을 잊지 말아야 한다. 그러므로 그런 사람은 우리 자신을 비춰 보여주는 거울 같은 스승이다.

80세인 모린Maureen은 폐암으로 죽어가고 있었고 딸의 집에서 호스피스 간호를 받았다. 그녀는 자립적이고 호스피스 간호를 받기 전에는 어떤 치료도 받지 않으려 했다. 그리고 자신의 방식대로 죽기로 결심했다. 모린은 몇 년 전 남편과 사별하기 전에는 오랫동안 토요일 밤마다 남편과 함께 춤추러 갔다. 숨지기 전 토요일에 모린은 의식이 희미한 채로 간청했다. "한 번만 더 춤추러 가면 안 되겠니?" 그녀의 딸이 대답했다. "그럼요, 엄마. 춤출 수 있어요." 그러자 모린은 춤추듯이 허공에 팔을 움직이기 시작했고 금방 "아유, 발이 너무 피곤하구나."라고 말했다. 딸은 엄마가 피곤한 걸 알아채고 말했다. "몇 차례 춤을 쉬어도 괜찮아요, 엄마." 모린은 그렇게 쉬다가 의식을 잃었다.

모린이 숨진 후 자녀들이 어머니의 인생에 대해 이야기를 나누었다. 한 사람이 모린은 집보다 병원에서 숨지기를 원했다고 말했다. 이 말을 듣고 모린의 한 손녀가 물었다. "하지만 거기서 누가 춤추는 걸 허락하겠어요?"

모든 사람은 춤출 수 있는 길을 찾는다. 춤은 삶 속에서 애쓰지 않고 움직이는 가슴을 가진 자유롭고 얽매이지 않은 정신을 나타낸다. 우리가 이 세상에서 살 수 있는 날이 그리도 짧은데 왜 그것을 소유하려 애쓰는가? 인생에는 영원한 가치를 지닌 것이 없다. 삶의 본질은 변화하고 완전히 탈바꿈하는 것이다. 그러니 춤을 배우는 게 어떨까?

봄의 싹이 돋아나기 시작할 때 산 너머에는 이미 가을바람이 있다. 꽃은 만지자마자 손 안에서 시들기 시작한다. 삶의 덧없는 표현들은 새로운 모습으로 변하지만 오직 사랑만은 변함이 없다. 우리는 아주 짧은 시간 동안 여기 있다가 다른 세상으로 간다. 그 동안 진정 무엇인가 할 시간이 있다면 그것은 바로 사랑하는 것이다… 그리고 춤추는 것이다.

6장에서 말했던 내 친구 리암은 죽기 전날 밤 간신히 아래층으로 내려가 아내와 자녀를 만났다. 거실에서 아내와 춤추고 자녀와 포옹했다. 다음 날 아침 가족들 곁에서 의식이 혼미한 채 누워 있다가, 그는 마지막 남은 힘을 다해 몸을 돌려 창문을 바라보았다. 그러자 그의 얼굴이 빛에 잠겼다. 그는 5분 후에 숨을 거두고 가슴속으로 돌아갔다.

성찰과 연습

사랑, 자비심, 친밀감

내가 사랑에 빠졌던 때를 생각해 본다. 사랑하는 건 어땠는가? 어떻게 행동했
는가? 무엇을 느꼈는가? 사랑의 감정이 어떤 사람과 관련된다고 여겼는가 아
니면 특별한 환경 덕분이라고 생각했는가? 시간이 지나자 그 사랑이 어떻게 되
었는가? 그 사랑은 상대에게서 비롯되었는가 아니면 나 자신에게서 비롯되었
는가? 그것을 어떻게 아는가? 어떤 특별한 조건도 없이 사랑을 느낀 때가 있었
는가? 그 감정은 특별한 개인에 대한 사랑과 어떤 점이 비슷하고 어떤 점이 달
랐는가?

멋진 음악, 아름다운 미술 작품, 좋은 책, 아름다운 자연 등 가슴을 흔들
고 깊은 감동을 주는 것을 선택한다. 당신의 사랑을 그런 특별한 것으로
부터 일반적인 것으로 옮기기 시작한다. 베토벤 피아노협주곡을 특히 좋
아한다면, 그 곡에 대한 사랑으로 시작해서 베토벤의 다른 음악까지 사
랑하게 될 수 있고, 이어서 모든 음악에 대한 사랑으로 확장할 수 있다.
또 모든 음악에 대한 사랑을 모든 소리를 사랑하는 것으로 일반화할 수

있고, 이어서 소리를 내는 모든 것으로 사랑을 확장하고, 마침내 세상 모든 것을 애정으로 감쌀 수 있다. 이 과정을 진정으로 느끼려면 여러 번 반복해야 할지 모른다. 이것을 성실히 연습하면 삶의 모든 것을 따스한 가슴으로 대하는 법을 배울 수 있다. 책임져야 할 다른 데로 주의가 분산될 때 그 사랑이 어떻게 되는지 지켜본다. 그러면 사랑이 사라지는 것 같다. 처음에는 그 애정이 매우 미약한 것 같지만 자꾸 연습하면 자연히 스스로 생길 것이다.

나의 삶에 자비심이 얼마나 많은지 성찰한다. 다른 사람의 고통을 함께 했던 시간을 생각해 본다. 어떻게 느꼈는가? 유쾌했는가 불쾌했는가? 나는 다른 사람의 고통에 어떻게 반응했는가? 고통 받는 상대를 바라보는 게 얼마나 힘들었는가? 지금 다시 생각하니 더 잘 반응할 수 있었는가? 그 상황에서 물러서거나 반응하지 않고 그 사람의 고통을 함께 하기 위해 무엇을 해야만 하는가? 나 자신의 문제에 골몰하고 있을 때 다른 사람의 말에 귀 기울일 수 있는가? 자비심을 더 잘 느끼기 위해 무엇을 할 수 있는가?

자비심을 불러일으키는 일을 찾아서 한다. 노숙자 쉼터에서 자원봉사 하거나, 말기질환 환자와 말동무하거나, 힘든 감정을 겪고 슬퍼하는 사람에게 도움을 줄 수 있다. 자비심을 베풀려면 참여하고 시간을 들여야 한다. 자신에게 맞는 일을 찾은 후에는 자신이 봉사하는 사람들의 고통을 느껴본다. 그들이 처한 상황을 이해함으로써 공감하며 그들의 세계로 들어가려 해본다. 이때 그들의 곤경을 해결해주려 하거나 느껴지는 고통을 회피하지 않도록 조심해야 한다. 분주히 그 사람의 문제를 해결하려 하지 않을 때 상대와의 만남이 어떻게 변하는가? 사랑의 느낌은 그 사람에게만 한정되는가 아니면 그것을 모든 존재의 괴로움에 대한 진심 어린 반응으로 여길 수 있는가?

내가 친밀감을 어떻게 대하는지 성찰한다. 친밀감이 두려움을 주는가? 그렇다면, 남에게 마음을 열 때 무슨 일이 생기는 게 두려운가? 자제력을 잃거나 나의 경계를 허무는 것이 두려운가? 인생에서 내가 친밀감을 대하는 것이 어떤 영향을 주었는지 성찰한다. 친밀감에 대한 욕구나 혐오와, 사랑하는 능력 사이에 연관이 있는가?

혼자 산책한다. 모든 스트레스를 놓아버린다. 아무 말도 하지 않고 산책하면서, 모든 책임을 놓아버리고, 그저 자기 자신과 함께 있는다. 자연의 소리를 듣는다. 그것이 감동을 주는가 아니면 자꾸 삶의 다른 부분이 생각나는가? 자꾸 일어나는 생각과 고요하려는 마음이 충돌하는가? 삶의 다른 부분에서도 이것을 시험해 본다.

임종하는 마음

The Dying Mind 11

삶과 죽음의 여행에서는 혼자 걸어야만 한다.
이 여행을 할 때는 지식, 경험, 기억에서 위안을 얻을 수 없다.
안전하려는 열망으로 모은 모든 것을 마음에서 버려야 하고,
신들과 공덕들은 그것을 기른 사회에 돌려주어야만 한다.
오염되지 않은 완벽한 고독이 있어야만 한다.

_J. 크리슈나무르티 Krishnamurti

자신과 남의 고통과 괴로움을 배우면 마음이 부드러워진다. 고통이 보편적이라는 것과 삶은 근본적으로 통제할 수 없음을 알게 된다. 대개 자신이 노력해서 삶을 이룬다고 믿지만 고통과 죽음은 다른 힘이 삶이라는 여행을 인도하고 있음을 밝혀준다. 우리는 언제 어떻게 죽을지 전혀 관여할 수 없다. 인생의 중대한 육체적 사건을 직면할 때 무력하다. 죽어가는 이들이 결과를 마음대로 하려는 욕구를 단념하고 임종 과정이 자연스럽게 이루어지게 할 수 있을 때 생의 마지막 순간을 평화롭게 살 수 있다. 우리가 기꺼이 배우려 하면 이런 죽음의 교훈은 전 인생에 영향을 준다.

유명한 불교 스승이자 명상가인 아잔 차 Ajahn Chah 스님이 육체와 정

신의 건강이 쇠퇴할 때 한 제자가 찾아왔다. 아잔 차 스님은 얼마 전에 몇 차례 수술을 받고 뇌 단락술brain shunt 치료를 받았다. 그 제자는 아잔 차 스님이 늘 강조했던 가르침을 실제 살고 있을 뿐이라고 생각한다고 말했다. 즉 스님의 몸이 쇠약해지고, 건강이 악화되어, 죽을 가능성이 있다는 것이었다. 아잔 차 스님은 제자를 바라보고 말했다. "이런 변화를 그렇게 대수롭지 않게 말하지 마라. 그것을 실제 겪는 건 네가 생각하는 것보다 훨씬 더 힘들다." 그는 늙음, 병, 죽음을 피할 수 없음을 말하는 것과 직접 경험하는 것은 전혀 다르다고 말했다.

실제 닥치기 전에는 죽는 게 어떤지 결코 온전히 이해할 수 없다. 안다고 생각할지 몰라도 죽음의 진실은 대개 예상과 크게 다르다. 우리는 거의 확실히 죽음의 상황을 통제할 수 없다. 두려움, 혼란, 무기력, 피곤이 생길까? 임종 과정은 자체의 생명이 있고, 우리가 믿고 싶은 것보다 더 어려울지 모른다.

매우 존경 받는 티베트의 명상 스승 라마 예셰Lama Yeshe는 심한 심장마비가 일어나 입원했다. 얼마 후 그는 병을 앓았던 그 기간에 대해 다른 티베트 라마에게 편지를 보냈다. "나는 집중치료실에 있을 때의 경험과 괴로움을 전혀 예상하지 못했습니다. 독한 약, 끝없는 주사, 호흡을 유지하는 산소 튜브로 인해 나의 마음은 고통과 혼란에 짓눌렸습니다. 죽음의 단계 동안 혼란 없이 알아차림을 유지하기가 지극히 어렵다는 걸 알게 되었습니다. 내가 쓰러진 지 41일째에 가장 안 좋았을 때는, 몸 상태가 악화되어 나는 묘지의 주인이 되었고, 내 마음이 신을 거역하는 악마anti-God 같았고, 내가 하는 말은 늙고 미친 개가 짖는 것 같았습니다. 여러 날 동안 기도문을 낭송하고 명상하는 능력이 감퇴해서 도대체 무엇을 해야 하는지 고민했습니다. 남은 힘을 짜내어 철저한 마음챙김으로 안정 명상을 했더니 많은 도움이 되었습니다. 점차 다시 마음속에 헤아릴 수 없는 기쁨과 행복을 기를 수 있었습니다. 그러자 마음의 힘이 커졌고, 문제가 줄었고 중단되었습니다."

두 스님은 평생 동안 정신을 개발하는 데 전념했고 병과 죽음의 시련이 닥쳤을 때 잘 대처했다. 그분들처럼 우리도 임종이 닥치면 가슴을 열고 배우는 능력, 사랑하는 능력, 자신을 부드럽게 대하고 관용하는 능력이 심각한 어려움을 맞을 것이라고 생각할 수 있다. D. H. 로렌스Lawrence는 이렇게 썼다. "그러면 조심하고 죽음을 부드럽게 대하라. 죽는 건 힘든 일이고, 죽음의 문은 설령 열려 있어도 지나가기 어렵기 때문이다." 인내의 한계까지 몰리는 일도 있을 것이다. 그런 환경이 우리를 절망과 분노에 휩싸인 심리의 어두운 영역으로 내모는 것도 당연하다. 그때 열린 가슴을 유지하려면 대단한 노력이 필요하다.

우리가 숨질 때 어떤 상황일지 혹은 그때 닥치는 정신적·육체적 어려움이 얼마나 심할지는 예견할 수 없다. 인생의 다른 많은 상황과 마찬가지로 임종은 미리 준비할 수 없다. 하지만 죽음에 적절하고 완전한 환경을 조성하고 통제하려 애쓰는 것은 중요하지 않다. 요점은 인간성에 온전히 뛰어들어 어떤 상황이 일어나든 그 안에서 죽는 것이다. 우리는 실제 일어나는 일을 다룬다. 사랑하는 이에게 버림받은 마음이나 파탄 난 결혼에서 배우듯이 롤러코스터 같은 임종 과정으로부터 배운다.

아잔 차와 라마 예세는 자기인식을 하는 데 삶을 바쳤다. 임종이 준 시련보다 그들이 역경을 통해 배우고 성장하는 것이 더 중요하다. 역경을 겪었는지가 아니라 역경에서 배움을 얻었는지가 훨씬 더 심오한 정신적 숙달을 나타낸다. 라마 예세의 편지가 그것을 역력히 보여준다. 아잔 차가 제자에게 한 대답은 제자의 이론적 지식을 보다 넓은 진정한 지혜의 맥락으로 이끌려는 것이다. 내가 짐작하기에 두 분은 심한 육체의 고통에도 불구하고 여전히 배우고 성장하고 가르치고 있었다.

심하게 아플 때 대개 마음 상태는 어떠한가? 건강할 때 가장 일반적인 마음 상태를 탐구할 수 있으면 건강이 안 좋을 때의 마음 상태에도 대비할 수 있을 것이다. 아플 때는 물론이고 건강할 때도 우리가 끊임없이 그런 마음 상태에 빠지는 것을 이해하면, 마음의 에너지와 균형을 이룰 수 있고 마음 상태를 있는 그대로 볼 준비를 잘할 수 있을 것이다.

부정

임종에 대한 준비는 병세가 위독해지기 오래 전부터 시작된다. 실제 준비는 삶의 순간마다 이루어진다. 매 순간을 맞을 때마다 열림과 아량의 태도를 선택하거나 두려움과 저항을 선택할 수 있다. 자신의 임종이라는 사실에 가슴을 열면 심리적으로 죽음을 수용하기 시작할 수 있다. 반면에 부정은 진실을 고려하지 않으려는 것이다. 부정은 더 어둡게 위장한 상태로 편견과 불관용이 잠재의식적으로 나타나는 것이다. 자신의 의견과 믿음에 집착하고 새로운 정보에 저항할 때 부정을 방어 수단으로 이용하고 있는 것이다.

우리는 언제나 새로운 정보를 접할 수 있다. 삶은 끊임없이 가르침을 주지만 우리는 듣기를 거부한다. 대개의 경우 정보를 걸러내고 이미 배운 것에 머물러 있으려 한다. 자신의 의견에만 머물며 안도감을 느낀다. 새로운 정보를 접하기보다 자신의 결론에 따라 행동하는 게 더 안전한 것 같다. 이것은 현실을 부정하는 한 가지 방식이며, 새로운 성장과 발견의 가능성을 받아들이지 않는 것이고, 정신의 죽음이다.

한편 부정이 건전한 기능도 할 수 있다. 그것은 받아들이기 버거운 정보를 멀리하는 것이다. 마음이 어려운 이야기를 들을 준비를 할 수 있도록 문제를 소화하고 다룰 시간을 벌어준다. 그런데 어느 시점이 되면 부정이 자신에게로 향한다. 부정이 지속되면 어느 순간부터 정보를 거르는 긍정적 기능을 하지 못하고 오히려 변화와 수용에 장애가 된다. 우리는 어떤 문제에 대해 너무 오래 문을 닫아 두는 경우가 지나치게 많다. 그 문제를 다루지 않으면 점차 부정은 현실을 거부하는 것이 되어버린다. 그러면 한 때 건전한 방어기제였던 부정이 제대로 기능하지 못하게 된다.

우리가 어떤 현실이 존재하지 않는 척해도 현실은 없어지지 않고 현실의 영향도 사라지지 않는다. 우리가 이미 알고 있듯이, 정신의 조화는 얼마나 많은 진실을 받아들이냐에 달려 있다. 기능장애 상태인 부정은 진실을 완전히 차단하므로 매우 고통스러운 마음 상태이다. 명백한 현실을 차단하고 믿지 않으려 하면 대단히 많은 정신 에너지를 쓰게 된다. 그래도 결과는 바꿀 수 없고, 단지 우리가 그 과정에 참여하지 못하게 할 뿐이다. 현실을 부정할 때 우리는 곧 허물어질 가상의 세계에 살게 된다. 다음 사례처럼 모든 사람의 유익을 위해 이런 기능장애를 일으키는 부정을 직접 다루어야만 하는 경우가 있다.

나와 함께했던 리타_{Rita}는 유방암으로 죽어가고 있는 젊은 어머니였다. 결혼해서 열두 살과 열네 살 된 두 자녀를 두었다. 그녀는 여생이 단 몇 주밖에 남지 않았을 때 호스피스에 들어왔다. 리타는 대부분의 시간에 잠을 잤지만 이따금 일어나서 엄마와 아내의 역할을 하려 했다. 가족들은 리타의 병약한 상태를 무시하고 힘을 더 내라고 격려했다. 주치의는 몇 번이나 가족들에게 리타가 시한부 상태임을 설명했지만 결국 손을 놓고 말았다. 가족 중 누구도, 심지어 환자 자신조차 병이 심각한 상태라는 걸 직면하려 하지 않았다. 그런 가족의 상황이 호스피스 종사자의 가슴을 미어지게 했다. 리타가 죽지 않는 척하는 두 어린 자녀와 사랑스러운 남편에게는 깊은 슬픔이 있었다. 리타가 자꾸 억지로 침대에서 내려오다가 쓰러지는 일이 많아지자 상황은 더 악화되었다. 그런데도 가족들은 그녀를 절대 도와주려 하지 않았다.

그 가족의 기능장애적 부정은 모두에게 큰 괴로움을 주었고 환자의 육체적 상황을 거의 무시하는 지경이었다. 그래서 나는 사회복지사로서 가족들을 불러 모아 엄격한 말로 환자의 상태를 상세히 설명했다. 어머니가 호전되기를 바라는 자녀들의 마음은 이해하지만 그런 일은 일어날 수 없었다. 그들은 언제나 기적이 일어날 수 있다고 주장했다. 나는 그럴 가능성은 전혀 없다고 말하고 다시는 그런 말을 꺼내지도 못하게 했다. 그러자 그들은 주체하지 못할 정도로 슬퍼하고 눈물을 쏟았다. 가족들은 조금씩 마음을 가다듬고 리타를 보살필 계획을 짜기 시작했다. 그 모임 후에 가족들은 리타를 돕기 위해 모여 작별인사를 했고 리타가 숨질 때까지 돌보아주었다. 아버지가 앞장섰고 또 리카가 했던 엄마의 역할을 떠맡았다.

사실 거의 항상 부정하는 태도를 그냥 놓아두고 현실을 강요하지 않는 게 더 좋다. 대개 환자의 상태가 악화되면 상황을 파악하게 되어 아무도 개입하지 않아도 스스로 부정을 거두게 되기 때문이다.

모든 사람에게는 자신에게 적절한 시기가 있다. 섣불리 부정에 간섭하면 바른 정신으로 위기를 해결하는 데 필요한 정신적 균형을 뒤흔들어 놓을 수 있다. 의사가 부정을 거두라고 강요하는 건 외줄타기를 하는 것처럼 위험하다. 왜냐하면 부정의 힘에 의한 방어가 제거될 때 그 공백 상태에서 어떤 행위가 일어날지 전혀 알 수 없기 때문이다. 하지만 드물게 부정이 지나치게 비생산적일 때는 관련된 모든 사람의 염려와 행복을 무너뜨린다. 리타의 경우에 가족들의 부정이 지나친 기능장애를 일으켰으므로, 그 상황을 무시하고 그냥 놓아두는 것이 부정을 공개적으로 다루는 것보다 더 파괴적이었다. 그러므로 그에 따라 조치를 취하는 것 말고는 다른 선택의 여지가 없었다.

모든 사람이 때로는 자신이 아닌 척한다. 부정도 다르지 않다. 부정은 단지 삶에 대한 사랑, 가족에 대한 사랑, 영향력에 대한 사랑 등에서 사랑의 결속을 깨기를 주저하는 것이다. 환자나 가족이 현실을 부정하는 그 이면에 있는 고통에 연결할 수 있으면 가슴을 열고 그들을 대할 수 있다. 호스피스 종사자들은 종종 환자나 가족이 현실을 부정할 때 좌절을 느낀다고 한다. "환자가 죽음에 대해 부인과 이야기를 나누면 훨씬 좋은 죽음을 맞이할 거예요." 하지만 그것은 환자가 임종 과정의 어느 단계에 있는지를 우리가 부정하는 것이다. 결국 누구든지 서둘러 성장하도록 몰아대는 것은 대개 도움이 되기보다 비극을 초래한다.

통제력을 잃는다

　텔레비전은 임종 과정을 과장해 왔다. 드라마에서 배우들이 고통으로 몸부림치면서도 감정적으로 극히 자제하며 마지막 순간까지 가족을 이끄는 장면을 보았을 것이다. 그런 장면은 대개 사실과 전혀 다르다. 현재 약물 전달 기술이 획기적으로 발전하여 죽어가는 환자는 거의 언제나 고통에서 벗어날 수 있다. 또한, 알고 있는 모든 것의 완전한 종말을 직면한 환자가 죽음에 감정적으로 거리를 두고 초연하기는 어렵다. 죽음은 흔히 환자들이 다시 감정적 삶을 접하게 한다. 병세가 깊어진 환자는 숨질 때 대개 혼수상태이므로 의사소통을 할 수 없다. 라마 예셰처럼 정신적, 육체적 에너지가 오르내릴 때 환자는 명확한 정신으로 집중하기가 어려울지 모른다. 이런 변화로 인해 환자는 육체적, 정신적 통제력의 상실을 겪을 수밖에 없다.

　많은 죽어가는 환자들은 자신의 영향력이 계속 사라지는 걸 목격한다. 병이 환자의 생명력을 갉아먹어 삶에서 그들의 역할이 줄어들기 시작한다. 이런 변화에 따라 환자들은 슬픔과 더불어 자신이 아무런 가치 없는 존재라고 느낄 수 있다. 그런 감정 반응은 환자들이 자신의 활동과 하는 일에서 자존감을 찾아 왔다는 걸 보여준다. 따라서 예전만큼 일하지 못하면 자신이 쓸모없다고 느낀다. 그들은 오직 자신의 역할과 책임에 의해 자아감을 길렀으므로 이제는 성취감을 얻으려 의지할 게 아무것도 없다.

죽어가는 이들은 흔히 계속 활동함으로써 통제력을 잃지 않으려한다. 매우 적극적으로 참여하고 교제하는 기간을 보낼지도 모른다. 그런 활동에는 두 가지 목표가 있다. 즉 자신이 가치 있고 생산적이라고 느낄 수 있다는 것과, 또 임종의 격렬한 감정을 무디게 할 수 있다는 것이다. 그런데 죽어 가는 이들이 이처럼 적극적으로 활동하는 것이 때로는 미세한 부정일 수 있다.

호스피스 환자 신디Cindy는 호스피스 프로그램이 유익하다고 힘주어 말했고, 환자에게 환자의 상태에 대해 정직하게 말하기를 두려워하는 의사들을 혐오한다는 것도 거침없이 말했다. 그녀는 주치의와 끔찍한 일을 겪었고 결국 의사를 바꿀 수밖에 없었다. 의사가 그녀의 예후에 대해 회피적 태도로 일관했기 때문이다. 그때부터 그녀는 호스피스 간호를 열렬히 지지하게 되었다. 그런데 한 의대에서 신디의 달변에 주목했고, 그녀는 의사와 환자가 정직하게 소통하는 것이 필요하다는 점을 의대생들 앞에서 강연하기 시작했다. 그 일은 그녀에게 큰 기쁨이었다. 또 신디는 죽음과 임종 과정을 직면하는 법에 대한 호스피스 프로그램을 알려주는 공익광고를 몇 차례 하는 데 동의했다. 확실히 신디는 자신에게 관심을 가져주는 걸 감사했고 자신과 타인을 위해 봉사하고 있었다.

그렇게 지내던 신디는 병이 악화되어 더 이상 강연을 할 수 없을 정도로 쇠약해졌다. 그런데 두 주 전만 해도 자신이 유창하게 강연했던 바로 그 임종 과정을 갑자기 무서워했다. 신디는 죽음을 생각하는 것은 실제로 죽는 것과 상당히 다르다는 걸 알게 되었다. 비교적 건강할 때는 자기 자신과 청중, 강연의 주제를 완전히 주도할 수 있었다. 하지만 몸이 허약해지자 모든 것이 변했다. 행동하는 것이 자신의 삶을 주도하는 유일한 길이었는데, 행동 능력을 상실하자 임종의 영향을 덜어줄 수 있는 게 없었다.

앙드레 말로Andre Malraux 는 "죽음이란 없다… 단지 내가… 죽을 내가 있을 뿐이다."라고 썼다. 삶의 막바지에 이른 사람은 눈앞에서 죽어가는 자신을 본다. 죽음은 더 이상 추상적인 일이 아니다. 뼈에 사무치도록 느껴진다. 흔히 권력과 특권에 연결된 자아상이 위축되는 것이 죽음을 알려준다. 죽어가는 환자는 자존감이 감소하는 걸 지켜볼 때 고통스럽다. 기분이 심히 나빴다 좋았다를 반복하고 지나치게 예민해지기도 한다. 사라진 영향력을 되찾으려고 무례하게 행동할지도 모른다. 갑자기 요구하는 게 많아지고 자주 도움을 요청한다. 더 비판적이고 너그럽지 못하게 될지도 모른다. 그런 환자는 도무지 만족시킬 수 없는 것 같다.

해롤드Harold 는 가족과 친구들에게 인정받고 사랑받는 다정한 남성이었다. 그런데 암에 걸리자 삶이 크게 변하는 걸 보았다. 바뀐 삶을 돌아볼 때면 머리를 흔들며 이제는 예전의 자신이 아니라고 말했다. 과거에 그가 자녀들을 감정적, 육체적으로 보살폈듯이 이제는 자녀들이 자신을 돌보는 걸 알게 되었다. 그는 부모의 역할이 뒤바뀐 것 같다고 말했다. 아내와의 관계도 바뀌었다. 항암치료를 받고 몸이 쇠약해져 더 이상 성관계를 하지 못했다. 그의 아내는 항상 그가 부담했던 많은 책임을 짊어지기 시작했다.

해롤드는 누워만 있게 되자 점점 더 화를 잘 내고 불만스러워졌다. 성마르고 잔소리가 심해졌다. 해롤드도 가족들도 왜 그의 기질이 변했는지 알 수 없었다. 가족들은 해롤드를 성나게 하는 게 두려워 그 변화에 제대로 대처하지 못했다. 그가 죽어가고 있었으므로 가족들은 결코 그를 직면하려 하지 않았다. 그것이 그를 더 화나게 했다. 가족들이 자신을 소외시키고 경시한다고 느꼈다.

해롤드의 가족은 호스피스 사회복지사에게 도움을 요청했다. 사회복지사는 해롤드의 짜증이 통제력 상실과 관련이 있다고 말했다. 사회복지사의 도움에 힘입어 가족들은 해롤드의 병에 대해 쉬쉬하지 않았고, 그의 기분이 갑자기 변하는 것과 성마른 기질에 대해 그에게 말하기 시작했다. 또 가족 일을 결정하는 데 해롤드를 참여시키고 예전처럼 그가 조언과 위로를 해주기를 기대했다. 그러자 해롤드는 성마름이 줄었지만, 임종에 적응하기는 여전히 어려웠다. 자신이 환자라는 걸 받아들이지 못했고 활동을 하지 못하게 되자 다른 데서 자신의 가치를 찾을 수 없었기 때문이다.

많은 사람들은 역할과 활동이 줄어들면 삶의 목적을 잃는다고 생각한다. 사업에서 성공했는데 갑자기 은퇴할 수밖에 없게 된 사람은 자신이 사업가라는 생각을 버리지 못한다. 전처럼 활동하지 못하지만 달리 의지할 자아상이 없기 때문이다. 은퇴한 사람은 젊은이에 비해 존중받지 못한다. 나이 든 이의 지혜와 인격은 젊음과 활력만큼 인정받지 못하기 때문이다. 우리는 인성의 개발을 충분히 존중하지 않고, 생산하지 않고 사는 걸 편안히 여길 만큼 내면이 성장할 때까지 시간을 주지도 않는다. 자존감은 단지 기능성, 즉 활동적이고 유용한 사람이 되는 데 달려 있다고 단정한다. 미국 문화에서는 야망과 추진력을 높이 평가한다. 그것이 품위 있는 인간의 특질이기 때문이 아니라 그것에 의해 이루어지는 성과 때문이다. 인성을 중시하는 경우조차 대개 좋은 인성이 가져다주는 이득과 행운을 염두에 두는 것이다. 또 영리함은 교육받을 때 유리하기 때문에, 친화성은 성공의 사다리를 오르는 데 도움을 주기 때문에 높은 평가를 받는다.

많은 미국인들의 자존감이 낮은 까닭은 우리 사회가 정신의 성장을 별로 중요하게 여기지 않기 때문인지 모른다. 우리는 내면을 바라보고 자신이 어떤 존재인지 제대로 알 기회가 거의 없다. 그보다는 대개 외부로 눈을 돌려 우리가 성취한 일을 주목한다. 진실성과 친절함 같은 내면의 자질이 아니라 외적인 성취만이 우리를 가치 있고 존중할 만한 사람으로 만든다고 여긴다.

야망을 강조하는 걸 보면 우리가 죽을 때 괴로운 이유를 쉽게 알 수 있다. 야망은 죽는 과정에 아무런 도움을 주지 못한다. 오히려 툭 트인 죽음을 맞을 수 있는 배움, 유연성, 열린 마음 같은 자질을 방해하는 완고한 인성을 초래한다. 야망을 기르는 데 인생을 바쳤다면 우리의 인성은 야망을 지닌 채 죽음을 맞는다. 그러면 우리는 임종하면서도 해야 할 일과 성취해야 할 것이 있다고 믿는다. 그렇게 행위를 강조할 때 지금 이 순간의 친밀감에서 분리되고 가슴에서 멀어진다. 하지만 성취감이 있는 곳, 죽음을 탐구할 수 있는 곳은 바로 우리의 가슴속이다.

삶을 통제하려는 것은 개인주의와 자기충족적인 태도를 암시한다. 경험에 의해 일반적으로 증명되지 않은 영향력이 있는 척한다. 통제하려는 욕구로 인해 우리는 다른 사람들로부터 소외되고 메마른 외로움을 겪으며 관계에서 비롯되는 연대감과 서로 간의 지지를 상실한다. 게다가 정신적인 것과의 연결도 막힌다.

임종은 문화가 우리에 대해 말하는 것과 죽음이 보여주는 우리의 모습을 비교할 수 있는 드문 기회이다. 우리는 통제력을 상실해도 인간으로서 가치가 줄지 않는다. 팔다리를 잃거나 쇠약해져 활동하지 못해도 우리의 의식은 온전하다. 일을 못하고 생산하지 못해도 우리는 부족한 사람이 아니다. 죽음은 활동을 매우 중요하게 여기는 우리의 관점이 왜곡되어 있다는 위대한 가르침을 준다. 죽음이 자기중심성이라는 환상을 소멸시켜도 여전히 우리는 본래 그대로의 가슴을 가지고 여기 존재한다.

 자아의식을 잃는다

화학적으로 의식 변화를 일으키는 실험에 참가한 사람들은 임종하는 환자들이 말하는 완만한 정체성의 손실과 유사한 경험을 한다. 그들은 자신이 단지 어떤 역할을 하는 존재가 아니라는 것을 이해할 뿐만 아니라 마음과 몸의 경험 너머의 존재임을 느낀다고 말한다. 어떤 이들은 몸과 마음과 자아상을 상실해도 여전히 온전하다는 것을 알게 되어 홀가분함과 기쁨을 느낀다고 말한다.

오랫동안 명상한 사람들도 유사한 이야기를 한다. 예로부터 불교에는 자아와 타자의 본성에 대한 깊은 이해에 도달한 사람들이 많다. 그들은 자신이 무엇이 아닌지 분명히 안다고 말한다. 즉 그들은 단지 역할이 아니고, 몸이 아니고, 경험도 아니다. 이런 사람들이 말하는 것이 일관된 이해를 나타내므로 그것이 타당하다고 믿을 만하다. 아마도 우리의 인간성에는 생각하고 말하고 행동하는 몸과 뇌 너머에 보다 근본적인 것이 있을 것이다. 그렇다면 죽음은 도중에 다른 모든 것을 제거함으로써 우리를 그 본성으로 이끌어 줄 가능성이 있다. 죽음은 우리가 끊임없이 자신을 잘못 표현하고 있음을 드러내는 도구이다.

모든 것을 빼앗긴 후에도 우리에게는 아직 살아 있음이 있다. 살아 있음에는 단계적 차이가 없다. 살아 있음은 전혀 몸과 마음에 의존하지 않는 것 같으므로 죽음에 의해 살아 있음이 점차 줄어드는

징조는 없다. 살아 있음은 우리가 책임감을 기르고 스스로 정체성을 부여하는 우리 존재의 토대이다. 죽음이 다른 모든 것을 빼앗아 간 후에 우리는 살아 있음으로 돌아갈 수 있다. 이따금 호스피스 환자들은 육체적 충격을 받아도 살아 있음에 연결될 수 있다. 이런 깨어 있음의 감각 덕분에 병이 있어도 위안을 얻을 수 있다.

근본주의 그리스도인인 찰스_{Charles}는 폐암에 걸려 호흡이 어려웠다. 간신히 숨을 쉴 때마다 힘이 들었다. 찰스는 이전에 저절로 숨 쉬었던 호흡 기능을 조절할 수 없게 되자 깜짝 놀랐다. 죽는 것은 신의 뜻이라고 말하고 안심하려 했지만 여전히 동요하고 불안했다. 우리는 호흡 같은 몸의 기본적 기능을 조절하지 못하는 것이 얼마나 힘든지 말을 나누었다. 나는 그가 죽어가는 것이 정말 신의 뜻이지만 그가 아직 살아 있는 것 또한 신의 뜻이 아니겠느냐고 말했다. 그가 호흡하는 것이 살아 있음의 표시라고 했다. 아마도 그는 호흡을 잃는 두려움이 아니라 삶의 호흡에서 위안을 구할 수 있었다. 그러면 결국 미래에 신의 뜻이 어떻게 될지가 아니라 바로 지금 신의 뜻에 대해 안심할 수 있었다. 나는 그의 살아 있음이 그 모든 경험을 겪게 하고 신의 문 앞에 그를 내려놓을 수 있다고 말했다. 찰스는 호흡을 편히 받아들이기 시작하면서 조금 진정하는 듯했다. 그는 내가 다시 방문하기 전에 숨졌지만 부인에게 신이 어떤 식으로든 그의 호흡에 연결되어 있음을 느낀다고 말했다.

우리의 살아 있음을 살펴보면 경험보다 더 근본적인 것을 볼 수 있다. 어떤 경험을 하려면 먼저 살아 있어야 한다. 하지만 죽음은 모든 경험을 없앤다. 죽음은 모든 경험이 일어나는 감각의 세계를 완전히 제거한다. 그런데 임사 체험과 사후 체험 이야기들이 사실이라면 살아 있음은 죽음 후에도 계속된다. 그렇다면 살아 있음이 죽음보다 더 근본적이므로 죽음은 살아 있음을 빼앗을 수 없다. 살아 있음으로부터 모든 경험을 빼고 나면 순수 알아차림, 죽음과 패배를 초월한 본질이 남는다.

우리는 경험을 믿는 습성이 매우 깊어서 환경의 변화에 따라 살고 있다고 여기는 일이 많다. 우리의 경험은 유쾌하다가 불쾌하게, 또는 그 반대로 변하는 것 같다. 나쁜 시절과 좋은 시절, 병과 건강, 빈곤과 부는 우리가 회피하거나 좇는 환경이다. 하지만 알아차림은 무엇을 좇거나 회피하는 걸 초월한다. 알아차림은 우리가 만나는 어떤 상황보다 더 삶에 근본적이지만 경험보다 알아차림을 더 신뢰하려면 대단히 깊은 믿음이 있어야만 한다. 임종은 신뢰하기에 대해 가르쳐줄 수 있다.

 과정을 신뢰한다

어렸을 때 똑바로 서 있다가 뒤에서 팔을 벌리고 있는 사람에게로 넘어지는 놀이가 있었다. 그 친구가 나를 잡아줄 것이라고 믿을 수 있어야 뒤로 넘어질 수 있었던 것이 생각난다. 친구가 나를 놓친 적이 한 번도 없었지만 나는 그 놀이를 할 때마다 두려움을 느꼈다. 임종은 그 놀이처럼 아무것도 없는 데로 넘어지는 느낌을 주는 것 같다. 과거에 죽음을 경험한 기억이 없으므로 임종 과정을 신뢰하기 어렵다. 낙하산 없이 비행기에서 뛰어내리는 것 같을지도 모른다. 하지만 실제 임종 과정은 북미 인디언 오지브웨이Ojibway 족이 "나는 이따금 자신에게 연민을 느끼지만, 언제나 하늘을 흐르는 큰 바람에 실려 가고 있다."고 말하는 것과 더 유사할지도 모른다.

보통 우리는 자신의 노력으로 인생을 꾸려 왔다고 믿는다. 그런데 죽음은 우리의 일상적인 통제력을 무너뜨린다. 죽음은 우리의 영향이 미칠 수 없는 곳에서 일어나는 것 같고 우리는 아무것도 할 수 없다. 죽음이 주는 중요한 가르침은 단지 그동안 누가 우리의 인생 여정을 안내했는지 밝히는 것이다.

두려움 없이 죽으려면 매우 깊은 신뢰가 필요하다. 그 신뢰는, 우리가 통제하려는 욕구를 이해할 수 있다면 우리로 하여금 더 깊은 믿음으로 살게 도와줄 수 있는 것이다. 죽음은 놓아둘 수 있는 힘, 간섭하지 않고 내맡기는 힘을 가르쳐 준다. 임종 과정은 매우 자연스럽다. 자연법칙이 삶을 다스리듯이 죽음을 다스린다. 하지만 우리는 언제나 마음대로 행동하려 했으므로 무위無爲의 힘, 자연법칙을 그냥 놓아두는 힘을 이해하기 어렵다. 죽음은 놓아두어야 할 때와 행동해야 할 때를 가르쳐 준다.

죽어가는 사람들은 죽음이 주는 교훈을 배우는 것 같다. 특히 나이 많고 충실한 생활을 한 환자들은 임종 과정을 편히 받아들이는 경우가 많다. 죽음의 순간에 내맡김과 신뢰를 다룰 수밖에 없지만, 삶과 죽음을 지배하는 바로 그 자연법칙은 지금도 우리에게 작용하고 있다. 내맡김으로써 우리는 객관적으로 볼 수 없고 만질 수 없는 것을 보다 깊이 신뢰하고 의지하는 법을 배울 수 있다.

호스피스 환자 루시아Lucia는 그런 신뢰에 연결될 수 있었다. 그녀는 정숙한 여성으로 타고난 정직함을 지녔고 다른 사람들을 편히 대했다. 의사가 자신의 암을 치료할 수 없다고 말하는 걸 듣고도 그녀는 움찔하지도 않았다고 딸이 전했다. 단지 자신이 살날이 얼마나 남았는지 물었다. 자기연민이나 당황하는 기색도 전혀 없었다. 예전처럼 만족하고 차분하게 늘 하던 일을 계속했다. 특히 내가 관심을 가지게 된 까닭은 내가 임종에 대해 운을 떼자 그녀가 기꺼이 임종에 대해 이야기하려 했기 때문이다. 회피하려는 기색도 없었고 일부러 그 주제를 꺼낼 필요도 없었다. 루시아에게 죽음을 앞두고 어떻게 평정심을 유지하는지 물었다. 그녀는 삶이란 자신의 욕구보다 더 큰 것을 신뢰하는 것이라고 했다. 그녀는 정확히 설명하지 못했지만 자신이 겪은 모든 일이 보다 큰 선을 위한 것임을 알았다. "내 병은 그런 믿음을 확인해 줍니다. 나는 전혀 두렵지 않아요."

루시아와 달리 죽어가는 환자들은 대개 괜찮을 거라는 보장을 얻고 싶어 한다. 하지만 살아 있는 어느 누구도 죽음이 안전한 여행이라고 보장할 수 없다. 종교에서 확실히 안전한 길을 찾지만, 종교는 대개 우리를 도덕성에 기대게 한다. "당신이 착하게 살았으면 두려워할 게 없습니다." 하지만 우리가 정말 착하게 살았는가? 착하다는 건 상대적인 말이다. 자신에 대한 도덕적 평가에 따라 안심하고 신뢰할 수는 없다.

신뢰는 도덕적 용기와 관련이 없다. 더 돌아갈 곳이 없을 때, 통제하려는 욕구의 막바지에 이르렀을 때, 신뢰가 생긴다. 임종할 때는 뒤돌아서 다시 건강해질 수 없다. 임종은 우리가 안전하다는 보장 없이 발을 내딛기를 요구한다. 그래서 우리는 죽음의 문을 지나 걸어간다. 되돌아갈 수 없으므로 앞으로 나갈 뿐이다. 끝까지 가는 것이다. 보증도, 확실성도, 확신도 없다. 두려움이 아니라 사랑에 의해 한 걸음씩 걷는다. 위대한 신비가 발걸음마다 축복하기 때문이다. 우리의 가슴은 그 신비를 이해하고 기쁨을 느낀다. 그것은 신비 자체로 되돌아가는 신비이다.

성찰과 연습

통제를 놓아버린다

삶을 있는 그대로 받아들이지 않고 진실을 부정하면 어떤 이득이 있는가? 받아들이기에 너무 파괴적인 진실을 부정해서 나를 방어했던 때를 생각해 본다. 그때 부정이 어떤 도움을 주었는가? 실제로 진실을 인식할 수 있었던 건 언제인가? 그동안 무엇이 변했는가? 일어난 일을 처음 이해했을 때 내가 어떤 고통을 느꼈는지 성찰한다. 이번에는 일어난 일이 사실이 아닌 척하는 동안 느낀 긴장을 생각해 본다.

다음에 자신이 어떤 것을 받아들이기 거부할 때 잠시 멈추어 자신의 반응을 주목한다. 자신의 반응을 신호 삼아 자신이 그 상황을 부정하고 있는지 묻는다. 조용한 곳에서 자신이 느끼는 것과 생각하는 것을 지켜본다. 무엇을 받아들이지 않으려 하는가? 그 이유는 무엇인가? 정직하게 자신이 혐오하는 것을 계속 알아차린다.

예상하기 어려운 혼란스러운 사건들이 생길 때 내가 통제하려는 욕구를 성찰한다. 어떤 감정이 일어나고 나는 그런 상황을 어떻게 다루려 하는가? 내가 바라는 대로 되기를 희망하면서 사건을 처리하는 데 얼마나 많은 시간과 에너지를 쏟는지 성찰한다. 그것은 내가 자발적이고 창조적이지 못하도록 어떻게 방해하는가? 내가 개입해 상황을 통제하려 할 때 다른 사람들이 어떻게 반응하는가? 다른 사람이 상황을 통제하려 할 때 나는 어떤 생각을 하는가?

자신이 통제할 수 있는 것과 통제할 수 없는 것을 알아차린다. 날씨, 시간의 흐름, 불수의적 몸의 상태처럼 분명히 통제할 수 없는 것이 있다. 그렇다면 감정, 반응, 두려움은 어떤가? 그것을 통제할 수 있는가? 우리가 화를 내거나 행복하기로 결심하는가? 삶에 영향을 주는 기분, 생각, 태도에 더 주의를 기울이고 그것을 통제할 수 있는지 자신에게 물어본다. 욕구와 두려움은 당신이 불러일으키는 것인가 아니면 어떤 조건이 주어졌을 때 스스로 일어나는가?

내가 누구인지 성찰한다. 나를 한 개인으로 규정하는 모든 성질을 생각한다. 이어서 그것들이 나의 본질을 나타내는지 물어본다. 무엇이 빠져 있는가? 만일 죽어가고 있고 역할과 책임을 잃어버리면 나는 한 개인으로서 위축되는가? 그대로 남아있는 것은 없는가?

자신의 누구인지 자문하고 바로 자신의 대답을 지켜본다. "나는 내 몸이다. 감정이 곧 나다. 생각이 나다." 하지만 당신이 자신의 몸, 기분, 생각을 볼 수 있다면, 어떻게 지켜보는 당신이 동시에 몸, 기분, 생각일 수 있는가? 지켜보는 행동은 자신의 존재 외부에 있는 대상을 보는 것이다. 이어서 자신에게 "나는 누구인가?"를 묻고 그 질문이 어디로 이끄는지 본다. 급히 대답하려 하지 말고 그 질문이 자신과 함께 있게 한다. 그 질문이 혼란스럽게 하는가 아니면 크고 평화로운 마음을 일으키는가?

붓다는 자신의 가르침은 한마디로 "어떤 것에도 집착하지 마라."는 것이라고 했다. 놓아버리기라는 방편을 수행함으로써 그 지혜에 다가갈 수 있다. 놓아버리기 수행은 순간마다 죽음을 수행하는 것과 거의 유사하다. 놓아버리기는 해방의 행위일 수도 있고 단순히 집착하지 않는 순간일 수도 있다. 이 책에 나오는 모든 연습과 성찰은 놓아버리는 방법이다. 놓아버리기는 저항하지 않고 삶을 있는 그대로 두는 것을 의미한다. 아무런 꾸밈도 생각도 없이 매 순간이 죽게 하는 것이다. 놓아버리기는 궁극적인 신뢰의 행위이다.

놓아버리기, 놓아두기, 있는 그대로 신뢰하고 그대로 두기가 무엇을 의미하는지 성찰한다. 내가 일어나는 일을 단지 신뢰하고 놓아두지 않고 대개 조작하는 것을 성찰한다. 욕구, 원한, 분노, 좌절을 놓아버리기는 쉬운가 어려운가? 나의 고통과 자만심에 집착할 때 어떤 느낌이 드는가?

놓아버리기를 수행한다. 다음번에 자신이 과거, 현재, 미래의 사건에 집착하는 걸 보면 그것을 풀어 주고 사라지게 한다. 놓아버리기는 개발해야 하는 게 아니라 단지 행해야 하는 것이다. 모든 것을 이해하고 파악하려 하기보다 그저 놓아버린다. 욕구, 기대, 두려움을 놓아버린다. 걱정과 후회를 놓아버린다. 삶과 죽음을 놓아버린다. 모든 것을 있는 그대로 놓아버리고 자유롭게 풀어 준다. 특별한 존재가 될 필요도 없고, 치유할 상처도 없고, 우리를 얽매는 과거나 미래도 없다. '나' 혹은 '나의 것'이라는 생각 없이 모든 것을 놓아둔다.

애
도
를
이
해
하
다

Understanding Grief 12

(애도의) 재로부터 불사조가 날아오르고 부활의 용기가 나온다.
애도는 살아 있는 주검으로부터 생명을 되살린다.
그것은 절대적으로 옳은 것도 절대적으로 틀린 것도 없다는 사실을 가르쳐준다…
애도는 당신을 새 사람으로 만들 것이다.
그 과정에서 당신을 죽이지 않는다면 말이다.

_스테파니 에릭슨 Stephanie Ericsson

애도는 모든 삶에 필수적인 부분이다. 죽음이 사랑하는 사람을 빼앗아 가고, 인간관계가 깨지고, 사업이 실패하고, 일자리를 잃고, 결혼생활이 끝장난다. 갑자기 불치병에 걸리고 모든 것을 잃을 각오를 해야만 한다. 상실을 견디고 살려면 삶을 유지하려 의존했던 바로 그것을 놓아버리는 법을 배워야만 한다. 애도는 모든 사람을 하나가 되게 하는 인간 존재의 공통분모이다.

나는 전에 일했던 메사추세츠 주 플리머스에 있는 호스피스의 추도식에서 추도사를 한 적이 있다. 그 전에 잠깐 교회 밖으로 나와 묘지를 거닐며 비석들에 새겨진 날짜를 보았다. 아주 오래 되어 돌에 새겨진 날짜가 닳아 없어져 버린 묘비들도 있었다. 어떤 묘비들은 날짜가 17세기에서 18세기에 걸쳐 있었다. 그렇게 묘지를 거닐며 인류가 그토록 긴 세월 동안 사별을 애도하고 괴로워했다는 사실에 가슴 깊이 뭉클했다. 9장의 서두에서 붓다는 제자들에게 사람들이 사랑하는 이를 잃고 흘린 눈물은 이 세상 모든 바다의 물보다 더 많다고 말했다. 우리는 애도할 때 누군가를 사랑하고 이별한 과거 사람들과 하나가 된다.

나는 몇 년 전 홀로트로픽 호흡법holotropic breathwork 워크숍에 참석했다. 거기서는 수강생들에게 오랜 시간 동안 짧고 빠른 호흡을 계속하라고 했다. 동시에 울림이 있는 음악을 큰 소리로 틀었다. 그 호흡과 음악에 의해 수강생들은 일상적 의식 상태 너머를 경험했다. 나는 애도가 있는 마음의 영역에 이르렀고 내가 겪은 상실의 슬픔을 느끼기 시작했다. 그런데 갑자기 뭔가 변했고 나는 개인적 애도에서 벗어나 애도의 블랙홀이라고 밖에 말할 수 없는 것으로 들어갔다. 거기엔 오직 애도만 있었다. 그 어둠은 시작도 끝도 없었고 모든 인간의 상실로 가득했다. 그건 더 이상 나의 애도가 아니라 모든 시대 모든 사람의 상실에서 비롯된 애도였다. 주체할 수 없이 울음이 나왔다. 한 도우미가 걱정이 되어 다가왔지만 나는 그 애도의 광경에서 방해 받고 싶지 않아 저리 가라고 손을 흔들었다. 나는 일상적 의식 바로 아래 늘 있는 것 같은 감정을 배우는 데 열중하고 있었다. 그 일 이후로 나는 애도를 훨씬 더 잘 받아들이고 이해하게 되었다.

사람들이 흘린 눈물이 온 세상의 바닷물보다 많다는 붓다의 말씀은 마땅히 그럴 만한 중요성을 애도에 부여한다. 애도는 시간으로는 영원하고 범위로는 한이 없다. 내가 어릴 때 외할머니가 돌아가신 후 1년 동안 어머니는 부엌에서 울었다. 무슨 일이 있느냐고 물었더니 어머니는 외할머니가 돌아가셔서 슬퍼하는 거라고 말했다. 나는 놀라서 다시 물었다. "하지만, 엄마, 그건 1년도 더 지난 일이잖아요." 그때 어머니의 대답을 나는 결코 잊지 못할 것이다. 어머니는 나를 바라보고 가만히 말했다. "애도는 결코 끝나지 않는단다."

상실은 늘 삶의 일부이다. 어떤 면에서는 언젠가 상실할 것이라는 전망이 기쁨의 능력, 즉 소유하는 기쁨과 소속되는 기쁨을 규정한다. 사랑의 부재를 알지 못하면 사랑을 알 수 없다. 우리는 친밀감과 다른 사람의 가슴에서 우러난 보살핌을 간절히 원하지만 일단 그것을 얻은 후에는 다시는 잃지 않기를 바란다. 하지만 어떻게 얻기만 하고 상실하지 않을 수 있겠는가? 우리가 얻는 것과 상실하는 것은 인생 내내 서로 보완한다.

우리 모두는 가슴 속에 삶의 애도를 간직해야 한다. 어떤 이는 상실의 슬픔이 너무 커서 그 무게를 도저히 견디지 못한다. 어떤 이는 애도를 힘겨워하지 않고 극적인 상실에도 삶을 방해받지 않는다. 애도가 모든 사람에게 똑같이 일어나는 건 아니지만 모든 사람은 애도와 함께 산다. 애도를 인간성의 일부로 이해하고 받아들이면 괴로움이 적어진다.

 어떻게 애도하는가

애도는 분노, 슬픔, 격노, 절망, 우울, 마비, 무기력, 감정의 고갈 등 실로 다양한 마음 상태와 감정으로 표현된다. 사랑하는 이를 잃고 절망적으로 슬퍼하고 한없이 그리워하다가 갑자기 고인에게 크게 화가 날 수도 있다. 애도는 합리적인 감정이 아니다. 애도하는 사람 자신을 포함해 누구에게도 논리적으로 설명되지 않는다. 이것이 애도에 연관된 문제 중 하나다. 유족은 흔히 넋을 잃은 것처럼 느낀다. 자꾸 딴 생각을 하고 일상 업무에 집중할 수 없다.

사별은 혼란스럽고 갈피를 잡지 못하게 하는 과정이다. 애도는 비논리적이지만 건전한 감정이다. 애도의 세계는 종잡을 수 없다. 유족들이 알았던 삶은 영원히 단절되었다. 단 하나의 사건으로 인해 그동안 모으려 애썼던 모든 것이 해체된다. 이런 혼란한 세계에 대한 정상적 반응은 당황스럽고 어쩔 줄 모르는 것이다. 그러므로 애도는 혼돈에 대한 건전한 반응이다.

애도는 가장 힘겨운 감정이며 흔히 절망감이 뒤따른다. 우리는 경험에 의해 분노 같은 감정이 생기면 결국 사라진다는 것을 안다. 하지만 애도하면서 동시에 삶이 영원히 변했음을 아는 것은 전혀 다르다. 유족들은 애도의 어둠 후에 새벽이 온다고 생각하기 어렵다. 절망 너머엔 아무것도 없다. 애도는 빛조차 통과할 수 없는 블랙홀 같을 수 있다. 애도의 암흑은 알 수 없고 이해할 수 없으며 발을 딛고 설 단단한 토대가 없다. 가장 중요한 생명유지 장치가 사랑하는 사람인데 그가 죽으면 삶에 아무런 의미도 목적도 없어진다. "뭐 하러 계속 살아야 하지요?" 이것이 절망한 유족의 목소리이다.

애도에서 회복하려면 이런 의미 없음을 통과해 반대편으로 나와야 한다. 애도에는 깊은 이해와 지혜의 잠재력이 있다. 우리는 애도를 오래 외면할 수 없다. 우리는 애도를 다루지 않을 수 없고, 그 불쾌함을 인정해야 하고, 계속 살아야 한다. 대개 어떻게든 불쾌한 상황을 피하려 하지만 애도에서 벗어날 방법은 없다. 그 감정은 만성통증처럼 그칠 줄 모르고 우리가 오랫동안 다른 데 신경 쓰지 못하게 한다.

애도는 끊임없이 계속되므로 우리의 가슴을 있는 그대로의 현실에 열어줄 가능성이 많다. 애도의 고통이 심하면 다른 데 눈을 돌려도 마음이 편하지 못하다. 이때 좀처럼 보기 드문 능력인 온전히 집중하기가 필요하다. 우리와 애도의 감정 사이에 개입할 수 있는 것이 없으므로 애도의 감정 자체를 돌보아야 한다. 그렇게 진실하게 집중해 보살피면 우리의 마음은 마음속 깊이 들어갈 수 있다. 우물 속에 떨어진 돌처럼 마음은 마음의 존재의 바닥까지 닿을 수 있다. 마음은 변명, 방어, 비난을 다 포기하고 날 것 그대로의 대상을 본다. 그러므로 애도의 혼란 속에서 거대한 힘과 사랑을 만날 수 있다.

메사추세츠 주에 있는 우리 호스피스에서 노마_{Norma} 의 남편을 돌보기 시작했을 때 그녀는 이미 네 자녀 중 둘을 잃은 상태였다. 한 자녀는 소아암으로, 다른 자녀는 갑작스런 익사 사고로 숨졌다. 그런데 지금은 남편이 췌장암 말기였다. 호스피스 회의에서 처음 노마에 대한 이야기를 들었을 때 그 여성에게 어떻게 다가가야 할지 알 수 없었다. 분명히 그녀는 내면 깊이 물러나 있어서 내가 다가가는 것이 사실상 불가능할 거라고 생각했다. 그런데 방문해서 직접 만나 보니 노마는 내가 예상했던 그런 사람이 아니었다. 그녀는 조용하고 침착해 보였다. 이야기를 시작했을 때, 감성적 지성이 월등한 사람을 만나고 있는 것처럼 느껴졌다. 그녀는 깊은 애도에 잠겨 있었다. 그녀는 남편과 자녀들 이야기를 하며 온전히 애도했지만 자신에게 편하고 평온했다. 따뜻함과 친절함이 충만했다. 그녀의 말에는 늘 지혜가 담긴 것 같았다. 그녀는 이런 식으로 말했다. "고통은 나를 사람들과 연결해줘요. 고통 덕분에 모두에게 친밀감을 느껴요." 나는 고통에 대한 그런 이해를 그녀와 탐구하고 싶었지만 그녀가 말할 수 있는 것은 "고통이 이끌어줄 거예요."라는 것뿐이었다.

노마와 여러 번 대화를 해 보니 그녀가 애도를 통해 삶에 더 가까워졌음이 분명했다. 그녀가 자기연민으로 기울고 냉소적이고 화를 낼 법도 했을 때가 많았을 것이다. 많은 상실을 겪은 노마가 그렇게 반응했다 해도 이해하지 못할 사람은 거의 없었다. 하지만 그녀는 고통과 함께 살았고 고통을 통해 성장했다. 고통 덕분에 가슴을 열고 자기이해에 이르렀고 애도하면서도 가슴에 평화를 간직할 수 있었다.

애도에는 숨진 이와의 관계에서의 모호함이 있다. 우리가 명확한 관계로부터 애도하는 게 아니라 숨진 이와 혼란, 죄책감, 분노, 상처, 사랑을 겪는 관계로부터 애도하기 때문에 애도하기가 어려워진다. 한 사람이 죽었을 때 그의 전 인격을 애도하는데 그 중에는 그가 살았을 때 우리와 갈등을 겪었던 부분도 있다. 대개 숨진 이를 미화할 뿐, 좋은 행위와 나쁜 행위를 모두 애도하지 않는다. 우리가 좋아하지 않는 면을 생각하면 숨진 이를 배신한다고 여긴다. 하지만 제대로 애도하려면 숨진 이가 살아 있을 때의 모습 그대로 우리의 생각과 마음속을 지나야 한다.

애도가 가라앉고 다시 온전한 생활방식으로 돌아가면 마치 숨진 이에 대한 사랑이 손상되고 그에게 불충실한 것처럼 여겨질 때가 있다. 애도가 감소하면 숨진 이와의 관계를 더 이상 존중하지 않는 것이 아닐까? 이런 생각에 애도가 끊임없이 계속되고 그치기 어렵다. 우리는 마음속에 누군가를 받아들이려면 마음속에서 다른 사람을 내보낼 수밖에 없다고 생각한다. 배우자를 사별한 이가 다른 사람에게 낭만적 관심을 느낄 때 종종 죄의식이나 수치심이 겉으로 드러난다. 그들은 사랑했던 사람을 고통스럽게 기억하지 않으면 평생의 헌신과 맹세를 저버리는 것이라고 생각한다. 오랜 세월 동안 그들에게 가장 소중했던 사람에 대한 관심이 이제 새로운 사람보다 덜 중요해지기 때문이다.

잠시 휴스턴에 있는 양로원에서 사회복지사로 일할 때 나는 한 층을 맡아서 정기적으로 복도를 따라 가며 방에 들러 거주자들과 말을 나누었다. 일을 시작하고 몇 주가 지났을 때 한 방에서 할머니가 혼수상태인 환자를 돌보고 있는 걸 알게 되었다. 어느 날 오후 그 방에 들러 그 할머니와 이야기를 나누었다. 그녀는 자신이 환자의 어머니라고 말했다. 나는 딸의 상태가 어떤지 물었다. 딸이 열세 살 때 목매 자살을 시도했다고 한다. 딸은 숨지기 직전에 어머니가 발견해서 목숨은 겨우 건졌지만 식물인간이 되고 말았다. 그건 30년 전 일이었다.

그 어머니는 하루도 빠짐없이 죄책감과 고통 속에 살았다고 말하며 울었다. 30년 전 그녀는 딸과 관계가 좋지 못했고 딸이 목맨 일로 자신을 비난했다. 30년 동안 딸을 방문하지 않은 날이 거의 없었고 개인 생활은 뒷전으로 밀렸다. 남편과 이혼했고 친구들과도 거의 만나지 않았다. 몇 차례 대화를 나누어 보니 그 어머니는 딸의 자살 시도에 대한 책임에서 벗어나지 않으려고 애도를 멈추지 않는 것이 확실했다. 그녀에게 애도는 곧 자신을 벌하는 것이었다.

우리는 종종 자신에게 가장 나쁜 적이 된다. 애도의 고통을 이용해 속죄하거나 이루지 못한 약속을 보상하려 한다. 우리의 마음속에 특별한 자리를 차지했던 사람을 포기하고 싶지 않기 때문이다. 그러면 한때 무한한 잠재력과 희망이 담겼던 사랑이 우리에게 등을 돌리고 그 반대로 작용한다. 우리는 죽은 이에 대한 기억을 이용해 자신을 정체시키고 시간과 공간 속에 구속한다. 이렇게 갇히면 우리는 침체되어 가슴 속에 여전히 살아 있는 사랑을 존중하지 못한다. 우리 가슴 속의 사랑은 관계를 맺고자 외친다. 다시 연결되고 친밀감을 얻고 싶어 한다.

애도에서 회복될 때 가장 먼저 해야 할 일은 사랑을 하나의 기억에 얽매지 않고 끊임없이 계속 사랑하는 것이다. 사랑하는 능력이란 의미를 가지고 참여하는 것이다. 죽은 이를 사랑하는 데 갇혀 새로운 관계를 맺지 않을 때, 우리는 과거시제로 삶을 곱씹을 뿐이고 현재는 결코 죽은 이가 살아 있을 때만큼 만족스러울 수 없다. 그때 우리의 삶은 죽음이 데려가기도 전에 본질적으로 이미 끝난 것이다.

하지만 우리의 가슴은 상실한 사랑과 새로운 사랑을 모두 존중할 만큼 무한히 넓다. 새로운 사랑을 해도 숨진 특별한 사람을 모욕한다고 걱정할 필요는 없다. 그 사람은 우리 가슴 속에 계속 살아 있고 결코 죽지 않으며, 우리는 사랑할 때마다 그 사람을 존중한다. 우리의 사랑은 죽은 이를 비롯해 모든 사람을 품기 때문에 더 강해진다. 우리는 사랑에 접근할 때마다 모든 사랑의 관계를 존중하는 것이다.

 왜 애도하는가

애도는 달콤쌉쌀한 감정이다. 애도는 고통스럽지만 우리는 무의식적으로 애도가 계속되기를 바란다. 애도의 고통을 통해 추억을 떠올리고 몹시 그리운 죽은 이와 연결될 수 있기 때문이다. 우리는 고통이 없이 연결되기를 원하지만 고통과 연결은 공존한다. 잃어버린 사람과 다시 연결되려면 고통을 겪어야만 한다. 기꺼이 고통을 참으면서 이제 추억 속에만 존재하는 사랑했던 이와의 관계를 그 찌꺼기라도 맛보려고 한다.

하지만 추억은 결코 진짜를 대신할 수 없다. 잠시 추억에 잠기지만 상상 속의 관계는 만족스럽지 못하므로 결국 외면하게 된다. 우리의 가슴은 가상의 삶이 아니라 충만하고 활발한 삶을 원한다. 인간관계는 생생하고 활발할 때만, 기운차고 에너지 충만하고 성장이 활발할 때만 힘을 줄 수 있다. 추억만으로는 삶을 지탱할 수 없으므로 이런 힘을 주지 못한다.

치유가 일어남에 따라 우리는 과거에 머물렀던 것에 매달려 있으면 우리가 애도하는 사람처럼 활기를 잃는다는 사실을 이해하게 된다. 그것은 과거에만 관여하는 것이고 우리를 현재로부터 단절시킨다. 추억을 잘 이용하면 상실로부터 회복할 수 있지만 궁극적으로 추억에는 활동적 삶이 없다.

그리스도는 "죽은 자는 죽은 자들이 장사 지내게 하라."고 말했다. 그는 정신적 성장에 관심이 없는 사람들만 과거에 매달릴 것이고, 죄책감, 후회, 애도는 우리를 살아 있는 세계에 대해 죽어 있게 만든다는 의미로 그렇게 말했을 것이다. 현재를 살면 과거의 영향은 최소한에 그친다. 과거를 가져와 현재에 덧붙일 때마다 우리의 살아 있음의 일부를 죽인다. 행동과 생각을 과거에 했던 것에만 한정하고 우리 자신을 과거의 존재에 가둔다. 추억은 현재를 가늠하는 기준으로 삼을 수 없는 낡은 유물로 여겨야 한다. 그때 애도는 삶을 현재로 되돌리고자 과거에 대해 자신을 치유하는 과정이라고 이해할 수 있다.

시간이 지나 고통이 줄면 애도는 변화된다. 사랑은 여전히 여기 있으므로 우리는 사랑의 상실이 아니라 감각적 접촉을 상실한 것을 애도한다. 사랑이 관계를 맺었으며 몸은 사랑의 참조점일 뿐이다. 따뜻한 마음과 애정은 가슴의 연결로부터 일어나고 그 사람의 육체적 존재에 의존하지 않는다. '사랑의 전염'은 그 사람이 같은 방에 있든, 나라의 정반대편에 있든, 심지어 죽었어도 일어날 수 있다. 북미 인디언 쇼쇼니Shoshone 족의 치유사가 말하는 것처럼 "죽은 사람이 정말 죽었다면 왜 그들이 아직도 내 가슴 속에서 걷고 있는가?"

한 호스피스 사회복지사가 에드워드Edward 의 이야기를 해주었다. 그는 55년을 함께 산 아내 엘리Ellie를 여의었다. 그 부부는 서로 깊이 사랑했고 거의 떨어질 수 없었다. 두 사람은 에드워드가 열다섯 살 때 처음 만났고 에드워드는 엘리가 없는 삶을 상상할 수도 없었다. 엘리가 숨진 후 그는 그녀를 말할 수 없이 그리워했다. 엘리가 살아 있을 때와 똑같이 그녀의 삶의 흔적을 고스란히 유지했다. 엘리의 옷들은 전혀 손대지 않은 채 옷장 속에 걸려 있었고 서랍장에는 그녀의 장신구들이 가득했다. 그는 첫 1년 동안 엘리의 죽음을 애도하는 데 필요한 심정적 도움을 얻으려고 호스피스 유족 서비스를 이용했다.

엘리가 숨지고 1년 반 후에 사회복지사가 에드워드의 집을 방문했다. 그의 집은 거의 정상으로 돌아온 것 같았다. 에드워드는 엘리의 옷과 소유물을 기부했고 이따금 "몇몇 여자 친구와 함께 시간을 보내고" 있었다. 사회복지사는 그에게 무엇이 변했는지 물었다. 에드워드는 시간이 지나면서 엘리가 여전히 가슴 속에 있음을 알게 되었다고 대답했다. "그건 장기휴가와 비슷해요. 엘리를 볼 수 없지만 아직도 그녀를 사랑해요. 정말 그녀가 그립지만, 우리는 여전히 연결되어 있고 그녀는 내게 세상에 나가 살라고 말해요."

에드워드는 엘리가 심장의 고동이 들릴 만큼 가까이 있다는 걸 알았다. 엘리를 존중하는 것은 다른 사람을 모두 제외하고 그녀의 추억에만 매달린다는 의미가 아니었다. 에드워드는 매일 엘리에게 주었던 사랑을 존중함으로써 그녀와 함께 했던 오랜 삶을 기념했다. 그는 그녀와의 사랑을 통해 새로운 관계를 비롯한 새로운 인생을 받아들였다. 에드워드는 2년 후 여자 친구와 재혼했다.

애도와 변화

우리는 죽음, 단절, 변화 속에서 편안히 살 수 없으므로 애도에는 격렬한 비극의 분위기가 있다. 우리는 변화가 지배하는 세상에 오래 살면서도 변화가 삶에 영향을 준다는 사실을 부정한다. 이것은 마음의 불가사의 중 하나다. 셰익스피어Shakespeare는 〈율리우스 시저Julius Caesar〉에서 이렇게 말한다. "놀라운 이야기를 많이 들었지만 내게 가장 기이한 것은, 사람들이 필연적 종말인 죽음이 올 것을 알면서도 죽음이 언제 올지 두려워하는 것이다."

우리는 대개 모든 것을 항상 그대로 있게 하려 애쓴다. 새 차를 사면 늘 새 차이기를 바라고 한밤중에 깨어나 새 차에 어디 긁힌 데가 없는지 살펴본다. 어쩔 수 없이 새 차가 조금이라도 긁히면 영원히 새 차가 못되는 걸 가슴 아파한다. 우리는 삶을 자연스러운 결말 너머로 더 연장하려 애쓴다. 마치 앙코르 곡을 끝없이 계속 연주하는 것처럼 살고 싶어 한다. 삶이 제 시간에 끝나지 못하게 한다.

무엇이든 자연적 수명보다 더 오래 영속시키려 하면 보다 큰 조화와 만족을 희생해서 살게 된다. 우리의 인생철학에 상실을 받아들인다 해도 상실을 단지 비극이나 실수로 여길 뿐이다. 그리고 그것 때문에 다른 사람이나 사물을 탓한다. 그러므로 우리는 예기치 못한 상실로 인해 이상적인 세계가 흔들릴 때 놀라고 비통해한다. 새 차가 긁히고 움푹 들어가는 것 같은 일이 삶에서 일어날 때마다 평안한 감정이 흔들린다. 애도는 어떤 면에서 우주법칙에 대해 우리가 독선적 원한을 품는 것이다. 우리가 상실한 것을 되찾고 싶어하는 것은 자연의 리듬과 조화를 이루지 못하고 있음을 나타낸다.

애도하는 데도 리듬이 있다. 상실하는 것과 마찬가지로 애도하는 것은 자연스럽고 정상이다. 붓다도 중요한 제자 두 사람을 잃고 애도했다고 전해진다. 마음에는 그 자체의 조화가 있어서 상실을 겪은 후 스스로 균형과 안정을 회복한다. 그 과정을 애도라고 한다.

성찰과 연습

애도에 가슴을 연다

내 인생에서 겪은 상실을 생각해 본다. 어린이나 청소년 때 견뎌야 했던 상실을 돌아본다. 애완동물이 죽고 장난감이 부서졌다. 인간관계에서 버림받고 인정받지 못했다. 사랑을 잃고 희망을 잃었다… 그런 상실에 의한 고통을 느낀다. 멈추어서 그 고통을 성찰한다. 그 상실은 내게 어떤 영향을 주었는가? 내가 느낀 슬픔은 하나의 상실 때문인가 아니면 내 인생에서 일어난 상실들이 모인 것 때문인가?

묘지를 천천히 걸으며 묘비를 본다. 묘비에 새겨진 이름, 날짜, 비문을 읽는다. 한 사람의 죽음으로 인해 고통 받은 많은 사람들의 슬픔을 떠올린다. 가슴 속으로 슬픔을 느끼고, 그 슬픔을 그 묘지와 세계의 모든 묘지에 묻힌 사람들의 슬픔과 연결한다. 고통은 이제 개인적이지 않고 보편적이다. 고통의 보편성을 이해할 때 자신의 몫인 슬픔을 견디기가 더 쉬운가?

내가 기꺼이 슬픔을 느끼고 애도하려 하는지 숙고한다. 그 감정이 편안한가? 다른 사람이 애도하는 걸 보면 편안한가? 나는 그들에게 잘 지내라고 격려하는 가 아니면 그들이 마땅히 애도할 수 있는 시간과 공간을 허락하는가? 내가 애 도를 외면하고 주의를 딴 데로 돌리는 걸 성찰한다. 나는 어떤 수단으로 고통을 회피하는가? 나는 고통에서 주의를 딴 데로 돌리고자 사람들과 어울리거나 오 락을 찾는가?

가까운 지인 중 숨진 사람의 사진을 꺼내 본다. 그 사람을 상실한 슬픔 을 느끼고 애도한다. 그 사람에 대한 오래된 일과 추억을 떠올린다. 그를 사랑했던 다른 사람들과 그 추억을 나눈다. 애도의 고통을 느낀다. 조용 히 애도의 고통과 함께 앉아 있고 다른 데 신경 쓰지 않는다. 애도의 달 콤쌉쓸함을 느낀다. 이해하거나 분석하려 하지 않는다. 애도를 있는 그 대로 느끼고 그냥 놓아둔다.

내가 사랑하는 살아 있는 사람을 떠올린다. 그 사람과 멀리 떨어지면 그에 대한 사랑이 변하는가? 그 관계에서 무엇이 중요한지 숙고한다. 애정과 배려가 없는 관계가 있을 수 있을까? 그 사람의 존재나 부재가 배려를 줄어들게 하는가?

자신의 가슴이 사랑하는 사람과 연결된 것, 따스한 느낌, 참된 애정을 느 낀다. 마음속에 그 사람을 떠올리고 관계의 실체를 느낀다. 그것이 시간 과 공간에 따라 줄어드는가? 다음에 사랑하는 이가 멀리 있을 때 그에 대한 애정이 줄어드는지 본다. 이번에는 자신이 사랑했던 죽은 이를 생각한다. 다시 한 번 가슴이 그 사람과 연결된 것을 느낀다. 이제는 그 사람이 살아 있을 때만큼 실제이고 진실하게 느껴지는가? 그것은 마음과 죽음에 대해 무엇을 말해주는가? 당신은 애도할 때 정말 무엇을 슬퍼하는가?

시간의 종말

The Ending of Time 13

오늘 하루의 삶이 기뻐해야 할 삶이다.
그러므로 단 하루밖에 살 수 없어도 진실을 깨달을 수 있다면
그 하루가 영원한 삶보다 훨씬 더 낫다….
백 년의 인생을 살아도 이 하루를 잃는다면 다시 그것을 얻을 수 있겠는가?

_도겐Dogen 선사

애도는 우리가 죽음과 임종을 통해 성장할 때 얻는 마지막 교훈이 아니다. 우리는 애도를 통해 보다 근본적인 것에 이른다. 그것은 호흡만큼, 우리가 죽을 때 잃는 호흡만큼 우리에게 가까운 것이다. 그것은 애도하는 가슴에게 궁극적 위안이며, 우리가 찾으려고만 하면 일생 동안 이용할 수 있다. 시간의 암호를 해독하면 그것을 발견할 수 있다. 죽어가는 이들이 시간에 대해 알려주는 이 교훈은 무엇인가? 그리고 그 교훈은 어떻게 우리 모두에게 보다 큰 자유를 약속하는가?

죽어가는 이들은 시간의 귀중함에 대해 가르쳐 줄 것이 대단히 많다. 대개 우리는 시간에 대해 많은 혼동을 한다. 시간이 더 많기

를 바라지만 이미 주어진 시간을 온전히 살지는 못한다. 많은 사람에게 미래는 힘겨운 부담이고 과거는 후회와 죄책감을 지운다. 우리는 변명하고 부정하며 꾸물대고 삶을 미룬다. 미래에 갈 곳을 연습하거나 과거에 있었던 곳을 후회하는 데 많은 시간을 보내느라 가끔씩만 현재를 알아본다. 알지 못하는 새 시간이 흘러가고 문득 깨어나 보면 이미 죽음이 발치에 와 있다.

죽어가는 이들과 함께하면서 내가 덧없고 위태로운 순간에 의존하고 있음을 깨달았다. 매일 아침 호스피스 사무실에 들어갈 때마다 게시판에 있는 환자 명단 앞을 지나간다. 그 이름들이 바로 나의 생애에 들어맞는 인생의 단면을 나타낸다는 걸 안다. 그 게시판에 있는 내 이름 옆을 지나간다고 느끼는 일이 자주 있다. 내 의식이 명료할 때는 호스피스 환자들과 나 사이의 심리적 거리가 가까워진다. 나도 그들 중 하나가 될 수 있었다는 것을, 또 결국 그렇게 될 것을 안다. 언젠가 나도 갑자기 시간을 다 써버릴 것이다. 시간에 대해 생각할 때마다 죽음을 염두에 두어야 하지만, 그렇지 않을 때 절박함이 금방 사라지는 걸 매일 깨닫는다. 나는 늘 건강하고 미래에도 인생이 끝없이 계속될 거라고 너무 쉽게 믿는다.

우리는 마치 미래가 실제로 올 것을 보증 받은 것처럼 잘못된 현실감으로 미래를 기다린다. 하지만 죽음을 피할 수 없음을 깨달으면 더 이상 우리가 미래에 살아 있으리라고 상상할 수 없다. 그리고 미래에 어떻게 변할지 예상하지 않고 늘 생생하고 활기차진다. 우리는 더 이상 삶이 늘 그래왔던 것처럼 즉각적인 과정 아닌 다른 것인 척할 수 없다.

죽음이 언제든 닥칠 수 있음을 알면 삶의 우선순위를 다시 생각하게 된다. 회피하는 전략을 더 이상 쓸 수 없다. 죽음이 지금 일어나면 내가 책임진다. 응답을 미루지 않는다. 한 경험 많은 호스피스 간호사는 이제 남편에게 화 난 채 잠자리에 들 수 없다고 말한다. "분한 마음을 품고 있을 시간이 없어요." 미루고 연기할 수 없다. 이제 우리가 해명하고 책임진다. 정직하게 자신을 직면한다.

죽어가는 이들은 시간의 귀중함을 깨달을 때 눈에 띄게 현재 순간을 편히 받아들인다. 한 호스피스 환자의 배우자는 결혼한 지 50년이나 되었지만 마지막으로 남편이 사랑한다고 말한 게 언제인지 기억나지 않는다고 말했다. "이제 그이에게 시간이 얼마 남지 않게 되자 그이는 내게 늘 얼마나 고마웠는지 모른다고 계속 말해요." 그 남편은 불치병에 걸리자 아내를 다시 돌아보게 되었다고 말했다.

단백질분해효소 억제제와 표준 항바이러스제의 복합요법으로 에이즈AIDS를 치료할 수 있게 되자 일부 에이즈 환자들이 새로운 딜레마에 빠졌다. 과거에는 에이즈에 효과적인 치료법이 없었지만 이런 치료제가 개발되자 일부 에이즈 환자들에게 새로운 미래가 열리고 있다. 그런데 새 치료법이 개발되기 전에 몇몇 에이즈 환자들은 얼마 못 살 것으로 여기고 재산을 다 써버렸기 때문에 경제적으로 어렵게 되었다. 더 오래 살게 되어 시간이 새로운 의미를 띠게 된 것이다.

불치병에 걸렸다가 갑자기 상태가 호전되면 어떻게 살겠는가? 이는 건강한 사람에게도 똑같은 문제이다. 우리 모두 불치병에 걸려 있지만 언제까지 살 수 있을지 아무도 모른다. 우리가 죽을 것이라는 사실에 과잉반응 하지 않고 평가절하도 하지 않고 시간과 함께 사는 법은 무엇인가?

죽어가는 이들의 시간에 대한 독특한 관점은 이런 딜레마에 빠진 우리에게 가르침을 줄 수 있다. 그들에게는 남은 시간이 얼마 없다. 어떤 것이 별로 남지 않았을 때 우리는 그 가치를 다르게 보기 시작한다. 처음에 호스피스 환자들은 가까운 이들과 함께 하는 귀중한 시간을 가지려 대단히 노력한다. 남은 시간에 조금이라도 욕구를 더 많이 채우려 하는 것이다. 그런데 환자들은 기력이 감소하고 바라는 것을 모두 이룰 수는 없음을 깨달으면서 시간 속에 존재하는 것 자체의 가치를 보다 중요하게 여기기 시작한다. 시간을 행위하는 데 사용하는 것에서 존재하는 데 사용하는 것으로 바뀐다.

벤Ben은 늘 열심히 일하는 남성이었다. 부인 제니Jenny는 평일에 남편을 거의 볼 수 없다고 말했다. 그는 아침 일찍 출근하고 밤늦게 귀가했다. 벤은 제니를 위해 그가 일군 인생을 자랑스러워했고, 그것은 자신이 많은 시간을 일한 덕이라고 믿었다. 하지만 제니는 남편과 함께 지내는 시간이 없는 걸 아쉬워했다. 결혼생활 내내 둘이 관계를 돈독히 하며 보낸 적이 거의 없었다고 말했다.

그러다가 갑자기 벤이 암에 걸렸다. 처음에 무슨 수를 쓰든 치료하려 했지만 소용이 없었다. 의사는 벤에게 남은 시간이 몇 달 정도라고 말했다. 그러자 벤은 은퇴 후에 제니와 함께 가려고 계획했던 하와이 여행을 떠나기로 결심했다. 하지만 제니는 하와이에 가고 싶지 않다고 말했다. 오직 아무런 방해를 받지 않고 벤과 함께 시간을 보내고 싶을 뿐이라고 말했다. 제니는 자기가 진심으로 바라는 게 무엇인지 벤이 이해하지 못한다고 말했다. 벤은 병세가 깊어져 침대에서 나오지 못하게 되자 제니를 곁으로 불러 귀에 대고 그녀를 얼마나 깊이 사랑하는지 속삭이기 시작했다. 하루에도 몇 번씩 그렇게 했다. 이따금 제니를 불러 손을 잡고 가만히 있었다. 제니는 그때까지 결혼생활보다 그 마지막 며칠 동안 그에게 더 감사했다고 말했다.

우리는 바쁘게 사느라 서로에 대한 사랑을 놓친다. 죽음은 시간의 종말이다. 그러므로 더 이상 가슴을 여는 걸 외면할 수 없다. 죽음으로 인한 시간의 종말에 의해 우리는 배려를 회복할 수 있다. 배려는 우리가 죽는다는 사실에 과잉반응하거나 부정하지 않고 조화를 이룰 때 이루어진다. 시간이 많다고 여기는 사람은 여러 시간 약속으로 삶을 균열시키는 것 같다. 이때 배려는 의무와 책임 사이에서 짓눌린다. 그러면 의무와 우리의 마음 사이에 인위적인 분열이 초래된다. 죽음은 이런 분열과 균열에 말을 건다.

🌿 균열된 시간

우리는 삶에서 시간을 전혀 통제할 수 없는 것 같다. 시간은 한 방향으로만 끝없이 나아가며 우리를 끌고 간다. 시간은 우리에게 유리하기보다 불리하게 작용하는 것 같다. 효율과 정확성을 강조하는 현대 문화에서 우리는 시간의 압박 아래 살고 있다. 우리는 제시간에 행동하지 못하면 어려움을 겪는다. 사장이 화를 내고 기차를 놓친다. 앨리스Alice가 '이상한 나라'에서 만난 하얀 토끼가 늘 시계를 보며 뛰어 다니는 것처럼 시간으로 인해 두려움과 불안이 생기는 경우가 많다.

우리는 시간을 통제할 수 있는 듯이 말하면서 산다. 마치 시간을 사고 소유할 수 있는 것처럼 시간을 낭비하거나 아낀다고 말한다. 하지만 다른 물건처럼 시간을 얻거나 소비할 수 있는가? 죽어가는 환자들은 그들에게 시간이 얼마나 남았는지 묻는다. 그 질문은 불안을 일으킬 수 있다. 그 대답은 측정되는 시간의 관점에서 삶을 이해하기 때문이다.

그때그때의 상황에 따라 시간은 적으로 볼 수도 있고 친구로 볼 수도 있다. 어느 경우든 우리는 시간과 투쟁한다. 즐거움을 오래 누리려 하면 시간이 너무 빨리 지나가고, 상황이 지루하고 괴로울 때는 시간이 너무 느리게 간다. 우리는 우리가 지내는 시간을 좋아하거나 싫어한다. 잘 지낼 때조차 만족하지 못할지 모른다. 거의 확실히 현실보다 더 좋은 시간을 보내려 한다. 모든 사람이 맥주 광고처럼 "이보다 더 좋을 순 없다!"고 느끼는 순간을 찾고 있는 것 같다. 그래서 불만족과 불안감을 느끼는 사람이 많다. 지금 이 순간을 그 자체로 좋다고 여기는 경우는 거의 없다.

우리는 때때로 현재를 생각하지 않고 나중으로 미루려 한다. 지금은 걱정과 어려움이 너무 많아서 우리는 그저 현재가 아닌 다른 시간만 생각하려 한다. 우리가 살고 있는 순간에서 정신적으로 빠져 나와 가상의 시간으로 물러난다. 그 결과 현재를 미루고 부정한다. 몸과 마음이 각각 다른 데 있다. 미룰 때는 "나중에 할 게."라고 말하며 현재의 불안을 미래로 연기한다. 부정할 때는 암에 걸리기 전이나 배우자가 살아 있던 시간처럼 현재가 아닌 다른 시간에 살려고 하는 것이다.

암으로 죽어가는 97세 여성과 함께한 적이 있다. 그녀는 항상 좋은 집에 살았고 돈이 많아 원하는 건 뭐든 할 수 있었다. 그녀는 건강이 악화되자 충격을 받았다. 자신이 죽어가고 있음을 믿지 않았다. 그녀는 더 쇠약해져 죽음이 임박했음을 깨달은 후에 내가 방문했을 때 말했다. "왜 나에게 이런 일이 일어난 거예요? 왜 지금 죽어야 해요?"

죽음이 없는 허구의 시간 속에서 평생 살 수도 있다. 그 여성은 97년을 살았음에도 불구하고 왜 자신에게 죽음이 일어나는지 이해할 수 없었다. 그녀는 어디에 있었던 것일까? 몇 살이 되면 죽는 게 괜찮을까? 그녀의 시간 계획에는 죽음이 끼어들 자리가 없었다. 그녀는 하나의 시간대에 살았고 죽음은 다른 시간대에 있었다. 그녀는 나이 들고 죽는 것과는 다른 시간대에 살았으므로 결국 죽음이 심한 고뇌를 불러왔다.

시간에서 죽음을 배제할 때 생기는 불화는 단지 심리적 불행만 일으키는 게 아니다. 우리가 죽음을 외면하면 시간은 우리에게 가르침을 줄 수 없다. 우리는 시간이 우리의 규칙을 따르기를 강요한다. 죽음이 있는 시간에 사는 것과 죽음이 없는 시간에 사는 것의 차이는 정신적으로 살아 있는 것과 정신적으로 죽은 것의 차이와 같다. 이것을 가리켜 그리스도는 "깨어 있으라, 하느님의 나라가 가까이 왔다."고 말했다. 우리는 가상의 시간을 꾸며내지 않고 현재 시간에 살 때만 깨어 있을 수 있다. 그리스도는 우리에게 모든 순간처럼 죽음을 포함한 현재의 순간으로 돌아오라고 권한다.

우리는 여러 방법으로 현실에서 벗어나고 마음과 몸의 경험이 적절히 부합되는 걸 막으려 한다. 그것은 항상 여러 가지 괴로움을 자초한다. 우리 삶을 별개의 시간들로 분열시킨다. 일하는 시간, 노는 시간, 혼자 있는 시간, 식사 시간, 가족 시간 등으로 분열시킨다. 이들 중 하나가 다른 시간을 침해하면 우리는 화를 내기도 한다. 혼자만의 시간을 자녀들이 방해하거나 식사 도중 직장에서 전화가 오면 침해받았다고 느낀다. 우리는 시간이 따로따로 나누어져 있다고 여겨 지금은 이걸 할 시간이고 그 다음에는 저걸 할 시간이라고 생각한다. 이런 구분을 혼란시키거나 어기는 것은 갈등과 짜증을 일으킬 수 있다.

그런데 시간을 분열시키면 우리 자신도 분열된다. 한 가지 시간(혼자 있는 시간)을 다른 시간(가족 시간)과 분리할 때마다 자기 자신을 별개의 인격으로 분리한다. 혼자 있는 시간을 원하는 인격은 가족과 함께 지내야 한다고 생각하는 인격과 갈등을 빚는다. 각 인격은 자신의 역할에 대한 다른 생각과 기대와 욕구를 가지고 있다. 차를 운전해서 약속 장소에 가고 있는데 교통정체에 막히면 약속 시간을 맞추어야 한다고 요구한다. "지금 당장 거기에 가야 한단 말이야!" 이렇게 서두르면 시간의 희생자가 되므로 놀랄 만큼 공격적인 태도를 보일 수 있다. 시간은 부담이 되고 스트레스가 되어 평안을 방해한다. 시간이 스트레스가 되면 우리 내면을 분열시킨다. 이때 차 안에서 두 인격이 경쟁하고 있는 셈이다. 교통정체에 막혀 차에 앉아 있는 인격과 약속 장소에 있고 싶은 인격이다. 두 인격이 싸우고 있다.

이런 식으로 시간을 분열시켜 바라볼 때 자신은 삶 밖에 있고 삶은 시간 밖에 있다고 여긴다. 언젠가 우리 대부분은 삶 밖에서 삶을 들여다보고 있는 듯, 삶의 경험을 엿보는 구경꾼인 것처럼 느낀 적이 있다. 이렇게 우리를 시간의 밖에 두면 시간은 마치 우리에게 일어나는 사건처럼 느껴진다. 혹은 우리를 끌고 다니는 외부의 흐름처럼 느껴진다. 우리는 시간 밖에 있을 때 또한 삶 밖에 있다. 이런 경우에 우리는 바로 지금이라는 시간과 싸우고 있다. 즉 가상의 미래나 과거에 살거나 우리가 있는 시간과 필사적으로 싸우고 있는 것이다.

삶, 시간, 우리는 모두 하나의 똑같은 사건이지 제각각 작용하는 세 가지 사물이 아니다. 틱낫한Thich Nhat Hanh 스님은 "모든 시간이 우리의 시간입니다."라고 말했다. 교통정체에 갇혀 있는 시간은 혼자 있는 시간 혹은 자녀들과 함께하는 시간과 마찬가지로 우리의 시간이다. 시간은 아끼거나 낭비할 수 없으며 단지 시간이 있을 뿐이다. 시간의 경계가 어디 있는가? 모든 시간은 동시에 일어나고 있다. 다른 사건들이 각각 그 자체의 분리된 시간 속에서 생긴다고 믿는다면 우리의 경험을 오해하는 것이다. 삶이 곧 시간이고 나 역시 시간이다.

우리 호스피스의 환자가 일기에 이렇게 썼다. "얼마나 멋진 날인가! 먼저 티미(Timmy, 그녀의 열두 살 난 손자)가 찾아 왔다. 그 애가 너무 사랑스럽다. 그 애는 무척 바쁘다. 아픈 할머니를 보러 올 시간이 없다! … 사라(Sarah, 그녀의 이웃)도 왔다. 나는 이제 사라를 이전과 전혀 다르게 본다. 전에는 사라가 조바심을 내서 그녀가 하는 말을 도무지 들을 수 없었다. 그녀는 정말 소중한 사람… 사람들이 찾아올 때마다 나는 편히 앉아 그들을 맞았다. 그들이 모두 고맙지만 나는 혼자 있을 때가 제일 좋다. 하지만 혼자 있을 시간은 아주 많다. 그러고 싶다고 부탁만 하면 된다."

분리된 조각으로 나누지 않으면 시간은 있는 그대로의 우리와 통합된다. 그때 시간은 결코 우리의 살아 있음에 반하지 않으므로 불안을 일으키지 않는다. 우리는 깊고 지속적인 만족, 시간을 전체론적으로 바라볼 때 일어나는 만족에 자리 잡는다. 우리를 이리저리 끌려다니게 했던 분열된 시간들이 모두 합쳐진다. 우리는 삶이 오가는 대로 삶에 참여한다. 특별한 것도 없고 다른 어디에 있어야 하는 것도 아니다. 우리의 움직임은 느리지만 예민함과 명확함은 무디지 않다. 모든 것이 현재에서 경험되므로 다른 시간들 사이의 갈등은 모두 끝난다.

현재 시간으로 통합한다

한 호스피스 환자가 자신의 죽음을 예언했다. 그는 더 쇠약해지고 침대에서 벗어나지 못하게 되자 갑자기 가족들에게 자신이 수요일 전에 죽을 것이라고 말했다. 그는 화요일 밤 자정 5분 전에 숨졌다. 그의 부인은 남편이 그의 예언만큼 살 거라고 굳게 믿었다고 말했다. 그녀는 "그이는 살면서 항상 시간을 잘 지켰거든요. 죽을 때도 그이가 시간을 지키는 습관이 달라질 거라고 생각할 이유가 없었어요."라고 말했다.

호스피스 종사자들은 환자들이 죽음을 얼마 안 남기고 종종 시간과 특이한 관계를 맺는 것을 본다. 사랑하는 이가 멀리서 올 때까지 환자들이 마지막 숨을 거두지 않고 기다리는 일은 흔하다. 그 반대의 경우도 마찬가지다. 그런 환자들은 밤낮으로 보살펴주던 사랑하는 이가 잠시 병실을 떠날 때까지 기다린다. 그리고 한적하고 고요한 방에서 혼자 숨을 거둔다. 분명히 임종하는 환자들은 숨지는 시간을 어느 정도 선택한다. 그들은 어떤 조건이 될 때까지 죽음의 순간을 미룰 수 있는 것 같다.

내가 보살핀 환자 마릴린Marilyn이 오래 입원해 있는 동안 사랑스러운 자녀들과 손녀, 손자들이 많이 찾아왔다. 어느 날 아침 여러 사람이 병실을 드나들어 혼란스럽고 북적거렸는데, 거의 혼수상태였던 마릴린이 깨어나 모두를 침대 곁으로 불러 모았다. 그녀는 모든 사람에게 병실 밖으로 나가서 해야 하는 일들을 부탁했다. 한 사람에게 얼음물을 가져다 달라고 했고, 다른 사람에게는 약을 받아 달라고 했으며, 나를 포함해 모든 사람에게 어떤 일을 해 달라고 했다. 그래서 모두들 방을 나왔다. 각자 일을 마치고 다시 병실에 모였을 때 우리가 없는 동안 마릴린은 숨져 있었다.

이 여성과 그녀와 유사한 많은 환자들은 어떻게 시간을 조절하고 죽음을 미루었을까? 죽어가는 이들은 흔히 현재 시간과 완전히 다른 관계를 맺는다. 다음 순간으로 들어가고자 한 순간을 몰아대거나 현재를 미래로 가져가려 하지 않기에 그들은 시간과 통합되어 있다. 죽어가는 이들은 순간 속에 살기를 배우고 시간은 그들과 협력해서 움직이기 시작한다.

이따금 죽어가는 이들은 시간 속의 다른 실재와 연결된다. 그들은 일반적인 시간 관념으로는 볼 수 없는 이미 숨진 사람들과 이야기 나눈다. 마릴린처럼 그들은 시간을 사용하는 강한 직관력과 평범한 이해를 거부하는 알아차림을 지닌 경우가 많다. 그들이 순간의 미묘함에 점점 더 민감해짐에 따라 관찰력도 향상된다. 눈이 밝아지고 대단한 명석함과 지혜가 생길 수 있다.

시간의 압박을 제거하는 것이 현재 순간으로 통합하는 열쇠이다. 죽어가는 이들은 거의 아무도 못하는 방식으로 시간 속에 자리 잡는다. 내일은 없어졌다. 어떤 보장이 있다 해도 그들에게는 지금이 전부이다. 그들에게는 지금밖에 없으므로 미래의 굴레로부터 자유로울 수 있다. 그들에게는 죽음이 얼마나 가깝든 삶이 여전히 활기차고 생생한 바로 지금 말고는 아무것도 없다.

미래에 어떻게 살까 하는 생각에 매달리면 당면한 삶의 과정에서 멀어진다. 추상적 미래에서 살 때 시간과 무엇을 얻거나 분투하는 관계를 맺을 수밖에 없다. 상상으로 미래를 채우고 마치 실제인 양 그것을 향해 달려간다. 얻을 수 없거나 쉽게 구할 수 없는 것을 원한다. 한 호스피스 환자는 침대를 떠나지 못해 아무것도 할 수 없게 될 때까지 다음에 해야 할 일을 생각하는 데 많은 시간을 낭비했다는 걸 깨닫지 못했다고 말했다. 결코 일어나지 않은 일을 걱정하는 데 너무 많은 에너지를 써버렸다는 걸 처음으로 알게 되었다고 말했다.

우리는 대개 미래가 계획대로 되리라고 믿는다. 어제 살아 있었으므로 내일도 역시 살아 있을 것이라고 여긴다. 계획이 필요한 건 맞지만 그 계획이 반드시 이루어진다는 비현실적인 생각을 가지고 사는 사람이 많다. 우리는 내일이 실제로 오늘 일어나고 있는 것처럼 살고 있다. 머릿속에서 현재 순간을 특정한 미래에 투사한다. 그렇게 투사된 미래에는 현재의 안전함을 벗어난 게 없기 때문에 비극이 닥치면 우리는 큰 충격을 받는다. 시간의 불확실성을 제거하기 위해 보증된 미래를 만들지 않고 살기는 어렵다고 여긴다.

기억, 후회, 슬픔이 가득한 과거는 어떤가? 과거는 우리가 현재의 관계 속으로 끌고 가는 역사적인 짐이다. 과거는 지금 우리의 감각이 지각하는 거의 모든 것을 물들인다. 우리는 대상을 볼 때 우리의 역사와 함께 본다. 대상의 이름, 형태, 색, 쓸모를 우리의 과거로부터 인식한다. 이어서 과거에 비추어 대상과 관계를 맺기 시작한다. 과거에 그것을 좋아했으면 지금 그것을 환영할 준비가 되어 있다. 과거에 그것을 좋아하지 않았으면 지금 그것을 거부한다. 우리는 삶에서 자신을 포함한 거의 모든 것을 바로 이런 식으로 본다.

우리가 과거의 영향을 느끼므로 과거가 관심을 불러일으킨다. 과거는 우리의 무분별함이 초래한 고통을 일깨우고 우리의 자기용서가 부족한 것을 상기시킨다. 용서할 수 없는 과거에 얽매이면 자꾸 판단하게 되고 그 너머로 가지 못한다. 마치 현재 위치를 알려고 계속 백미러를 보는 것과 같다. 그러면 짊어진 슬픔의 무게로 등이

휜다.

죽음은 시간이 과거로 가는 것도 미래로 가는 것도 중지시킨다. 시간을 끝낸다. 죽어가는 이들은 이런 갑작스런 종말을 깨닫고 죽음이 오기 전에 과거와 화해하려 한다. 과거의 정신적 외상을 다시 체험하는 이들도 있다. 한 여성은 출산을 여러 번 다시 체험했고, 다른 환자는 제2차 세계대전에 참전한 경험을 생생히 다시 겪었다.

이런 현상을 가슴 아프게 보여주는 일이 호스피스 환자 허브_{Herb}에게 일어났다. 그는 과거에 알코올 중독자였고 결혼해서 살면서 가족을 매우 심하게 학대했다. 죽음이 다가오자 허브는 자신의 과거 행위에 대해 아내와 자녀들과 화해하려고 했다. 하지만 수많은 물리적 학대와 욕설을 견뎌야만 했던 가족들은 허브를 거의 용서할 수 없었다. 허브는 매일 술 취한 사람에게 고문 받는 악몽을 꾸기 시작했다. 그를 고문하는 사람에게 "제발 그만, 제발 그만…." 하고 소리치며 잠을 깨곤 했다. 그것은 가족들이 허브에게 학대받을 때 간절히 애원했던 바로 그 말이었다.

허브는 자신의 과거를 보상하고자 많은 노력을 했다. 죽음이 허락하지 않을 것이기 때문에 그 중요한 일을 더 이상 미룰 수 없었다. 허브의 과거는 그가 건강할 때 회피했던 방식으로 관심을 끌었다. 그의 과거는 허브가 꿈을 통해 자신의 행동에 책임질 때까지 잠재의식을 떠나지 않았다. 아마 이렇게 오래 악몽을 꾸어서 과거로부터 휴식을 좀 얻고 자기용서가 시작되었을 것이다.

현재 순간으로 통합할 때 많은 사람들이 직면하는 문제는 자신의 생각을 이해하는 것이다. 시간은 생각으로부터 만들어진다. 과거와 미래는 단지 이미 일어난 일과 장차 일어날 일에 대한 생각의 흐름일 뿐이다. 이런 생각이 실제 시간이라는 환상을 만든다. 이런 생각 속의 시간 여행으로부터 현재에 도달했을 때조차 우리는 생각을 통해 현재 순간을 본다. 현재 순간이 어떠하기를 바라는 생각을 통해 혹은 현재 순간이 어떻게 되는 걸 두려워하는 생각을 통해 현재 순간을 경험한다. 현재 순간을 우리의 생각에 맞추느라 큰 노력을 들였으므로 우리는 있는 그대로의 시간과 조화를 이루기 어렵다.

생각을 통해 현재를 이해할 때 우리는 살아 있음의 경험을 버리고 개념과 관념의 삶으로 대체한다. 모든 생각은 지금 움직이는 마음의 활동에서 비롯된다는 것을 기억하는 게 좋다. 시간 여행의 막중한 부담은 단순한 경험의 토대 안에서 끝난다. 생각과 시간을 있는 그대로 보게 된다. 기억된 과거와 상상된 미래에 자신을 구체화하는 '나'라는 생각조차 현재의 살아 있음으로 녹아든다. 바로 거기에 진정한 용서, 진정한 만족, 참된 영원이 있다.

성찰과 연습

나와 시간의 관계를 이해한다

내가 하루를 여러 다른 시간으로 분열시키는 걸 성찰한다. 나는 한 가지 시간이 다른 시간을 침해한다고 생각하는가? 직장에서 일하는 시간은 가족과 떨어져 있어야 하는 시간이라서 싫어하는가? 하루 중 낭비된다고 여기는 시간을 생각해 본다. 시간을 낭비한다는 게 무슨 의미인가? 더 중요한 일을 하고 싶었던 시간인가? 실제로 이렇게 시간을 따로따로 나눌 수 있는지 성찰한다.

한 주 동안 어떤 활동을 하든 매 순간을 '나의 시간'으로 만드는 수행을 한다. 하루 중 평범하고 불편한 일을 하는 시간을 우연히 불쾌한 일을 하게 된 개인 시간으로 간주한다. 가족과 함께 지내는 시간, 일하는 시간, 운전하는 시간, 누군가와 이야기 하는 시간이 모두 개인 시간이다. 이때 자신의 역할 및 책임과 개인 시간을 인위적으로 분리한 것이 어떻게 되는가? 이렇게 시간을 분리해 불필요한 갈등을 일으키는 것을 경험한다.

내가 계획하고, 백일몽에 잠기고, 일어날지도 모를 일을 걱정하며 미래를 곱씹느라 얼마나 많은 시간을 보내는지 돌아본다. 그 일들 중에 실제로 많은 정신적 에너지를 쏟을 만한 일이 얼마나 되는지 성찰한다. 그 중 실제로 일어나는 것은 얼마나 되는가? 물론 계획이 필요한 일도 있지만 계획하는 데 너무 많은 시간을 쓰지 않는가? 걱정하는 것도 계획하기의 일부인가? 내가 왜 그것을 하는지 생각한다. 어떤 이로움이 있는가? 그것이 나의 잠재력을 어떻게 제한하는가?

매일 일정 시간 동안 자신이 미래의 사건을 생각하는 걸 지켜본다. 그런 생각들에 '계획하기,' '걱정하기,' '백일몽에 잠기기' 등 쉽게 떠오르는 이름을 붙인다. 자신의 생각이 미래의 사건에 매달리는 걸 알아차리면 지금 살고 있는 실제 순간에 다시 연결한다. 지금 일어나고 있는 삶의 소리와 물리적 감각에 자리 잡는다. 이렇게 현재에 머물러 있을 때 예상한 사건이 어떻게 되는지 본다.

내가 과거 일을 곰곰이 생각하며 보낸 시간을 성찰한다. 후회, 죄책감, 애도, 잊을 수 없는 특별한 일과 사건(오래 전 헤어진 남자친구나 여자친구, 나를 위해 마련된 행사) 등 과거의 추억을 곱씹는 데 얼마나 에너지를 쓰는지 생각한다. 과거에 있었던 것은 물론 있을 수 있었던 것을 놓아버리기가 얼마나 어려운지 성찰한다.

매일 5분 동안 전신 거울 앞에 선다. 거울이 보는 것을 본다. 거울이 나의 과거를 보는가? 확신의 부족, 무가치함, 죄책감, 억압을 보여주는가? 과거로부터 쌓인 이런 것은 세상이 나를 보는 시선이 아니라 내가 나를 보는 시선을 물들인다. 세상은 오직 지금 반영되는 것만을 본다. 밖으로 나가 세상이 보는 것만을 살아간다. 과거는 놓아버린다. 거울에 보이는 대로 나를 계속 새롭게 한다. 내가 과거에 얽매여 있다고 믿기를 거부한다. 이렇게 나를 과거로부터 풀어주면 처음엔 어색하고 가식적인 것 같을지 모른다. 하지만 이것이 과거와 동일시하는 나보다 더 정확한 내 모습이다.

> 현재 순간을 살기가 얼마나 귀중한 일인지 성찰한다. 나는 환상과 추억에 매달리지 않고 현재를 살며 보내는 시간이 얼마나 되는가? 매 순간에 보다 깊이 연결되어 있음을 배우면 나의 삶이 어떻게 달라지겠는가? 마음챙김 명상을 가르쳐주는 오디오테이프, 비디오, 책들이 많이 나와 있다. 나의 죽음을 성찰하고, 이어서 마음챙김 명상을 수행하지 못하게 막는 게 무엇인지 자문한다.

매일 30분 동안 조용히 앉아 마음챙김 명상을 수행한다. 필요하면 다양한 명상 교육 자료를 보면서 3개월 동안 열심히 수행한다. 수행일지를 쓰고 3개월이 되는 날에 수행을 평가한다. 그 전에는 평가하지 않는다. 하루하루 사는 경험, 인간관계, 마음 상태를 관찰하고 명상 수행을 한 후에 삶이 어떻게 달라졌는지 자신에게 묻는다. 정직하게 대답하고 수행을 계속할지 중단할지 선택한다.

불멸

The Deathless 14

우리가 이 삶에서 죽기 때문에, 끊임없이 작별을 고하기 때문에,
계속 실망하기 때문에, 부단히 실재를 꿰뚫어 무에 이르기 때문에,
우리의 실제 결정과 실제 삶을 통해
자유로운 선택의 가능성을 끊임없이 축소하기 때문에….
우리는 평생 죽고, 소위 죽음은 정말로 죽음의 종말, 죽음의 죽음이다.

_칼 라너 Karl Rahner

과거 시간과 미래 시간의 속임수를 이해하면 죽음의 마지막 교훈에 이른다. 죽음은 시간 속에서 일어나지 않는다. 죽어가는 이들은 시간을 통해 시간이 닿을 수 없는 곳으로 가는 것 같다. 몸은 죽었고 움직이지 않는다. 시간은 끝났다. 우리가 태어나기 전에 무엇이 있는가? 우리가 죽은 후에 무엇이 있는가? 이런 질문은 신비를 불러일으키고 시간을 넘어 완벽한 휴식과 만족을 가리킨다. 그것을 추구할 때 죽어가는 이들의 궁극적 지혜를 발견할 수 있다.

우리가 이런 질문을 하는 것은 대개 매우 늙거나 아픈 때이다. 죽어가는 이들의 목소리는 일생 동안 전해지고 모든 이들이 접할 수 있는 지혜를 끊임없이 일깨운다. 그것은 선조들의 지혜이며 할

머니와 할아버지의 주름진 피부와 깊은 눈에 흥미를 느끼는 어린아이들이 알아보는 지혜이다. 어린아이의 마음은 나이 드는 것과 죽음을 이해할 수 없지만 어린아이들과 매우 늙은 사람들 사이에는 설명하기 어려운 친화력이 있다. 순진무구한 어린이들은 조부모들이 뭔가 위대한 것, 그들이 이해할 수 없는 것을 알고 있음을 느낀다. 그래서 아이들은 조부모에게 묻는다. "할머니, 젊을 땐 어땠어요? 비행기도 없는데 어떻게 다녔어요?" 조부모의 대답은 흥미롭지만 어린이의 깊은 질문에 미치지 못한다. 어린이들은 조부모의 지혜를 탐구하고 있다. 조부모의 평생에 걸친 경험을 알고 싶어 한다. 또 자기 자신을 탐구하고 있다. 어떻게 살아야 하는지 조부모들이 가르쳐 줄 수 있는지 알고 싶어 한다.

죽어가는 이들은 바로 그 대답으로 이끌어준다. 죽음의 얼굴을 쳐다보는 것은 양로원 환자의 눈을 응시하지 못하게 하는 게으른 수다를 피하는 것이다. 힘겨운 등산길을 견디고 산 정상에 오르면 갑자기 광활한 광경이 펼쳐진다. 높은 곳에 올라가면 새로운 관점으로 모든 것을 보게 된다. 죽어가는 이들의 지혜가 우리의 지혜가 된다. 우리의 삶이 더 풍요롭고 의미 깊고 보다 자유롭고 광활해진다.

죽음의 명령에 따라 살 때 자유롭게 살게 된다. 죽음이 곧 사는 길이다. 죽음은 신뢰할 수 없는 것을 제거해 옳고 그름을 밝힌다. 변하는 것은 다른 것으로 바뀌는 과도기에 있으므로 불안정하다. 몸과 마음의 모든 것은 과도기에 있다. 결국 없어질 것에 우리의 정

불멸

체성을 의존할 수 없다. 죽지 않고 변하지 않는 것만이 참 진리이다. 참 진리는 항상 그 자체이며, 그렇지 않으면 진리가 아니다. 그리고 일시적인 것의 절대 종말인 죽음은 참 진리를 드러낸다.

죽음은 참 진리를 드러내므로 또한 우리를 참 진리로 이끈다. 죽음은 현실에 따라 사는 법을 보여주는 정신적 청사진이다. 언제나 필요한 정신적 가르침이다. 무슨 일을 하든 정신적으로 성실히 노력하면 모두 그 가르침을 만날 준비가 된다. 우리는 수행의 미묘한 세부사항에 매달리다 길을 잃기 쉽고 죽음이 주는 마지막 교훈에서 매우 멀어질 수 있다. 그러다 갑자기 죽기 시작하고 어디에서부터 길을 잃었는지 의아해 한다. 어떻게 수행은 임박한 죽음에 연관되었는가?

성장의 방향이 죽음에서 동떨어질 때 조심해야 한다. 더 중요한 것을 향하고 있다고 생각하며 자신을 속일 수 있지만, 이때는 정신적 성장에게 아무것도 얻지 못한다. 수행한 후에 뭔가 성취했다고 여기거나 정신적 능력을 자랑하고 우쭐한다면 죽음으로 수행을 재조정해서 다시 제자리를 잡을 수 있다.

죽음의 진리와 상관없는 복잡한 명상과 의식으로 시간을 낭비하는 사람들이 많다. 죽음으로 이끌지 않는 수행은 우리를 안심시켜 잠들게 하는 미묘한 정신적 오락이 될 위험이 있다. 또 자기이해라는 중대한 문제를 잊게 한다. 그런 수행은 역효과를 낳을 수 있다. 사실은 두려움과 이기심의 습성을 강화하고 있을 뿐인데도 정신적으로 성장하고 있다고 여길지 모른다. 하지만 죽음은 교훈을 강요하기 전에 오래 기다린다. 죽음은 역경을 통해 가르쳐준다.

죽음이 찾아오면 숨을 곳도 쉴 곳도 없다. 모든 것이 다른 것으로 변하는 과도기에 있기 때문이다. 인생의 많은 부분을 바쳐 죽음의 폭풍을 피할 곳을 찾지만 시간이 지나면 우리가 숨어 있는 곳은 허물어진다. 우리의 마음과 몸, 역할, 책임, 관계, 성취, 자아상 등 모든 것은 시간과 함께 사라진다. 죽음이 말한다. "무엇이든 쌓아 올려라. 하지만 나를 잘 지켜보라. 최후의 결정권은 내게 있다." 죽음은 그 말을 꼭 지킨다.

하지만 우리는 성취하는 것만을 주목하느라 죽음을 계속 지켜보는 걸 잊는다. 그것은 우리의 평안에 매우 위험하다. 왜냐하면 성취하는 것과 죽는 것은 똑같은 하나이기 때문이다. 유명한 티베트의 수행자 밀라레파Milarepa는 스승의 지시에 따라 하루는 돌집을 짓고 다음 날은 그것을 허물었다. 그는 죽음의 교훈이 삶과 합쳐질 때까지 그 일을 매일 반복했다. 성취하는 것과 파괴하는 것은 같은 사건의 다른 측면이다. 죽음은 삶의 매 순간 일어나고 있다. 우리는 조금 전과 똑같은 사람이 아니다. 또 우주의 어느 것도 단 한순간도 똑같이 유지되지 않는다. 모든 것은 끊임없이 죽음의 동굴 속으로 떨어진다.

죽음을 산다

인생의 종말에 이른 많은 사람들은 비밀을 아는 것 같다. 그들은 대화, 꿈, 환상을 통해 그 비밀을 드러낸다. 하지만 주로 죽는 모습을 통해 비밀의 힘을 드러낸다. 많은 사람들이 죽음의 실제 순간을 수월해 보이게 한다. 전혀 특별한 게 없고 거의 용두사미로 끝나는 것 같다. 죽음을 온전히 바라보며 살 때만 그 '특별한 게 없는' 비밀을 얻을 수 있다. 그러면 죽음은 또 하나의 삶의 순간이 되고, 죽음을 인식할 때 전 인생이 보다 수월해진다.

죽음을 산다는 것은 우리의 경험이 계속 이어진다고 여기지 않는다는 의미이다. 순간이 죽게 함으로써 죽음을 순간으로 불러들인다. 순간을 자연스러운 지속 시간보다 더 늘이지 않는다. 모든 것이 있는 그대로 존재할 수 있다. 그러면 죽음이 순간으로 합쳐진다. 죽음이 곧 순간이 된다. 죽음은 끊임없이 신선한 흙을 갈아엎어 순간 속에 살아 있음을 창조하고, 새로운 것과 신비한 것을 낳는다. 우리는 분리나 구별 없는 살아 있음 안에서 죽음을 만난다.

우리가 죽음과 분리되지 않을 때 죽음을 살기가 일어날 수 있다. 죽음이 삶과 상관없는 것으로 바뀌지 않을 때 그렇게 된다. 이제 죽음은 두려움의 궁극적 기준이 아니다. 우리는 나이 든다고 죽음에 더 가까워지지 않고 젊다고 해서 죽음에서 멀리 있지도 않다. 우리가 현재 건강하고 평안한지 밝히는 잣대로 죽음을 사용하지 않는다. 죽음은 모든 시간과 공간에 똑같이 존재한다. 우리가 죽음과 동떨어져 있지 않을 때 죽음은 더 이상 문제가 아니다. 그저 지금 존재하는 것이 있을 뿐이다. 한 사람이 현실과 통합되면 그 사람과 죽음의 구분은 끝난다.

있는 그대로의 삶에 가슴을 열 때 죽음이 방해 받지 않고 우리 가슴으로 들어온다. 그리고 순진무구한 고요가 온다. 우리가 모른다고 말할 때 그 천진난만함이 활짝 피어난다. 세상을 모두 설명하려 하지 않을 때 그 천진난만함이 온다. 우리가 상상하기에 지칠 때 그것이 온다. 참 진리를 어떻게 확증하느냐는 물음에 붓다는 이렇게 대답했다. "'이것은 본래 이렇다'라고 말하지 마라." 확실성이 없을 때 천진난만한 삶이 온다. 구별하는 데 집중하지 않을 때 만물에 공통된 것을 자유로이 알아차리게 된다.

죽음은 더 이상 물을 것이 없을 때 대답의 끝에 침묵을 통해 온다. 생각들 사이의 고요한 공간에 온다. 우리가 아는 것을 가슴이 방어하지 않을 때 고요한 수용성의 순간에 찾아온다. 우리가 완벽히 경청하여 돕는 이와 도움 받는 이의 구분이 잊힐 때 죽음이 발견된다. 죽음은 자만심 없이 사소한 친절한 행동을 하는 데 있고, 사랑 자체를 위해 행하는 사랑의 행위 안에 있다. 열린 가슴에서 나오는 소박하고 관대한 행위에 있다. 죽어가는 아홉 살 소녀가 자신의 고통을 넘어 비통함에 짓눌린 아빠를 위로할 때 죽음이 있었다.

조셉 캠벨은 칼 융을 "영원에 뿌리를 두고 시간 속에서 움직이는" 사람이라고 말했다. 예수는 바로 그 점을 가리켜 "세상 속에 있되 세상에 속하지 마라."고 말했다. 시간 속에 살면서도 영원에 뿌리내릴 수 있다. 그런 사람이 죽음을 구현한다. 그는 자기회의라곤 전혀 없이 그저 자신일 뿐이다. 그는 심리적 그림자가 형성되기 전부터, 죽음이 몰래 삶을 추적하지 않는 곳에 존재한다. 그가 남과 다른 점은 오직 가식이 전혀 없다는 사실이다. 매우 존경 받는 어느 선승에 대해 사람들은 이렇게 말했다. "결국 제자들을 놀라게 하는 것은 스승의 비범함이 아니라… 철저한 평범함이다."

이런 예들이 말해주듯이 살아 있을 때 죽음을 구현하는 것은 우리가 시작된 근원으로 돌아가는 것을 의미한다. T. S. 엘리엇Eliot은 〈네 개의 4중주Four Quartets〉에서 "그리고 탐구의 마지막에 다시 출발한 곳에 도달할 것이며, 그 곳을 처음으로 알게 될 것이다."라고 썼다. 특별한 열광도 없고 과장도 없다. 죽음 속에 들어가는 사람은 자신의 인간성의 단순함에 머무른다. 그런 사람은 결코 시간 밖에 있지 않으므로 시간의 제약을 이해한다. 그는 불멸에 뿌리를 두고 있다.

 ## 죽음으로부터 불멸로

죽음은 우리의 정신적 가슴을 손짓하여 부른다. 죽음은 우리가 돌아가려는 소망의 뿌리에 있다. 죽음의 부름은 시대의 부름, 우리가 천진난만함 안에서 자연스럽고 평안으로 태어났을 때 잊힌 지 오래된 시간의 부름이다. 오랫동안 우리는 있는 그대로의 자신이기를 두려워했다. 죽음은 즉시 우리 존재의 근거를 보여주기 위해 우리가 소유하고 있다고 여기는 것을 모두 빼앗을 것이다. 그 후 남는 것은 죽음의 손길이 미치지 못하는 것뿐이다.

죽음은 세속적 삶의 흐름을 거스르며 우리가 얻고 쌓아온 모든 것을 끝장낸다. 우리를 출발점으로 되돌리고 탄생의 문 앞에 떨어뜨린다. 하지만 죽음을 맞아 슬퍼 우는 것은 탄생의 고통 때문이 아니라 놓아버려야만 하는 괴로움 탓이다. 죽음은 우리가 놓아버리고자 태어난다는 걸 일깨운다. 우리는 빈손으로 태어나고 빈손으로 삶을 떠난다. 그 사이에 부와 지식을 모아 빈손을 채우려 하지만 그것은 태어날 때도 숨질 때도 삶과 아무 상관없다. 우리가 무엇을 얻으려 최선을 다해도 삶은 늘 무無일 뿐이었다. 하지만 이때 무는 공허한 실망이나 허무가 아니라 정말 있는 그대로의 우리에 대한 심오한 묘사이다.

죽음은 자아를 빼앗는다. 몸과 뇌가 사라지고 우리라고 할 만한 것은 아무것도 남지 않는다. 개인을 나타내는 것은 모두 끝났다. '나'와 연관된 모든 것이 죽었다. 죽은 후에 우리는 누구인가? 죽으면 누구도 아니다. 아무도 아니게 된다. 이것이 죽음의 가장 위대한 가르침일 것이다. 죽음은 우리가 늘 어떤 존재였다는 진리를 알려준다. '나'와 '나의 것'은 죽음과 함께 죽는다. 죽음은 우리가 각자 분리되어 있다는 생각을 없앤다. 죽음 이후 남는 것은 모든 사람에게 똑같다.

그것을 이해하면 우리는 겸손해지고 고귀해진다. 그리고 거의 아무도 실현하지 못한 잠재력을 인식한다. 죽음은 우리 스스로 규정한 한계보다 더 심오한 것을 말한다. 죽음은 왕이나 거지 혹은 천재나 바보보다 크고 누구보다 크기 때문에 우리는 죽을 때 정체성을 가지고 갈 수 없다. 부와 지위는 죽음과 아무 관계가 없다. 우리는 자신을 넘어 오직 죽음에게만 알려진, 살아 있을 때 죽음을 사는 사람들에게만 알려진 숨겨진 약속을 향해 간다.

죽음은 조건에 매인 모든 것을 소멸시킨다. 조건에 의존하는 것은 죽음을 피할 수 없다. 하지만 조건에 의존하지 않는 것이 있는가? 그런 것이 있다면 태어나기 전부터 존재하고 성질과 특성도 없을 것이다. 모든 성질은 변할 수밖에 없기 때문이다. 조건에 의존하지 않는 것은 감각으로 관찰되지 않으므로 볼 수 없고 들을 수도, 냄새 맡을 수도, 맛볼 수도, 만질 수도 없을 것이다. 우리의 생각은 시간 속에 존재하는 것만 알기에 조건에 의존하지 않는 것을 확인할 수 없을 것이다. 조건에 의존하지 않는 것은 시간에 구애받지 않으므로 움직이지 않고, 변하지 않고, 죽지 않을 것이다.

죽음은 조건을 넘어선 것을 가리킨다. 죽음의 본성은 영원을 확증한다. 죽음은 틀림없이 모든 것이 무너지는 완벽한 고요이다. 죽음의 순간에는 모든 움직임의 절대적 종말이 있다. 그러므로 죽음은 움직임 너머에 있다. 어떤 것이 죽을 때 그것은 멈추고 불멸의 본성이 드러난다.

세상에 있는 조건에 의존하는 대상은 불멸이 변장한 상태이다. 우리 생각 속에서 사물은 시간 속에서 계속 움직인다. 반면에 불멸 속에서 사물은 움직이지 않는다. 우리는 지금 있는 그대로를 보지 않고 과거나 미래의 것을 본다. 세계를 과거와 미래 사이에 붙잡힌 것으로서 본다. 우리는 앞에 있는 것을 평가한다. 즉 그것을 조작하는 법을 알고자 미래를 내다보거나 과거의 비탄에 빠진 눈으로 그것과 관계를 맺는다. 존재하는 모든 것을 과거 역사와 미래의 기대로 물들인다. 우리가 모든 것에 시간을 부여하므로 아무것도 드러나지 않는다. 반면에 시간이 제거되면 죽음이 없어지고 모든 것이 불멸로 떨어진다.

우리는 두려움과 욕구 탓에 그 공통 요소를 놓친다. 우리의 혐오와 바람이 무無로부터 사물을 만든다. 사물을 우리가 바라는 대로 되게 하려 하고 본래 그대로 두지 않는다. 하지만 죽음은 우리가 그렇게 사물을 만드는 것을 끊임없이 중재하고 그런 실체를 눈앞에서 없앤다. 그럼으로써 죽음은 우리가 진리라고 여겼던 것이 결코 진리가 아니었음을 보여주고 영원히 변치 않는 참 진리를 끊임없이 드러낸다. 하지만 우리는 그렇게 드러난 것을 기뻐하지 못하고 오히려 가상의 분리된 사물의 소멸을 애도하고 운다.

사진에 담긴 이미지와 사진 현상지는 하나이다. 우리는 사진의 이미지만을 보느라 현상지는 보지 못한다. 사진의 이미지가 실재를 묘사한 것이라 여길 뿐, 이미지가 지루해질 때까지 현상지는 알아차리지 못한다. 이와 마찬가지로 삶의 개별적 표현을 얻고 거기 매달리려는 욕구를 버릴 때, 삶 자체를 지탱하고 있는 것을 볼 수 있다. 불멸은 늘 여기 있었다. 하지만 우리는 그것을 알아차리지 못하고 이미지를 즐기는 것밖에 몰랐다.

모든 형태의 삶이 불멸에서 쉰다. 그런데 우리는 무엇이든 성취하고 이미지를 보는 데 바빠서 근거를 잊는다. 모든 것이 뿌리박고 있는 불멸이라는 근거는 움직이지 않는다. 우리가 그 근거 위에서 움직인다. 우리가 시간이라 부르는 이 순간은 우리 생각의 움직임이다. 우리는 어디에 있었고 어디로 갈지 생각하고 우리가 하는 거의 모든 일에 과거와 미래를 연관시킨다. 우리는 삶을 바라볼 때 원하는 것과 두려워하는 것을 본다.

몸이 죽는 순간은 시간과 영원의 교차점이며, 이런 모든 움직임을 통해 우리가 그 위에서 움직이고 있는 근거를 흘끗 보여주는 관문이다. 구름이 갈라지고 갑자기 태양이 보인다. 죽음에는 시간의 간섭 없이 삶을 볼 수 있는 비범한 가능성이 있다. 그런 까닭에 많은 영성 전통이 죽음을 경외한다. 죽음은 움직임이 없는 단 하나의 순간이다. 모든 것이 벗겨지고 움직이는 건 하나도 남지 않는다.

이것이 죽음의 메시지가 우리에게 자유를 주는 이유이다. 영원한 진실은, 우리가 시간 속에서 자신을 잃을 때 저지르는 실수를 죽음이 드러낸다는 것이다. 죽음의 순간은 영원을 내보일 수 있다. 전 인생이 이 은총으로 우리를 이끌었다. 그것은 우리가 그토록 오래 회피했던 자유를 함께 나누도록 삶이 제공하는 이별의 축복이다. 이런 의미에서 죽음은 은총이다. 생명이 되도록 삶이 주는 선물이다. 그런데 모든 선물이 그렇듯이 받을 사람이 받을 준비가 되어 있어야만 한다. 우리가 한 행동, 지금까지 했던 모든 것에 의해 우리는 이 선물을 받을 준비가 되거나 아니면 그냥 스쳐 지나간다. 한 호스피스 환자가 말했다. "내 앞에 무엇이 기다리는지 모르지만 눈을 크게 뜨고 있을 겁니다."

임사체험에서 근거, 즉 불멸은 대개 온 마음을 빼앗는 빛으로 보인다. 그런데 그것을 빛이라고 관찰하는 것은 여전히 우리가 조건에 의존하는 감각의 영역에서 작용하고 있음을 의미한다. 근본적으로 모든 삶이 그 근거이고, 진실로 그렇다면 우리는 그것을 관찰할 수 없다. 죽음을 관찰하고 이해하려는 욕구는 죽음을 안전하고 마음에 들게 만들려 하는 것이다. 하지만 우리는 근거와 흥정할 수 없다. 그것은 전부 아니면 전무이다. 근거가 우리를 흔적도 없이 전부 소진시키지 않으면 우리는 그것을 완전히 놓치게 된다. 우리는 나방이 등불 주위로 날아다니듯이 신 주위를 서성일 수 없다. 참 진리 안에 있든지 참 진리 밖에 있어야 한다. 죽음으로 인해 몸부림치거나 죽어서 불멸이 된다.

모든 행위에는 죽을 기회가 있다. 모든 움직임에는 멈춤의 가능성이 있다. 죽음은 단지 우리 몸이 멈추는 순간이 아니다. 죽음은 모든 순간에 존재한다. 그런데 우리는 그 순간에서 벗어나는 움직임이 있을 때마다 죽음을 부정한다. 『도덕경道德經』에서는 "보고자 하는 욕심이 없으면 보이지 않는 신비를 본다[常無欲 而觀其妙]."고 말한다. 시간 속에 만들어진 가상의 실재, 욕구와 두려움을 향한 충동, 삶에 대한 저항, 천국은 모두 지상과 무한히 멀리 떨어져 있다. 아주 작은 생각의 움직임만 있어도 죽기를 두려워하는 세상이 만들어지며, 불멸은 시간 속에서 사라진다.

시간 속의 모든 움직임은 죽음의 부정이다. 죽음은 부동不動이고 완전히 정지이기 때문이다. 우리는 임박한 소멸의 징후를 보지 않으려고 지적인 활동에 틀어박힌다. 가만히 앉아 아무것도 하지 않기는 매우 어렵다. 그런 평정은 내면의 부동을 시사하기 때문이다. 가만한 것은 우리가 죽을 운명이라는 진리를 너무 적나라하게 떠올린다.

죽음을 부활시키려면 부동을 토대로 수행해야만 한다. 정신적으로 성장하는 것은 곧 죽음과의 관계를 돈독히 하는 것이다. 죽음을 받아들이고, 죽음을 드러내고, 죽음이 되는 것이다. 완벽히 가만히 있다는 것은 무슨 의미인가? 모든 것이 죽은 후에 무엇이 남는가? 육체의 죽음이 가까워지면 이런 질문을 하지 않을 수 없으며, 우리가 정신적으로 성장할 때 그 답을 할 수 있다.

죽음의 위대한 메시지는 영원의 메시지이며, 무한의 메시지, 신비의 메시지이다. 죽음을 생각 속에만 가두면 죽음의 진리는 우리가 바라는 것으로 인해 모호해진다. 반대로 우리는 죽음을 겪고 죽음 자체가 되어야만 한다. 죽음 속에 들어가고, 죽음의 가만함을 지닌 자가 되어야만 한다. 죽음의 메시지는 희망과 사랑의 메시지이다. 죽음은 삶을 훼손하지 않고 삶을 성취하는 길을 보여주기 때문이다. 우리는 사는 법을 배우려고 죽음을 탐구한다.

플라톤이 죽음에 임박했을 때 한 친구가 그의 필생의 역작인 〈대화〉를 요약해 달라고 했다. 그러자 플라톤은 대답하려고 혼수상태에서 깨어나 그 친구를 쳐다보고 말했다. "죽음을 수행하게."

🦋 더 읽을거리

죽음과 임종에 관한 책

Borysenko, Joan. *Fire in the Soul: A New Psychology of Spiritual Optimism.*
New York: Warner, 1994.

Byock, Ira. *Dying Well.* New York; Riverhead, 1997.

Cassell, Eric. *The Nature of Suffering.* New York: Oxford University
Press, 1991.

Kelley, Patricia, and Maggie Callanan. *Final Gifts.* New York: Bantam,
1993.

Kessler, David. *The Rights of the Dying: A Companion of Life's Final
Moments.* New York: HarperCollins, 1997.

Kubler—Ross, Elisabeth. *Death: The Final Stage of Growth.* New York:
Simon & Schuster, 1975.

————*On Death and Dying.* New York: Collier, 1970.

Levine, Stephen. *Meetings on the Edge: Dialogues with the Grieving and the
Dying, the Healing and the Healed.* New York: Anchor Doubleday,
1989.

————*Who Dies? An Investigation of Conscious Living*. New York: Anchor Doubleday, 1982.

————*A Year to Live: How to Live This Year As If It Were Your Last*. New York: Random House, 1997.

Nuland, Sherwin. *How We Die*. New York: Vintage, 1994.

Sogyal Rinpoche. *The Tibetan Book of Living and Dying*. San Francisco: HarperSanFrancisco. 1992.

Ufema, Joy. *Grief Companions*. Fawn Grove, PA: The Mulligan Company, 1984.

Wilber, Ken. *Grace and Grit: Spirituality and Healing in the Life and Death of Treya Killam Wilber*. Boston: Shambhala, 1993.

애도에 관한 책

Doka, Kenneth. *Children Mourning, Mourning Children*. Hemisphere, 1995.

Ericsson, Stephanie. *Companion through the Darkness*. New York: HarperCollins, 1993.

Kelley, Patricia. *Companion to Grief: Finding Consolation When Someone You Love Dies*. New York: Simon & Schuster, 1997.

Neeld, Elizabeth Harper. *Seven Choices*. New York: Dell, 1990.

Rapaport, Nessa. *A Woman's Book of Grieving*. New York: William
Morrow, 1994.

Tatelbaum, Judy. *The Courage to Grieve: Creative Living, Recovery and
Growth through Grief*. New York: HarperCollins, 1984.

Viorst, judith. *Necessary Losses*. New York: Ballantine, 1987.

명상과 알아차림에 관한 참고도서

Boorstein, Sylvia. *Don't Just Do Something, Sit There*. San Francisco:
Harper San Francisco, 1996.

————*It's Easier Than You Think: The Buddhist Way to Happiness*. San
Francisco: Harper San Francisco, 1997.

Buddhadāsa Bhikkhu. *Mindfulness with Breathing*. Boston: Wisdom,
1996.

Feldman, Christina. *Woman Awake*. London: Arkana, 1990.

Goldstein, Jeseph. *The Experience of Insight: A Simple and Direct Guide to
Buddhist Meditation*. Boston: Shambhala, 1987.

————*Insight Meditation: The Practice of Freedom*. Boston: Shambhala,
1994.

Goldstein, Joseph, and Jack Kornfield, *Seeking the Heart of Wisdom: The
Path of Insight Meditation*. Boston: Shambhala, 1987.

Gunaratana, Henepola. *Mindfulness in Plain English*. Boston: Wisdom, 1993.

Hanh, Thich Nhat. *Being Peace*. Berkeley: Parallax, 1996.

Harrison, Gavin. *In the Lap of the Buddha*. Boston: Shambhala, 1994.

Kabat–Zinn, Jon. *Wherever You Go There You Are: Mindfulness Meditation in Everyday Life*. New York: Hyperion, 1994.

Keating, Thomas. *Open Mind, Open Heart: The Contemplative Dimension of the Gospel*. Rockport, MA: Element, 1992.

Khema, Ayya. *Being Nobody, Going Nowhere: Meditations on the Buddhist Path*. Boston: Wisdom, 1987.

————*Who Is My Self? A Guide to Buddhist Meditation*. Boston: Wisdom, 1987.

Kornfield, jack. *A Path with Heart: A Guide through the Perils and Promises of Spiritual Life*. New York; Bantam, 1993.

————*Teachings of Twelve Buddhist Masters*. Boston: Shambhala, 1995.

Krishnamurti, J. *Freedom from the Known*. New York: Harper & Row, 1969.

Merton, Thomas. *The Wisdom fo the Desert*. New York: New Direction, 1960.

Noh, Jae Jah. *Do You See What I See?* London: Quest, 1977.

Salzberg, Sharon. *A Heart as Wide as the World: Living with Mindfulness,*

Wisdom, and Compassion. Boston: Shambhatla, 1997.

————*Lovingkindness: The Revolutionary Art of Happiness.* Boston:
Shambhatla, 1997.

Sumedho, Ajahn. *The Mind and the Way: Buddhist Reflections on Life.*
Boston: Wisdom, 1995.

Suzuki, Shunryu. *Zen Mind, Beginner's Mind.* New York: Weatherill,
1973.

Tarthan Tulku. *Time, Space, and Knowledge.* Berkeley: Dharma
Publishing, 1977.

Titmuss, Christopher. *The Profound and the Profane.* Totnes, England:
Insight Books, 1993

후회 없는 죽음, 아름다운 삶

초판 1쇄 발행 2018년 8월 29일

지은이 로드니 스미스
옮긴이 이창엽

펴낸이 오세룡
기획 · 편집 정선경 이연희 박성화 손미숙
취재 · 기획 최은영 권미리
디자인 조성미(road0208@naver.com)
　　　　　고혜정, 김효선, 장혜정
홍보 · 마케팅 이주하
펴낸 곳 담앤북스
　　　　　서울특별시 종로구 사직로8길 34 (내수동) 경희궁의 아침 3단지 926호
　　　　　대표전화 02) 765-1251 전송 02) 764-1251
　　　　　전자우편 damnbooks@hanmail.net
　　　　　출판등록 제300-2011-115호

ISBN 979-11-6201-100-3 (03100)

이 도서의 국립중앙도서관 출판예정도서목록(CIP)은 서지정보유통지원시스템 홈페이지
(http://seoji.nl.go.kr)와 국가자료공동목록시스템(http://www.nl.go.kr/kolisnet)에서 이
용하실 수 있습니다.(CIP제어번호: CIP2018027152)